Eine Arbeitsgemeinschaft der Verlage

Böhlau Verlag · Wien · Köln · Weimar
Verlag Barbara Budrich · Opladen · Toronto
facultas.wuv · Wien
Wilhelm Fink · München
A. Francke Verlag · Tübingen und Basel
Haupt Verlag · Bern · Stuttgart · Wien
Julius Klinkhardt Verlagsbuchhandlung · Bad Heilbrunn
Mohr Siebeck · Tübingen
Nomos Verlagsgesellschaft · Baden-Baden
Ernst Reinhardt Verlag · München · Basel
Ferdinand Schöningh · Paderborn · München · Wien · Zürich
Eugen Ulmer Verlag · Stuttgart
UVK Verlagsgesellschaft · Konstanz, mit UVK / Lucius · München
Vandenhoeck & Ruprecht · Göttingen · Bristol
vdf Hochschulverlag AG an der ETH Zürich

Michaela Masek

Geschichte der antiken Philosophie

2. Auflage

facultas.wuv

Michaela Masek ist Lehrbeauftragte am Institut für Philosophie der Universität Wien und Professorin für Latein, Griechisch und Psychologie/Philosophie an einem Wiener Gymnasium.

Bibliografische Information der Deutschen Nationalbibliothek
Die Deutsche Nationalbibliothek verzeichnet diese Publikation in der Deutschen Nationalbibliografie;
detaillierte bibliografische Daten sind im Internet unter http://d-nb.de abrufbar.

2., korrigierte Auflage 2012
© 2011 Facultas Verlags- und Buchhandels AG
facultas.wuv, Stolberggasse 26, 1050 Wien
Alle Rechte vorbehalten

Umschlag: Atelier Reichert, Stuttgart
Gestaltung und Satz: grafzyx.com, Wien
Druck und Bindung: CPI – Ebner & Spiegel, Ulm
Printed in Germany
ISBN 978-3-8252-3847-6

Inhalt

I. Einleitung 9
   1. Was heißt Philosophie? 9
   2. Der Mythos 13
   3. Orientalische Einflüsse............................ 16
   4. Griechische Schrift und Sprache.................... 17
   5. Beginn der griechischen Philosophie................ 19

II. 23
II. 1. Teil: Die Vorsokratiker 23
   1. Überlieferung..................................... 23
   2. Einführung in das Denken der Vorsokratiker 25
   3. Thales von Milet 26
   4. Anaximander von Milet............................. 31
   5. Anaximenes von Milet.............................. 36
   6. Eine kurze Zusammenfassung: „Die milesische
      Aufklärung".................................... 38
   7. Heraklit von Ephesos 39
   8. Pythagoras und die Pythagoreer 45
   9. Die Eleaten 53
  10. Die jüngeren Naturphilosophen..................... 67
  11. Zur Wirkungsgeschichte der Vorsokratiker 88
II. 2. Teil: Die Sophisten 91
   1. Allgemeine Charakteristik......................... 91
   2. Protagoras 96
   3. Gorgias 103
   4. Weitere ausgewählte Sophisten 106
   5. Schlussbetrachtungen.............................. 114

III. Die klassische Periode 117
III. 1. Teil: Die sokratische Philosophie 117
    1. Der „Mythos Sokrates" 117
    2. Die kleineren sokratischen Schulen 139
III. 2. Teil: Platon 146
    1. Biographie 147
    2. Werke 152
    3. Grundlagen der Ideenlehre 153
    4. Seelenvorstellung bei Platon 163
    5. Politeia – Platons politische Leidenschaft 169
    6. Struktur und Entstehung der Welt im *Timaios* 175
    7. Platons Würdigung und sein Einfluss auf die Nachwelt .. 177
III. 3. Teil: Aristoteles 178
    1. Leben 180
    2. Zur Überlieferung der aristotelischen Schriften 182
    3. Werke 183
    4. Das Wesen der Philosophie 184
    5. Grundzüge der Metaphysik 186
    6. Aspekte der aristotelischen Ethik 197
    7. Politische Philosophie 206
    8. Abschließende Gedanken zur Aktualität der aristotelischen Philosophie 210

IV. Die Philosophie im Zeitalter des Hellenismus 213
    1. Einleitung: Charakteristika hellenistischer Philosophie ... 213
    2. Die Stoá 215
    3. Der „Garten" des Epikur 226
    4. Die pyrrhonische Skepsis 238

V. Der Neuplatonismus 241
    1. Die zentralen Gedanken des Neuplatonismus 242
    2. Der Neuplatonismus nach Plotin 244

Anhang 245
    Siglen und Abkürzungen 245
    Antike Quellen/Textausgaben 246
    Sekundärliteratur 248
    Personenregister 252
    Sachregister 253

Vorwort

Dieses Buch ist aus Manuskripten für die Lehrveranstaltungen entstanden, die ich unter den Titeln „Geschichte der Philosophie der Antike" und „Griechische Terminologie für Studierende der Philosophie und des Lehramts für Psychologie/Philosophie (PP)" an der Universität Wien seit 2002 gehalten habe. Es wendet sich sowohl an Studierende dieser Fächer als auch an die erfreulicherweise ständig wachsende Zahl einer Leserschaft, die der antiken Philosophie ein besonderes Interesse entgegenbringt.

Eine Einführung in die Philosophie der Antike hat sich vielen Anforderungen zu stellen: philosophiegeschichtliche Zusammenhänge verständlich zu machen, Lehren zu referieren, Werke zu beschreiben bzw. zu interpretieren, quellenkritische Fragen zu diskutieren. Auf Grund der Begrenzung des Textumfanges musste daher ein Kompromiss zwischen diesen vielfältigen Ansätzen gefunden werden. Somit wurde versucht, anhand sorgfältig ausgewählter Themen und Texte in die wichtigsten Denkansätze und Problemstellungen dieser Epoche einzuführen.

Die Zielsetzung des Buches ist es, in einem historisch-systematischen Überblick die eminent wichtige Bedeutung der antiken Philosophie für das grundsätzliche Verständnis von Philosophie aufzuzeigen. Neben der allgemein hermeneutischen Vermittlung in philosophisch-wissenschaftlicher sowie kulturgeschichtlicher Hinsicht liegt ein besonderer Akzent dieser Darstellung auf der Hinführung zur Lektüre antiker Philosophen. Da die Griechen als Erste die Fragestellungen, Methoden und Begrifflichkeiten entwickelt haben, die das abendländische Denken bis in die gegenwärtigen Debatten wesentlich prägen, sind zahlreiche philosophische Begriffe aus dem klassischen

Griechisch abzuleiten, die nicht nur in die Philosophie des abendländischen Mittelalters und der Neuzeit bis hin zur Gegenwart, sondern ebenso in die (Natur-)Wissenschaften als fixer Bestand eingegangen sind. So wird anhand genauer Lektüre und Interpretation von Originaltexten das Bedeutungsspektrum wichtiger griechischer Termini im jeweiligen philosophischen Kontext erklärt und gegebenenfalls auf ihr Weiterleben in den heutigen Wissenschaftssprachen hingewiesen. Dadurch soll eine nachhaltige Annäherung an die Denkweisen antiker Philosophen erfolgen, deren Fragen auch heute noch die unseren sind: nach der Erklärung der Welt, nach dem Miteinander in einem sozialen Gefüge, nach dem moralisch richtigen Handeln, nach Glück, Leid und Tod.

Mein besonderer Dank gilt Günter Lachawitz für fachliche Anregungen und ergänzende Hinweise und Ana Ionescu für die genaue Durchsicht des Manuskripts. Weiters danke ich Sabine Kruse von facultas.wuv für die wohlwollende Aufnahme des Buchprojekts von Seiten des Verlages und Verena Hauser für das sorgfältige Lektorat.

Zur Verwendung dieses Buches:
Zitate aus antiken Quellen werden kursiv und ohne Anführungszeichen geschrieben und im Allgemeinen nach den im Literaturverzeichnis angeführten Übersetzungen wiedergegeben; Änderungen durch die Verfasserin erfolgen ohne besondere Kennzeichnung. Alle Zitate werden nach den aktuellen Rechtschreibregeln wiedergegeben.

Griechisch geschriebene Wörter werden in eckigen Klammern transkribiert; bei den Akzenten wird auf die Differenzierung in Akut, Gravis und Zirkumflex verzichtet und ausnahmslos der Akut als Betonungszeichen verwendet, bei einsilbigen Wörtern wird kein Akzent geschrieben; lange und kurze Vokale werden nicht unterschieden; der Spiritus asper, der für „h" steht, wird transkribiert, der Spiritus lenis und das Iota subscriptum entfallen. Alle griechischen und lateinischen Termini sowie Werktitel werden kursiv geschrieben. Siglen und Abkürzungen werden im Anhang angeführt. Mit → **F 1–F 39** wird auf die auf der UTB-Homepage abrufbaren Powerpoint-Folien hingewiesen (http://www.utb-shop.de/shop/philosophie/geschichte-der-antiken-philosophie-1.html).

I Einleitung

1 Was heißt Philosophie?

Das Wort „Philosophie" entstammt der altgriechischen Sprache. Ein *philósophos* (φιλόσοφος) ist in der direkten Übersetzung „ein Liebhaber der Weisheit". Das Verbum φιλεῖν [phileín] heißt neben „lieben" auch einfach „sich aneignen, an etwas Gefallen finden"; φίλος [phílos][1] ist der „Freund" und „Liebhaber", der „Freude hat an" σοφία [sophía]. Unter *sophía* verstand man nicht nur wissenschaftliche Erkenntnis, sondern durchaus Wissen in einem weiteren Sinne. So konnte auch das anwendbare praktische Wissen, das beispielsweise ein Handwerker braucht, als *sophía* bezeichnet werden. Folglich gehört zur Bedeutung dieses Ausdrucks neben „Wissen, Weisheit, Bildung" auch „Einsicht" und „Klugheit" hinsichtlich einer praxisbezogenen Sachkenntnis oder, so könnte man heute moderner sagen, eine entsprechende Fachkompetenz im Sinne eines anwendungsbezogenen Expertenwissens.[2] (→ **F 1: Was heißt *Philo-sophía*?**)

In der Zusammensetzung φιλοσοφία [philosophía] kommen nun einerseits die Tätigkeit eines Philosophen und andererseits das For-

---

[1] Das Adjektiv *phílos* heißt bei Homer immer wieder bloß „eigen". Vgl. W. Schadewaldt, Die Anfänge der Philosophie bei den Griechen. Die Vorsokratiker und ihre Voraussetzungen. Tübinger Vorlesungen Bd. 1. Frankfurt/Main 1978, S. 13.

[2] Unter *sophía* kann man auch das theoretische Wissen verstehen, das zur Ausübung einer *téchne* (τέχνη: „Kunstfertigkeit") benötigt wird. Auf „-ik" auslautende Fremdwörter, die ein Fachgebiet bezeichnen, wie etwa Mathematik, Politik, Musik etc., leiten sich von griech. Adjektiva ab, die durch Anfügung des Suffixes -ικός [ikós], wie z. B. *mathematikós*, gebildet wurden. Zu ergänzen ist jeweils das Substantiv *téchne* („Kunstfertigkeit in …, Kunst von …").

schungsobjekt, die Wissenschaft, zum Ausdruck. Der *philósophos* hat die Bereitschaft, sich staunend und voll Bewunderung mit der Welt auseinanderzusetzen und sich über diese Wissen anzueignen, statt sie lediglich in ihrem jeweiligen akzidentiellen Erscheinungsbild wahrzunehmen. Betrachtet man nämlich den Alltag der Griechen der Antike, so war damals das Denken noch nicht als theoretische Disziplin vom Leben getrennt, sondern beide Bereiche fanden gleichermaßen Beachtung. Die Philosophie beschränkte sich daher keineswegs nur auf Fragen, die wir ihr heute für gewöhnlich zuordnen.

Die erste schriftlich überlieferte Erwähnung des Adjektivs *philósophos* begegnet uns bei Heraklit, einem Vorsokratiker aus dem 6./5. Jh. v. Chr. Er bezeichnet mit diesem Wort die *weisheitsliebenden Männer*[3], denen auf der anderen Seite die Vielen gegenüberstehen, von denen Heraklit voller Verachtung sagt, dass sie nur daliegen, *gesättigt wie das Vieh*[4]. Als Ersten, der sich selbst als Philosophen bezeichnete, nennt uns die antike Überlieferung Pythagoras, was jedoch als Rückprojizierung aus der Zeit Platons angesehen werden muss.[5] Die Verbreitung der Wörter *philósophos* und *philosophein* („philosophieren") findet dann aller Wahrscheinlichkeit nach erst im 5. Jh. v. Chr. statt, unter der Herrschaft des Perikles, als Athen durch seine politische Vormachtstellung und zugleich intellektuelle Ausstrahlung hervortrat. Damals hielt sich auch der Historiker Herodot aus Kleinasien während seiner zahlreichen Reisen zeitweise in der berühmten Stadt auf. In seinem Geschichtswerk findet sich der früheste Beleg für das Verb *philosophein*, im Zusammenhang mit Solon, der, nachdem er die Gesetzgebung in Athen abgeschlossen hatte, auf Reisen gegangen sei, und zwar *um der theoría willen*[6].

Hier lässt sich ein äußerst interessanter Bedeutungswandel erkennen.[7] Denn bei Solon ist θεωρία [*theoría*][8] nicht in unserem heutigen Sinn gemeint[9], sondern unter Berücksichtigung der Grundbedeutung

---

3   DK 22 B 35.
4   DK 22 B 29.
5   Vgl. HWPh Bd. 10, 1128.
6   Herodot, Historien I 30.
7   Vgl. K. Bartels, Wie Berenike auf die Vernissage kam. 77 neue Wortgeschichten. Darmstadt 2004, S. 178f.
8   Griech. *theoría* ist aus zwei Wörtern mit ähnlicher Bedeutung zusammengesetzt: θέα [*théa*]: „Schau, Schauspiel", vgl. „Theater", und ὁρᾶν [*horán*]: „sehen, schauen", vgl. „Panorama" → „das Betrachten eines Schauspieles oder Festzuges".
9   Vgl. dazu die geflügelten Worte des Mephistopheles in Goethes Faust I, 2038f.: „Grau, teurer Freund, ist alle Theorie/und grün des Lebens goldner Baum."

könnte man sie dort als die Art und Weise verstehen, in der ein θεωρός [theorós], ein offizieller Festgesandter der Polis, etwa den Götterfesten bei olympischen Spielen oder einer ähnlichen kultischen Veranstaltung beiwohnte. Von da aus gewann das Wort dann die Bedeutung eines freien, durch keine Verpflichtung gebundenen Anteilnehmens, wobei der Charakter des Festlichen und Feierlichen weiterhin mit ihm verbunden blieb. Wenn sich Solon also um der *theoría* willen auf den Weg gemacht haben soll, so bedeutet das, dass er seine Reisen frei und unabhängig unternahm, einfach nur, um sich die Dinge genau anzusehen, und dabei keineswegs von irgendwelchen Zwecken, wie beispielsweise ein Handelsmann, geleitet wurde. Und dies hat er *philosophéon* („philosophierend") getan, als einer, der mit offenen, staunenden Augen auf der Suche nach Kenntnissen ist, sowohl um seine eigene Wissbegierde zu befriedigen als auch um Aufgaben des praktischen Lebens besser bewältigen zu können.

Der *philósophos*, so könnte man sagen, ist einer, der den Anspruch an sich stellt, die Welt in einem zunächst zweckfreien Betrachten, Schauen und Staunen zu erfassen, erfüllt von einem Verlangen nach Orientierung und Reflexion sowie auch Nachdenken über sich selbst.

1.1 Der philosophische Eros

Der Gott Ἔρως [Eros] begegnet uns bereits in der frühesten griechischen Dichtung. Hesiod (um 700 v. Chr.) ist der Schöpfer der *Theogonía*, eines Epos über die Entstehung der Götter und der Welt, in dem er neben dem genealogischen Schema mit der Abfolge der weltbeherrschenden Götter Uranos, Kronos und Zeus in schier unüberblickbarer Fülle alle göttlichen Wesen, Elemente und Mächte aufführt, die im Kosmos und im Leben der Menschen von Bedeutung sind. In der Schilderung Hesiods gehen aus dem *Chaos* (hier nicht ein ungeordnetes Durcheinander, sondern eine Art formlose Leere, „Schlund, gähnender Abgrund") *Erebos/Tartaros* (Unterwelt) und *Nyx* (Nacht) hervor. Daneben existieren bereits ganz am Anfang als weitere Urmächte *Gaia* (Erde) und *Eros*, welcher *der schönste ist unter den unsterblichen Göttern, gliederlösend, und einer, der bei allen Göttern und bei allen Menschen das Denken in der Brust bezwingt und den vernünftige Willen*[10]. In späteren Quellen wird er als Sohn von Aphrodite und Ares gesehen und als geflügelter Lausbub, der mit Pfeil und Bogen Götter und Menschen ins Herz trifft.

---

10 Hesiod, Theogonie 120ff.

In Platons Dialog *Symposion* hingegen wird uns der Gott in einer ganz anderen, für Philosophen aber umso interessanteren Genealogie vorgestellt. Sokrates erinnert sich an ein Gespräch über *Eros* mit der weisen Priesterin Diotima, die hier ausnahmsweise die sonst ihm vorbehaltene Rolle der Fragenden und Belehrenden innehat:[11] Diese erzählt, *Eros* sei der Sohn von *Penía* („Armut, Mangel") und *Póros* („Erfindergeist, Wegfinder, übertr. Reichtum"), dem es selbst nun immer wieder (mehr oder weniger, je nachdem, ob sich die mütterlichen oder väterlichen Anlagen durchsetzen) an all dem mangelt, wonach er uns streben lässt; er ist gewissermaßen ein „dämonisches Zwischenwesen" zwischen Mensch und Gott, ein wechselseitiger Vermittler und Ausleger, nicht selbst weise, denn das Attribut *sophós* kommt nur den Göttern zu, doch auch nicht töricht und ungebildet, sondern wie der *philósophos* unentwegt auf der Suche. (→ **F 2: Der philosophische *Eros***)

Wie *Eros* ist auch der *philósophos* ein „Zwischenwesen", ein Suchender und Strebender, einer, der sich seiner Defizite und seiner Bedürftigkeit bewusst ist und daher auf der Suche ist, diese auszugleichen. Dabei gilt es zu beachten, dass es einen markanten Unterschied zwischen der Art des Philosophierens in der Antike und der heute gängigen Vorstellung von Philosophie gibt: Meist bestimmte damals die Entscheidung für eine bestimmte Lebensweise, eine in kritischer Auseinandersetzung mit anderen Einstellungen getroffene Lebenswahl, die Lehre selbst und ebenso die Unterrichtsweise dieser Lehre, sodass der philosophische Diskurs immer auch aus der Perspektive der jeweiligen Lebensanschauung zu verstehen ist. Antike Philosophie ist daher zugleich theoretischer Diskurs *und* eine diesem entsprechende Lebensweise, die beide zur Weisheit streben, ohne diese aber jemals ganz zu erreichen bzw. erreichen zu können.[12] Die Größe und Bedeutung und zugleich auch das Paradoxon der antiken Philosophie bestehen darin, im Bewusstsein der Unerreichbarkeit der Weisheit gleichzeitig von der Notwendigkeit überzeugt zu sein, den geistigen Fortschritt voranzutreiben. Philosophieren ist somit eine permanente Übung[13], ein vorbereitendes Propädeutikum zur Erlangung der Weisheit.

---

11 Platon, Symp. 203a–204a.
12 Vgl. P. Hadot, Wege zur Weisheit. Oder: Was lehrt uns die antike Philosophie? Frankfurt/Main 1999, S. 18.
13 Vgl. dazu den von P. Sloterdijk (Du mußt dein Leben ändern, Frankfurt/Main 2009, S. 24) im Rahmen seiner „anthropotechnischen Wende" geforderten *homo*

1.2 Philosophie als historisches Phänomen

Schon Aristoteles[14] sagt, um die Dinge wirklich zu verstehen, müsse man sehen, wie sie sich von Anfang an entwickeln. Entscheidend ist für uns daher, Philosophie als historisches Phänomen in ihrem Ursprung zu erfassen, indem man sich der Tatsache bewusst wird, dass mit dem Philosophieren zu einer bestimmten Zeit begonnen wurde und dass sich dieser Prozess bis heute fortgesetzt hat. In der theoretischen Tätigkeit ist die Kontinuität der Philosophie von ihrem Beginn an bis heute gegeben. Die Art, *wie* Philosophie in der Antike betrieben wurde, und die Formen ihrer Darstellung unterscheiden sich jedoch in vielerlei Hinsicht von denen der Neuzeit. Will man nun zu einem profunden Verständnis der antiken Philosophie gelangen, kann es daher nicht genügen, nur das aufzuzeigen, worin sie noch aktuell ist und was sie mit der neuzeitlichen Philosophie verbindet, sondern man muss sie in all ihren spezifischen Eigenheiten betrachten, und das heißt vor allem in den ihr eigenen Lebens- und Darstellungsformen.

2 Der Mythos

Wenn man die Frage nach den Anfängen der Philosophie stellt, so stößt man auf den Mythos als erste vorphilosophische und vorwissenschaftliche Erklärung der Wirklichkeit. Auf die Frage etwa, warum Kosmos, Welt und Mensch existieren, liefern die zahlreichen Schöpfungsmythen erste Antworten, die mit ihren Weltdeutungen und Göttergestalten den Menschen emotionale Sicherheit und Geborgenheit geben, Orientierung bieten und helfen, Ängste abzubauen. Der „nicht verfügbare Bereich der Welt" wird dadurch für sie sozusagen „verfügbarer" gemacht, und eine bislang unerklärbare Wirklichkeit erscheint weniger bedrohlich und furchterregend.[15] Der μῦθος [mýthos] mit den Bedeutungen „Wort, Rede, Erzählung" in all seinen Ausprägungen repräsentiert eine Rede über „Grund" (*aitía*), „Ursprung" (*arché*) und letztlich „Sinn", eine Entstehungsgeschichte mit Erklärung von Ursachen, und man könnte etwas gewagt hier auch schon das Erken-

---

repetitivus/homo artista („der mit sich ringende und um seine Form bemühte Mensch", „Mensch im Training").
14 Aristoteles, Pol. I 2, 1252a24f.
15 Vgl. H. Blumenberg, Arbeit am Mythos. Frankfurt/Main 1979, S. 40.

nen von Kausalitäten annehmen. Indem die Menschen einander diese sinnstiftenden Geschichten erzählen und den nachfolgenden Generationen tradieren, werden zugleich so wichtige soziale Prozesse wie Gruppenbildung und Zusammengehörigkeitsgefühl initiiert. Dabei ist zu beachten, dass unsere Zugangsweise zum Mythos eine ganz andere ist, als es die der damaligen Menschen war: Während unser Interesse am Mythos vornehmlich literarisch motiviert und infolgedessen auch relativ distanziert ist, haben unsere Vorfahren den Mythos regelrecht gelebt – insbesondere in Form der mit den Götterkulten verbundenen Rituale. (→ F 3: **Mythos**)

2.1 „Vom Mythos zum Logos"

Wenn *mýthos* also ursprünglich „Wort, Rede, Erzählung" heißt, so ist er in dieser Bedeutung durchaus mit dem *lógos* (λόγος: „Rede, Grund, Rechenschaft") verwandt, einem der zentralen Begriffe der antiken Philosophie. Der wesentlichste Unterschied, um es ganz vereinfacht zu sagen, liegt nun darin, dass der Mythos erzählt, während der Logos begründet (vgl. *lógon didónai:* „Rechenschaft ablegen"). Schon im Mythos gibt es ja die Suche nach Erklärungen, doch kraft des Logos wird der Schritt von bildhaft-anschaulichen Vorstellungen zu begrifflich-abstraktem Denken vollzogen. Das Hervortreten des Logos ist gewissermaßen als die Geburtsstunde der argumentativen Vernunft anzusehen. Durch den Logos werden die personalen Deutungen und Interpretationen des Mythos von Erklärungsmodellen und Hypothesenbildungen abgelöst, die auf rein sachlichen Beobachtungen und Erfahrungen beruhen. Die Annahme einer linearen Entwicklung, wie sie das bekannte Schlagwort „Vom Mythos zum Logos"[16] suggeriert, ist heute jedoch nicht mehr aufrechtzuerhalten. Vielmehr hat sich das philosophische Denken allmählich vom mythischen abgelöst und demnach wäre es angemessener, von einem „sich längst irgendwie unterirdisch vorbereitenden Denkgeschehen" zu sprechen, „das sich erst in andere Formen verkleidet: Mythos, Dichtung usw., bis es dann ausdrücklich wird, und dieses Ausdrücklichwerden meinen wir eigentlich, wenn wir von einem Beginn der Philosophie sprechen".[17]

---

16 „Vom Mythos zum Logos. Die Selbstentfaltung des griechischen Denkens von Homer bis auf die Sophistik und Sokrates" – so lautet der Titel eines viel beachteten Werkes von Wilhelm Nestle (1940).
17 Vgl. Schadewaldt, Die Anfänge der Philosophie, S. 17.

2.2 Philosophische Spekulationen im Mythos

Bereits die oben genannte *Theogonie* des Hesiod führt uns mit ihrer Göttergenealogie eine geschlossene Totalität vor Augen, die ihrerseits von einem literarisch thematisierten Ordnungsgedanken geprägt ist, der ebenso wie die Tendenz zur Systematisierung eine zentrale Voraussetzung für die Entwicklung von Philosophie darstellt. Wenn Hesiod das Geschlecht der Götter auf seinen Ursprung zurückzuführen versucht (*Theogonie* v. 44f.) und dabei auf das Chaos (v. 116) Bezug nimmt, dann ist hier schon der Gedanke eines ersten Prinzips vorweggenommen. Wenn Hesiod nicht nur die Entstehung der Götter, sondern auch die des Lichts und der Dunkelheit, des Himmels und der Erde, der Berge und des Meeres schildert, so geht die *Theogonie* bereits in eine Kosmogonie über, wie sie spätere Autoren zu konstruieren versuchen. Und wenn er die als Zeugungskraft wirkende und den Kosmos durchwaltende Macht des *Eros* (v. 120) das Wollen der Götter wie der Menschen beherrschen lässt, so nimmt er die Lehre einer die Natur durchwirkenden autokinetischen (einer sich selbst in Bewegung setzenden) Grundkraft vorweg, die dann bei Empedokles als Anziehungskraft (*philótes*: „Liebe") – allerdings in polarem Verhältnis zur Gegenkraft des „Hasses" – fungiert. Insbesondere bei den Spekulationen über Chaos, Erde und Eros scheint es manchen Interpreten verlockend, diese mythischen Namen auf Begriffe wie Raum, Materie und Kraft zu beziehen, und man stellt sogar Vermutungen an, dass der Name des Gottes Kronos für den Begriff der „Zeit" (*chrónos*) stehen könnte und der seiner Frau Rhe(i)a (*rhein*: „fließen") für das Werden der Dinge, auch wenn es dafür keinerlei Beweise gibt. (→ **F 4: Hesiods *Theogonía***)

Eine weitere mögliche Vorwegnahme philosophischer Überlegungen lässt sich aus dem Begriff *phýsis* (φύσις: „Natur") ableiten. Das altgriechische Wort findet sich zum ersten Mal in der *Odyssee* bei Homer:[18] Dort übergibt Hermes Odysseus[19] als Schutz gegen Kirkes Verwandlungskünste ein Zauberkraut, das für Sterbliche nur schwer

---

18 Homer, Odyssee X 302ff.
19 Vgl. dazu W. Ries, Die Philosophie der Antike. Darmstadt 2005, S. 11: „Im Blick auf den Beginn der griechischen Philosophie und ihr einer Entdeckungsreise gleichendes Unternehmen, auf dem Hintergrund verblassender ‚Göttergeschichten' in einer ganz neuen Weise nach dem Ursprung der Welt zu fragen und nach dem, was allem Seienden zugrunde liegt, stellt sich die Erinnerung an die Figur des Odysseus ein."

zu finden ist. Während er es aus der Erde zieht, erklärt er dessen *phýsis*, indem er die Teile der Pflanze unterscheidet, die schwarze Wurzel und die weiße Farbe der Blüte. Bereits aus diesen Worten des Gottes können wir ableiten, dass *phýsis* grundsätzlich aus verschiedenen Elementen konstituiert wird, deren Existenz in ihrer Zusammengehörigkeit ein Ganzes bildet. Diese Aspekte sind für die frühgriechische Philosophie bedeutsam geworden, die dann weiter die den Erscheinungen zugrunde liegenden Ursachen untersucht. Auch wenn sich nicht klar entscheiden lässt, inwiefern in den mythischen Erzählungen bereits tatsächlich konkrete Ahnungen abstrakter Prinzipien enthalten sind, bleibt jedoch unbestritten, dass im Mythos zahlreiche spekulative Ansätze der frühgriechischen Philosophie zu erkennen sind.

Das neue, vom Logos bestimmte Denken besteht also nicht so sehr in einem Ersatz der Mythen durch etwas „Wissenschaftlicheres", sondern vor allem in seiner neuen Einstellung gegenüber den Mythen, und diese neue Zugangsweise ist die des Zweifels und der Kritik, die von nun an Tradition werden. Mythen kehren in der Philosophiegeschichte jedoch regelmäßig wieder, wenn es darum geht, abstrakt Rationales anschaulich zu vermitteln oder Vorstellungen von etwas zu entwerfen, das wir nicht begrifflich erfassen können. Prominente Beispiele dafür liefert uns Platon mit seinen Seelen- und Unsterblichkeitsmythen.

3   Orientalische Einflüsse

Wenn wir uns die Frage stellen, welchen Einfluss orientalische Völker auf die Philosophie der Griechen ausgeübt haben, bedarf es zunächst einer Klärung zur räumlichen und zeitlichen Eingrenzung der vorliegenden Philosophiegeschichte: Thema dieses Buches ist die Geschichte der Philosophie der Antike in Beschränkung auf Europa. Aus dieser Fokussierung darf jedoch keinesfalls ein Überlegenheitsanspruch abgeleitet werden, der angesichts der unumstrittenen Bedeutung außereuropäischer Kulturen auch in keiner Weise zu rechtfertigen wäre. Die Ausblendung anderer Kulturen hat allein sachökonomische Gründe, zumal eine nähere Beschäftigung mit jenen den Umfang einer derartigen Darstellung bei weitem sprengen und auch gleichzeitig entsprechende Sach- und vor allem Sprachkenntnisse voraussetzen würde.

Unbestritten haben die Vorfahren der Hellenen viele Jahrhunderte lang den Einfluss ihrer östlichen Nachbarn erfahren und deren Lehrmeister scheinen überwiegend die Phönikier, Babylonier und Ägypter gewesen zu sein. Orientalische Kulte und Götter verschmolzen mit den altgriechischen oder traten ihnen zur Seite. Auf orientalische Vorbilder weisen die alten Königsburgen und Königsgräber, Festungs- und Wasserbauten der vorhomerischen Zeit wie auch die ersten Anfänge der bildenden Kunst. Dass die Griechen ebenso philosophische Lehren und Methoden von daher entlehnt haben, lässt sich jedoch (abgesehen von einzelnen späteren Erscheinungen) nicht schlüssig nachweisen. Sooft uns auch diese Behauptung bei Schriftstellern der alexandrinischen und nachalexandrinischen Zeit begegnet, so legt doch keiner derselben Zeugnis dafür ab, dass er sie einer zuverlässigen und auf die Tatsachen selbst zurückreichenden Überlieferung verdanke. Darüber hinaus ist festzustellen, dass die östlichen Völker, mit denen die Griechen bis auf Alexander herab in Berührung kamen, nach allem, was uns über sie bekannt ist, zwar Mythologien und mythische Kosmogonien hatten, aber keines von diesen besaß eine „Philosophie", keines machte den Versuch einer natürlichen Erklärung der Dinge, die den griechischen Denkern als Quelle oder Vorbild hätte dienen können. Die griechische Philosophie kann somit durchaus als eine selbstständige und autochthone (im Land selbst entstandene) Entwicklung angesehen werden.

4 Griechische Schrift und Sprache

Das griechische Alphabet, die Mutter aller europäischen Schriftsysteme, wurde zwar zunächst von den Phönikiern übernommen, doch hätte diese Schrift nie ihren Siegeszug über die ganze Welt antreten können, wenn nicht die Griechen um das 9. Jh. v. Chr. in geradezu genialer Weise die Zeichen der phönikischen Silbenschrift in eine für ihre Bedürfnisse geeignete Lautschrift umgeformt hätten. Erst eine solche ließ sich dann auf andere Sprachen übertragen. Eric A. Havelock vertritt die These von der „überlegenen Effizienz" der griechischen Alphabetschrift und gründet darauf seine Theorie von der einzigartigen Ablösung der Mündlichkeit durch die Schriftlichkeit in der griechischen Kultur. Eine seiner gewagten Spekulationen besteht darin, erst durch die Vorherrschaft der Schrift die Möglichkeit zur Entdeckung des Selbst zu sehen: „So wie sich die Sprache vom Sprecher visuell absetzte, so kam auch umgekehrt die Person, die Quelle der Sprache, ins Blickfeld: Es entstand der Begriff des Selbst. (...) Die sprechende, aber von der Sprache abgetrennte Person wurde zur ‚Persönlichkeit', die sich nun selbst entdecken konnte."[20] Diesen Worten kann man durchaus einen wichtigen Beitrag zur vorhin skizzierten Entwicklung „Vom Mythos zum Logos" entnehmen: Es bedarf der Schriftlichkeit, um Strukturen logischer Argumentation abstrakt zu erfassen, und erst die Scheidung des schriftlich fixierten Wissens von der Person des Wissenden ermöglicht eine umfassende und kritische (Selbst-)Reflexion.

Von grundlegender Bedeutung für die günstige Disposition der griechischen Sprache zu wissenschaftlichem und philosophischem Denken ist das Vorhandensein des bestimmten Artikels, und zwar im Besonderen des neutralen (τό [to]: „das"), mit dessen Hilfe es möglich wurde, einerseits Allgemeines als Bestimmtes und andererseits sinnliche Qualitäten und Eigenschaften, Materie und Elemente, ja nahezu alles begrifflich zu konzipieren und somit zum Gegenstand von Aussagen und Untersuchungen zu machen: So wurden beispielsweise das Feuchte, das Warme, das Unbegrenzte oder Fragepronomina (das Wo, Wie, Wann) zum Begriff, ja sogar ganze Phrasen, wie der aristotelische Ausdruck τὸ τί ἦν εἶναι [to ti en eínai]: das „Was war/ist das Sein?"; das der jeweiligen Sache eigentliche Sein; das „Wesenswas" – Formulierungen, die wir später in den Bindestrichwörtern Heideggers wiederfinden (z. B. das „In-der-Welt-Sein" in seinem Werk *Sein und Zeit*).

Es besteht kein Zweifel, dass die erstmals in der griechischen Sprache möglich gewordenen sprachlichen Differenzierungen die Reflexion auf die Reichweite und die Struktur des menschlichen Erkennens maßgeblich gefördert haben. So schreibt Bruno Snell: „Das Verhältnis der Sprache zur wissenschaftlichen Begriffsbildung lässt sich, streng genommen, nur am Griechischen beobachten, da nur hier die Begriffe organisch der Sprache entwachsen sind: Nur in Griechenland ist das theoretische Bewusstsein selbstständig entstanden, nur hier gibt es eine autochthone wissenschaftliche Begriffsbildung – alle anderen zehren hiervon, haben entlehnt, übersetzt, das Empfangene weitergebildet. Die Leistung der Griechen hat die anderen Völker über ihre Eigenentwicklung hinaus gefördert."[21] Die Römer haben später nicht nur die griechische Literatur schöpferisch rezipiert (man denke an

---

20 E. A. Havelock, Als die Muse schreiben lernte. Berlin 2007, S. 117f.
21 B. Snell, Die Entdeckung des Geistes. Studien zur Entstehung des europäischen Denkens bei den Griechen. Göttingen ⁸2000, S. 205.

die nach den Epen Homers gestaltete *Aeneis* Vergils oder an die *Oden* des Horaz, die nicht nur in der Bezeichnung der Versmaße auf die griechische Lyrik des Alkaios und der Sappho verweisen), sie haben ebenso – und dies ist vor allem das Verdienst Ciceros – die gesamte philosophische Terminologie entlehnt und übersetzt und dabei auch, wenn keine äquivalenten Einzelbegriffe zur Verfügung standen, neue Kunstwörter geschaffen, wie z. B. *natura* für *phýsis* oder *substantia* für *hypokeímenon*.

5 Beginn der griechischen Philosophie

Wann könnte man nun den Beginn der griechischen Philosophie ansetzen? Bei Kant heißt es dazu: „Wann aber und wo unter den Griechen der philosophische Geist zuerst entsprungen sei, das kann man eigentlich nicht bestimmen."[22] Hegel sieht die „Freiheit des Denkens als Bedingung des Anfangs", gemeint ist die Emanzipation des Geistes von zumeist religiös verankerten konkreten Anschauungen, zu deren Verwirklichung es jedoch gleichzeitig der politischen Freiheit bedarf: „In der Geschichte tritt daher die Philosophie nur da auf, wo und insofern freie Verfassungen sich bilden."[23] Dass die große epische Überlieferung mit Homer und Hesiod schon eine erste Etappe auf dem Weg von mythischer Vorstellung zu rationaler Deutung des Lebens und der Welt darstellt, wurde bereits anhand einiger Beispiele nachgewiesen.

Von Aristoteles[24] wird explizit Thales von Milet, der bereits im Altertum zu einer Symbolfigur geworden ist, als Archeget (ἀρχηγέτης [archegétes]: „Urheber, Protagonist") der Philosophie genannt, und dieser Annahme sind die meisten der Philosophiehistoriker bis heute gefolgt. Thales wird gemeinsam mit Solon, dem berühmten Gesetzgeber Athens, auch zu den sog. Sieben Weisen gezählt, die für aphoristische, prägnant verkürzte Sprüche und Sentenzen bekannt sind.[25] In diesem Zusammenhang ist uns eine Anekdote überliefert, die einen entscheidenden Impuls zu selbst-

---

22 I. Kant, Logik. Ein Handbuch zu den Vorlesungen. Hg. von G. B. Jäsche, neu hg. von W. Kinkel. Leipzig ³1920, S. 20.
23 G. W. F. Hegel, Vorlesungen über die Geschichte der Philosophie I. Theorie-Werkausgabe 18. Frankfurt/Main ¹1986, S. 115ff.
24 Vgl. Aristoteles, Met. I 3, 983b20.
25 Ihre markant formulierten Erkenntnisse (Gnomen, Pl. zu γνώμη [gnóme]: „Meinung, Einsicht, Sentenz") betreffen vor allem Themen der praktischen Lebensführung: *Nicht dein Äußeres schmücke, sondern sei schön in deinem Tun,* soll

bewusstem Denken und kritischem Reflektieren enthält und die als Initialanstoß zur Philosophie schlechthin angesehen werden kann. Alle Sieben Weisen, so heißt es, hätten sich eines Tages zum berühmten Orakel nach Delphi begeben, um dort besondere Maximen in die Wand des Apollotempels zu meißeln, die der antike Reiseschriftsteller Pausanias noch im 2. Jh. n. Chr. im Tempelinneren gesehen haben will. Den wohl berühmtesten Spruch habe damals der Spartaner Chilon beigesteuert: γνῶθι σαυτόν [gnóthi sautón]: „Erkenne dich selbst!" – ein Aufruf, den man im 6. Jh. v. Chr. sicherlich auch als Mahnung an die Sterblichen verstehen musste, ihre Grenzen zu erkennen und sich nicht mit den Göttern zu vergleichen. Aber kann er nicht ebenso gut als Anleitung gesehen werden, ein eigenes Selbst- und Werteverständnis zu ergründen wie auch Orientierung in der uns umgebenden Welt zu finden? (→ **F 5: Beginn der griechischen Philosophie**)

Wenn wir vom Beginn der Philosophie sprechen, kann wiederum der Blick auf das griechische Wort für Anfang dienlich sein. Das griechische Wort ἀρχή [arché] heißt in seiner Grundbedeutung „Anfang" und zugleich „Herrschaft" oder auch „Prinzip", nämlich im spekulativen, logisch-philosophischen Sinne eines Anfanges als „Urgrund, Ursache-Sein" (*arché* ~ αἰτία [aitía]: „Grund") – so bei Aristoteles in seiner Lehre von den vier Ursachen. Bei Hans-Georg Gadamer, der für *arché* den Begriff der „Anfänglichkeit" verwendet, finden sich folgende Worte, die uns direkt zu den ersten Philosophen, den sog. Vorsokratikern führen: „Es gibt aber noch eine weitere Bedeutung von ‚Anfang', und diese ist, wie mir scheint, die für unseren Zweck ergiebigste und am meisten angemessene. Diese Bedeutung bringe ich zum Ausdruck, indem ich nicht vom Anfangenden, sondern von Anfänglichkeit spreche. Anfänglichsein meint etwas, das noch nicht in diesem oder jenem Sinne, noch nicht in Richtung auf dieses oder jenes Ende und noch nicht gemäß dieser oder jener Darstellung bestimmt ist. Das bedeutet, dass viele Fortsetzungen – mit Maßen freilich – noch möglich sind. Vielleicht ist dies und sonst nichts der wahre Sinn von ‚Anfang'. Dass man den Anfang einer Sache kennt, heißt, dass man sie in ihrer Jugend kennt, womit im Leben des Menschen die Phase gemeint ist, in der die konkreten und bestimmten Entwicklungsschritte noch nicht vollzogen sind. (...) Diese Analogie

---

Thales geraten haben, und auch: *Halte Maß!* oder *Nichts zu sehr* (*medén ágan*) als eine Warnung Solons.

deutet eine Bewegung an, in der sich bei zunehmender Bestimmtheit eine Richtung konkretisiert, die zu Beginn offen ist und noch nicht feststeht. Dies ist, glaube ich, der Sinn, in dem man von jenem Begriff reden muss, der mit den Vorsokratikern eintritt. Bei ihnen gibt es ein Suchen ohne Wissen um das letztliche Geschick, das Ziel eines an Möglichkeiten reichen Ablaufs. Es kommt überraschend, wenn man entdeckt, dass sich in diesem Anfang die wichtigste Dimension des menschlichen Denkens auftut."[26]

---

26 H.-G. Gadamer, Der Anfang der Philosophie. Stuttgart 1996, S. 20f.

II. 1. Teil: Die Vorsokratiker

1 Überlieferung

Da wir bei sehr vielen Philosophen der Antike auf Sekundärquellen aus späterer Zeit angewiesen sind, erscheint es zunächst zweckmäßig, in einem kurzen Überblick auf die unterschiedlichen Formen der Auslegung von Philosophiegeschichte hinzuweisen. Schon bei den Griechen gab es vier verschiedene Formen der Philosophiegeschichtsschreibung:
1. Die sog. Doxographie (*dóxa*: „Meinung", *gráphein*: „schreiben"): Dabei handelt es sich um eine Sammlung von philosophischen Lehrmeinungen. Ein prominenter Vertreter dieser Art der Darstellung ist der Aristotelesschüler Theophrast mit seinen *Physikón dóxai (Meinungen der Naturphilosophen)*, einer systematischen Darstellung in sechzehn Bänden, die jedoch weitgehend verloren ist; Auszüge daraus finden sich bei dem Neuplatoniker Simplikios. Dieses Werk wurde richtungsweisend für die gesamte Philosophiegeschichte bis heute, vor allem hinsichtlich der Vorsokratiker und ihrer Meinungen *(dóxai)* zu den Urgründen des Seienden *(archaí)*.
2. Die Biographie (*bíos*: „Leben"), die Lebensbeschreibung: Am bekanntesten ist hier das Hauptwerk des Diogenes Laërtios (3. Jh. n. Chr.) *Philosóphon bíon kai dogmáton synagogé (Leben und Meinungen der großen Philosophen)*, in dem der Autor eine riesige Materialsammlung in zehn Büchern mit über 1000 Zitaten von etwa 250 Autoren vorgelegt hat.
3. Die Diadochengraphie (*diádochos*: „Nachfolger, Erbe, Schulhaupt") beschreibt die Geschichte der philosophischen Schulen, wobei es vier große Schulrichtungen in Athen gab: die Akademie Platons,

den Perípatos des Aristoteles, die Stoá, gegründet von Zenon von Kition, und schließlich den nach seinem Begründer benannten Epikureismus.

4. Zuletzt ist noch die Häresographie zu nennen (*haíresis*: „Wahl, Auswahl, Denkweise", speziell: „Irrlehre, Häresie"), eine Zusammenstellung von Denkrichtungen verschiedener Schulen im Hinblick auf ihre einander widersprechenden Positionen. In der Konfrontation mit Lehren gegenteiliger Denkrichtungen entwickelt sich in der Häresographie die Methode des Eklektizismus (*eklégein*: „auswählen"), „deren Prinzip es ist, sich Tabellen und Übersichten über die verschiedenen Lehren zu verschaffen, um dann (…) diejenigen Elemente auszuwählen, die ihr gültig erscheinen. Während ihrer ganzen Geschichte wird die Philosophiegeschichte ein enges Verhältnis zum Eklektizismus haben (…)"[1].

Im Unterschied zu den Schriften Platons oder Aristoteles' besitzen wir von den Vorsokratikern keine größeren zusammenhängenden Texte, sondern lediglich Fragmente, die auf indirektem Weg von späteren Autoren überliefert wurden, und zwar einerseits in referierender Weise als Zitate oder auch – integriert in ihre eigenen Auffassungen – in der Form einer freien Wiedergabe. Für die Behandlung der frühesten Philosophen sind daher vor allem die Doxographie und Biographie mit ihren jeweiligen Vertretern von Relevanz. Man muss sich also im Klaren sein, dass wir bei den Vorsokratikern vorwiegend nicht über sie selbst sprechen, sondern unsere Informationen jeweils nur aus dem, was andere über sie berichten, entnehmen können. Neben Platon ist es vor allem Aristoteles, der die Meinungen seiner vorsokratischen Vorgänger rekonstruierend dargestellt hat – allerdings tat er dies im Rahmen seiner eigenen Philosophie, die von der Frage bestimmt war, wieweit sich seine Lehre von den vier Ursachen (Stoff-, Form-, Bewegungs- und Zielursache) bereits bei den Philosophen vor ihm finden lässt. Der oben genannte Theophrast (4. Jh. v. Chr.), der als Erster die Schriften der alten Naturphilosophen gesammelt und nach thematischen Schwerpunkten geordnet hat, blieb die maßgebliche Quelle aller folgenden doxographischen Überlieferungen.

Im Jahre 1903 gab der Altphilologe Hermann Diels eine Quellensammlung in drei Bänden unter dem Titel *Die Fragmente der Vorsokratiker* heraus, eine bis heute unangefochtene Leistung, die nicht zuletzt darin besteht, dass durch seine Text- bzw. Fragmentausgabe die

---

1 L. Braun, Geschichte der Philosophiegeschichte. Darmstadt 1990, S. 28.

Sammelbezeichnung „Vorsokratiker" etabliert wurde. Die von Walther Kranz neu aufgelegte und revidierte Ausgabe ist das Standardwerk zu den Texten der Vorsokratiker und wird unter Diels/Kranz (DK) zitiert: Die aufgeführten Vorsokratiker sind durchnummeriert, der umfangreichere, mit dem Großbuchstaben B gekennzeichnete Teil enthält authentische und wörtliche Zitate, die als „Fragmente" bezeichnet werden, während Teil A Zeugnisse anderer Autoren über Lehre und Leben der Vorsokratiker umfasst, sog. „Testimonien" (von lat. *testimonium*: „Zeugnis"). Der von Diels etablierte Begriff der „Vorsokratiker" ist allerdings nicht ganz passend, denn die Philosophen, die unter diesem Sammelbegriff zusammengefasst werden, entstammen einem recht großen Zeitraum (etliche, beispielsweise die Sophisten, sind Zeitgenossen des Sokrates) und zudem ist trotz der problematischen Quellenlage zu bedenken, dass es sich um gänzlich verschiedenartige Persönlichkeiten handelt – mit jeweils spezifischen Interessen, Fragestellungen und Themen.[2] Außerdem suggeriert die Präposition „Vor-" gewissermaßen eine Minderung in der Wertschätzung, die jedoch dem weitreichenden Einfluss dieser Denker keinesfalls gerecht würde. Will man nun zu einem profunden Urteil über diese frühen Denker kommen, so muss man daher Voraussetzungen, die uns heute selbstverständlich erscheinen, immer wieder ausblenden bzw. revidieren.

2 Einführung in das Denken der Vorsokratiker

Zur Rekonstruktion der Denkpositionen der vorsokratischen Philosophen dient neben den Fragmenten aus der Sammlung von Diels/Kranz insbesondere das erste Buch der aristotelischen *Metaphysik*, wo es heißt: *Die Mehrzahl der ersten Philosophen war der Meinung, dass allein die stoffartigen die Prinzipien aller Dinge seien. Das nämlich, woraus alles Seiende ist und woraus es als Erstem entsteht und worin es letztlich wieder untergeht – wobei das Wesen bestehen bleibt und lediglich die Eigenschaften wechseln –, das nennen sie Element und das Prinzip des Seienden. Und deshalb meinen sie auch, dass weder etwas entstehe noch vergehe, da eine derartige Natur stets erhalten bleibe. (…) Immer nämlich gebe es eine Natur – entweder eine oder mehr als eine –, woraus das andere entsteht, während*

---

2 Vgl. Th. Buchheim, Die Vorsokratiker. Ein philosophisches Porträt. München 1994, S. 9.

diese jedoch erhalten bleibt. Freilich, was die Menge und die Form eines derartigen Prinzips betrifft, sind sich durchaus nicht alle einig.[3] Aristoteles stellt hier dar, wie die vorsokratischen Naturphilosophen nach einem ersten Urstoff suchten, aus dem alle Einzeldinge in ihren vielfältigen Erscheinungen abzuleiten seien, während die Grundsubstanz jeweils erhalten bleibe. Das Revolutionierende an ihrem Ansatz besteht nun darin, dass hier erstmals der Versuch unternommen wurde, natürliche Phänomene ohne Rückgriff auf die Wirkkraft von Göttern in mythologischen Erzählungen zu erklären. Indem Aristoteles diese Philosophen als die Ersten bezeichnet, setzt er übrigens gleichsam nebenbei einen „Anfang" der Philosophie fest. Gleich anschließend nennt er Thales von Milet als den Urheber dieser Art von Philosophie.

3 Thales von Milet

3.1 Exkurs: Geographie

Der erste Schauplatz der frühgriechischen Philosophie ist Milet, die wichtigste griechische Kolonie an der ionisch-kleinasiatischen Küste der heutigen Westtürkei, die damals wohl eine überaus lebendige und reich bevölkerte maritime Handelsstadt gewesen sein muss. Es ist gut vorstellbar, dass sich in einer solchen Stadt auf Grund ihrer geographischen Lage, der günstigen wirtschaftlichen Verhältnisse und des kulturellen Austausches mit anderen Völkern ein reges Interesse an Fragen nach dem Ursprung und Wesen der Natur, nach den Ursachen und Gründen alles Seienden entfalten konnte. Nachdem der Selbstständigkeit der Ionier durch die Perser ein Ende bereitet worden war, verlagerte sich der Schwerpunkt der Philosophie in einen anderen Teil der kolonialen Küsten des Mittelmeeres, nach Unteritalien und Sizilien, in die sog. Magna Graecia, die der zweite Mittelpunkt der frühgriechischen Philosophie wurde. Relativ spät erreichten die philosophischen Impulse Athen, das erst in der klassischen Periode der griechischen Philosophie zu deren Zentrum werden sollte.

---

3 Aristoteles, Met. I 3, 983b6–20.

3.2 Die Lehre von der Arché

Thales (ca. 625–547 v. Chr.) wurde ja bereits als einer der Sieben Weisen vorgestellt, und in der Tat ist das Wenige, das wir über ihn und sein Leben wissen, eher anekdotenhaft als historisch. Mit ziemlicher Sicherheit ist anzunehmen, dass er mit den für die Navigation erforderlichen geometrischen, astronomischen und meteorologischen Kenntnissen seiner Heimatstadt vertraut war. Von ihm behauptet nun Aristoteles, er habe als *arché* (ἀρχή: „Grundsubstanz, Urstoff") von allem das Wasser angesehen und deshalb auch behauptet, die Erde schwimme auf dem Wasser. Zwar war die Erdscheibe auch schon im Mythos vom *Okéanos* (Ringstrom) umflossen gewesen, und dieser wird bereits bei Homer als Ursprung *(génesis[4])* von allem bezeichnet, doch zeigt sich bei Thales ein ganz neuer Gedankengang, der sich auch in der sprachlichen Differenzierung manifestiert: *arché* statt *génesis* und *hýdor* („Wasser") statt *Okéanos*.

Thales ist kein Dichter, der einen neuen Mythos erzählt, und es beherrscht auch kein anthropomorph vorgestellter Meeresgott die Wassermassen, sondern es wird *ein* Urstoff benannt, aus dem alle anderen Stoffe entstanden sind. Wenn auch die Theorie, dass die Erde auf dem Wasser schwimme, nicht als Thales' eigene Erfindung bezeichnet werden kann (es finden sich dazu klare Parallelen in nahöstlichen kosmogonischen Mythen sowie in der Genesis), so war doch sein methodischer Ansatzpunkt ein völlig neuer, da er zu seiner Konzeption vom Wasser als Urstoff auf Grund von Verallgemeinerungen empirischer Beobachtungen gelangt war. Er ersetzte die mythische Vorstellung durch eine Hypothese, mit deren Hilfe er Erdbeben erklärte: Die Erde bewege sich auf instabilem Untergrund.[5] Thales könnte somit der Erste in der Geschichte der kosmologischen Spekulation gewesen sein, der versuchte, eine Hypothese zu formulieren und diese durch ihre „erklärende Kraft"[6] zu bestätigen. In seinem Denken offenbaren sich bereits ansatzweise wichtige metaphysische Aspekte: Einheit in der Vielheit der Dinge, Werden als Veränderung eines beharrlichen

---

4 Vgl. Homer, Ilias XIV 246.
5 Vgl. Seneca, *Quaestiones naturales* III 14.
6 Vgl. K. Popper, Back to the presocratics. In: D. J. Furley/R. E. Allen (Hg.): Studies in Presocratic Philosophy, London 1970, S. 136: "What is important about a theory is its explanatory power, and whether it stands up to criticism and to tests."

Substrats, der Dualismus „Wesen und Erscheinung" und schließlich der Gedanke des ersten Grundes.[7] (→ F 6: **Thales von Milet**)

Aristoteles beschreibt in der *Metaphysik* die Positionen seiner Vorgänger unter dem Gesichtspunkt seiner Ursachenlehre (Stoff-, Form-, Bewegungs- und Zweckursache) – Thales habe dementsprechend von den vier Ursachen nur die Stoffursache gekannt. Zu der Annahme, dass Wasser das unveränderliche Substrat im Wandel der Dinge sei, könnte er laut Aristoteles durch Extrapolation aus empirischen Beobachtungen gelangt sein: *(...), weil er sah, dass die Nahrung aller Dinge flüssig sei und die Wärme selbst daraus entstehe und ihre Lebenskraft von dorther nehme (...), dass die Samen aller Dinge über eine feuchte Natur verfügen.*[8] Es ist jedoch wahrscheinlich, dass Thales selbst das Wasser wohl nicht als rein stoffliches Substrat gesehen hat, da das archaische Denken Unterscheidungen von Stoff, Bewegung, Leben oder Seele noch nicht kannte. Jedenfalls zeigt die Textstelle, dass Aristoteles hier seine eigene biologistische Sichtweise auf die Gedanken des Thales zurückprojiziert. Außerdem lassen sich auch noch andere Implikationen entdecken: die Reduktion von vielfältigen und komplexen Erscheinungen auf Weniges und Elementares und die Distinktion von allgemeiner Sinnlichkeit und der Allgemeinheit des Begriffs. Um mit Hegel zu sprechen, hat das Wasser bei Thales überall dort, wo es selbst nicht als solches beobachtet werden kann, keine sinnliche, sondern „spekulative" Qualität: „Das Wasser hat nicht sinnliche Allgemeinheit, – eben eine spekulative. Aber dass sie spekulative Allgemeinheit sei, muss sie Begriff sein, das Sinnliche aufgehoben werden."[9]

3.3 Der beseelte Magnet

Auch aus einem anderen Textzitat wird deutlich, dass Thales – wie die meisten seiner Zeitgenossen – von einer grundsätzlich animistischen[10] Weltsicht geprägt ist: *Alles (pánta) ist voll von Göttern.*[11] Hier scheint klar zu sein, dass Thales weit entfernt ist, ein bloßer Materialist zu sein; offensichtlich ist er der Meinung, es gebe eine Vielzahl an „göttlichen Kräften", die überall ihre Wirkung entfalten können, aber bisher

---

7 Vgl. W. Röd, Geschichte der Philosophie Bd. 1. München 1976, S. 35f.
8 Aristoteles, Met. I 3, 983b22–27.
9 G. W. F. Hegel, Werke 18, S. 201.
10 Unter Animismus ist in philosophischem Sinne eine Anschauung zu verstehen, die die (göttliche) Seele (lat. *anima*) als Lebensprinzip betrachtet.
11 Aristoteles, De an. I, 5, 411a8f.

noch nicht erkannt worden sind. Als ein Beispiel für eine solche Kraft kann der Magnetstein[12] herangezogen werden, der für Thales neben seinen rein äußerlichen Eigenschaften noch zusätzlich eine außergewöhnliche Qualität besitzt, nämlich die Fähigkeit, von sich aus etwas in Bewegung zu setzen: *Nach der Überlieferung zu urteilen hat es den Anschein, dass auch Thales die Seele als Bewegungsursache betrachtet hat; er behauptet jedenfalls, der Magnetstein habe, weil er das Eisen bewege, eine Seele.*[13] So erklärt Thales aus der Erfahrung, dass nur Belebtes, das eine „Seele" hat, etwas bewegen kann, das ihm unbekannte Phänomen des Magnetismus.[14]

Unbestritten ist, dass sich Thales seinen Urstoff, der Grund allen Lebens ist, als einen belebten vorstellt, eine Konzeption, die man später als Hylozoïsmus (aus ὕλη [hýle]: „Wald, Holz; Stoff, Materie" und ζωή [zoé]: „Leben") bezeichnet. Daher steht auch die Aussage, dass *alles voll von Göttern* sei, nicht im Widerspruch zur Annahme eines Urstoffes für alles Seiende, denn Thales sieht die Natur als eine beseelte und gotterfüllte, nur dass es keine mythologischen Personifikationen mehr gibt. Dass der Denker von orientalischen Mythen beeinflusst war, ist mit Sicherheit anzunehmen. Indem jedoch der „unmythische" Philosoph[15], von dem wir auch wissen, dass er nach Ägypten gereist ist, erstmals die jährliche Nilüberschwemmung dadurch zu erklären sucht, dass er sie mit den jahreszeitlich auftretenden Winden in Verbindung bringt, distanziert er sich deutlich von einer mythischen Betrachtungsweise, der zufolge ein Gott quasi die Schleusen der Quellflüsse geöffnet habe. Auch wenn seine „naturwissenschaftliche" Erklärung unbefriedigend blieb, weist sie doch die Merkmale eines rationalen Denkvorgangs auf, mit welchem empirische Phänomene in eine Kausalbeziehung gebracht werden: Durch das Zugrundelegen einer entsprechenden Hypothese zeigt Thales den Weg zur Erkenntnis einer gesetzmäßigen Kausalität in der Natur.

---

12 Vgl. DL I 24.
13 Aristoteles, De an. I, 2, 405a19f.
14 Vgl. dazu A. Bächli/A. Graeser, Grundbegriffe der antiken Philosophie. Ein Lexikon. Stuttgart 2000, S. 179: „So wird für den Begründer der griechischen Naturphilosophie, Thales von Milet, die Behauptung überliefert, alles habe eine Seele (…). Zu dieser Auffassung scheint er durch die Beobachtung des Magnetismus gelangt zu sein; das heißt wohl, dass er auf Formen von Prozesshaftigkeit aufmerksam wurde, die sich nicht auf dem Boden mechanistischer Annahmen erklären lassen."
15 Vgl. F. Nietzsche, KSA I, S. 815: „Der Gedanke des Thales hat vielmehr gerade darin seinen Wert – auch nach der Erkenntnis, dass er unbeweisbar ist –, dass er jedenfalls unmythisch und unallegorisch gemeint war."

Großen Eindruck machte auch seine Vorhersage der Sonnenfinsternis im Jahre 585 v. Chr., wie uns der griechische Geschichtsschreiber Herodot überliefert.[16] Auch hier hat Thales astronomisches Wissen von den Babyloniern übernommen, die nachweislich seit 721 v. Chr. Aufzeichnungen über Sonnenfinsternisse geführt hatten. Mochte er auch mit seiner Vorhersage neben den babylonischen Tabellen ein großes Maß an Glück gehabt haben, das Wagnis, Naturphänomene nicht mehr dem Wirkungsbereich und der Willkür von Göttern zuzuschreiben und stattdessen die ihm verfügbaren Daten in kühner Weise zu extrapolieren, bleibt eine geistige Pionierleistung. Im Übrigen gilt dieses Jahr zur Feststellung seiner Lebenszeit: 585 v. Chr. sei die *akmé* (ἀκμή: „Blütezeit, Reife") des Thales gewesen; man spricht in griechischen Biographien von der *akmé*, die man im 40. Lebensjahr ansetzte.

3.4 Die Anekdote vom Brunnenfall

Zwei antike Zeugnisse sollen das Bild dieses philosophischen Protagonisten abrunden, von denen vor allem das erste bis in die heutige Zeit einen bestimmten Philosophentypus geprägt hat. Jeder Leser kann sich selbst seine Meinung bilden, ob dieser Thales von Milet nun am Ende auch noch ein gewiefter Geschäftsmann war oder doch eher das, was man heute einen zerstreuten Professor nennt. Platon erzählt in seinem *Theaitetos*[17], dass sich Thales, indem er bei der Betrachtung des Sternenhimmels in einen Brunnen stürzte, den Spott einer thrakischen Magd zugezogen habe. Diese Geschichte ist geradezu paradigmatisch geworden für das Verständnis von Philosophie überhaupt[18]: Philosophisches Denken wird von den Mitmenschen nicht ausreichend gewürdigt und oft nicht einmal verstanden, und zudem sei ein Philosoph für den praktischen Lebensvollzug nur unzureichend gerüstet – ein Vorurteil, das die Philosophie bis heute nicht losgeworden ist.

Das Bild des weltfremden Philosophen wird in einer anderen Anekdote jedoch gänzlich revidiert. Aristoteles berichtet, dass sich Thales – konfrontiert mit dem Vorwurf, arm zu sein und es mit der Philosophie zu nichts zu bringen – als cleverer Handelsmann erwie-

---

16 Vgl. Herodot, Historien I 74.
17 Vgl. Platon, Theait. 174a.
18 Zu der beträchtlichen Entwicklung, die diese Anekdote durchgemacht hat, vgl. H. Blumenberg, Das Lachen der Thrakerin. Eine Urgeschichte der Theorie. Frankfurt 1987.

sen habe.[19] Auf Grund seiner meteorologischen Beobachtungen eine reiche Olivenernte voraussehend, habe er alle Ölpressen Milets und der Umgebung, die zu dieser Zeit nicht gefragt waren, gemietet und sie dann zur Zeit der Ernte für teures Geld weitervermietet. Es könnte wohl kein besseres Beispiel gefunden werden, um zu zeigen, wie man mit entsprechendem Weitblick auch im Wirtschaftsleben reüssieren und sich im harten Konkurrenzkampf ein Monopol aufbauen kann. Somit waren am Ende diejenigen, die die Philosophie verspotteten, die Toren und Verlierer. Zweifellos gehört es bis heute zum Selbstverständnis der Philosophie, deren Grundthema immer noch das theoretische (zweckfreie) Denken ist, gerade in unserer erfolgs- und marktorientierten Gesellschaft, in der es primär um unmittelbar verwertbaren Nutzen geht, Effizienz zu erweisen und sich immer wieder von neuem in einem Spannungsverhältnis zur Praxis behaupten zu müssen.

Thales bleibt für die Philosophiegeschichte gewissermaßen eine doppeldeutige Figur, er erscheint einerseits als erster Naturforscher und Initiator philosophischen Denkens und ist andererseits noch weitgehend verbunden mit älterer, „vorphilosophischer" Weisheit. Platon sieht in ihm nur einen der Sieben Weisen[20] und auch noch Diogenes Laërtios stellt in seiner Darstellung Anaximander an den Beginn der ionischen Philosophie. Heute besteht weitgehende Übereinkunft, dass es eine Kohärenz der Philosophiegeschichte gibt, die von Thales ihren Ausgang nahm, „weil nur unter dieser Voraussetzung die Tatsache erklärbar wird, dass auf Thales ein so ausgeprägter ‚Metaphysiker' wie Anaximander folgte, dessen spekulative Tiefe ohne den tastenden, primitiven Versuch des Thales, über die Grenzen der Anschauung hinaus vorzustoßen, nicht möglich erscheint".[21]

4 Anaximander von Milet

Auch vom Leben des Anaximander (ca. 610–550 v. Chr.) ist nichts Genaues bekannt. Er ist etwa eine Generation jünger als Thales und soll dem Bericht des Diogenes Laërtios[22] zufolge den *gnómon* (wörtl. „Erkenner") erfunden haben, einen Stab zur Ablesung der Tageszeit

---

19 Vgl. Aristoteles, Pol. I 11, 1259a9–19.
20 Vgl. Platon, Prot. 343a.
21 W. Röd, Geschichte der Philosophie. Bd.1, S. 34.
22 Vgl. DL II 1.

(ähnlich der Sonnenuhr, die allerdings schon bei den Babyloniern in Verwendung war), und ebenso die erste geographische Karte der (damals bekannten) Welt erstellt haben, die dem berühmten milesischen Geographen Hekataios als Vorlage gedient haben dürfte.

Von Anaximander ist als Bruchstück einer seiner Schriften der sog. „erste Satz der Philosophie" überliefert, und zwar in einem Theophrast-Zitat bei Simplikios, einem Aristoteles-Kommentator des 6. Jh. n. Chr., der zu den letzten Mitgliedern der platonischen Akademie zur Zeit Justinians gehörte: *Anfang und Ursprung der seienden Dinge ist das Ápeiron (das grenzenlos Unbestimmbare). Woraus aber das Werden ist den seienden Dingen, in das hinein geschieht auch ihr Vergehen nach der Schuldigkeit; denn sie zahlen einander gerechte Strafe (díke) und Buße (tísis) für ihre Ungerechtigkeit (adikía) nach der Ordnung der Zeit.* (DK 12 A 9, B 1) Dieser „Satz des Anaximander", der in die Philosophiegeschichte eingegangen ist, repräsentiert zugleich einen ihrer rätselhaftesten, denn er wirft sowohl philologisch als auch interpretativ etliche Probleme auf. Martin Heidegger zitiert im letzten Kapitel seiner Schrift *Holzwege* in einer 48 Seiten umfassenden Abhandlung unter dem Titel *Der Spruch des Anaximander* die Übersetzungen dieses Satzes von Friedrich Nietzsche und Hermann Diels und prüft dabei eingehend die einzelnen griechischen Wörter.[23] (→ F 7: Der „erste Satz der Philosophie")

4.1 Das Unbegrenzte als Urstoff

Zunächst zur sprachlichen Klärung des Begriffs ἄπειρον [ápeiron]: πεῖραρ [peírar] heißt „Grenze, Ende", das Verb περᾶν [perán] so viel wie „(ein Meer) überqueren, (einen Raum) durchqueren"; *á-peiron* mit dem *α privativum* als Verneinungssilbe[24] ist somit das, „was nicht von einem Ende zum anderen überfahren oder durchquert werden kann", wobei anzumerken ist, dass die Bedeutung des Wortes nicht eindeutig ist. Dass es neben „quantitativ grenzenlos" auch „qualitativ unbestimmbar" heißen könnte, ist eine Spekulation Nietzsches[25], die von Kranz übernommen wurde. Sie ist sprachlich allerdings insofern fragwürdig, als der darin ausgedrückte erkenntnistheoretische Aspekt durch keinerlei Aussagen, die uns von Anaximander überliefert sind, bestätigt werden kann.

---

23 Vgl. M. Heidegger, Holzwege. Frankfurt/Main ⁵1972, S. 342.
24 Die indogermanische Verneinungsvorsilbe *y* wird im Griechischen zu ἀ- (vgl. lat. *in-*, dt. un-).
25 Vgl. F. Nietzsche, KSA I, S. 819.

Das *ápeiron* als das Unermessliche und Unvergängliche besitzt Eigenschaften, die bereits in der homerischen *Okéanos*-Vorstellung enthalten sind, und in den Prädikaten des Allumfassenden und Unsterblichen[26] sind die mythologischen Attribute der Götter bewahrt. Bei Anaximander tritt nun an die Stelle mythischer Göttergestalten der sachlich abstrakte Begriff des *ápeiron*, ein materiell aufgefasstes Prinzip (wobei der Gegensatz materiell–immateriell noch nicht vorausgesetzt werden kann), an dem sich jedoch keine der geläufigen stofflichen Qualitäten wahrnehmen lässt: Es ist eben nicht Wasser, nicht Feuer, nicht warm, nicht kalt, nicht flüssig oder fest, sondern der gemeinsame Ursprung all dieser Qualitäten – und somit der erste abstrakte und nicht aus der Empirie abgeleitete Begriff der Philosophiegeschichte.

4.2 Anaximanders Gesetz

In seinem zweiten Teil behauptet der Satz Anaximanders nun etwas sehr Merkwürdiges: Alles Seiende unterliegt in einer fortlaufenden Periodizität einer Notwendigkeit, die zu seinem Untergang führt, indem es, „schuldig geworden", Strafe und Buße leistet gegenüber dem neu Entstehenden. Es ist bemerkenswert, dass Anaximander gleichsam einen Gerichtsprozess auf das Geschehen in der Natur projiziert, indem er Vorstellungen aus der menschlichen Gesellschaftsordnung, etwa eine für begangenes Unrecht adäquate Strafe, mit der Ordnung im Kosmos vergleicht. Für ihn stellt die Natur eine ethisch-politische Welt dar, eine Kosmodizee (aus κόσμος [kósmos]: „Ordnung, Welt" und δίκη [díke]: „Recht"; auch „Prozess, Strafe"), d. h., sie repräsentiert gleichsam eine philosophische Rechtfertigung der Welt trotz all ihrer Unvollkommenheiten. „Unrecht" tut etwa der Tag der Nacht im Frühling und Sommer, die Nacht dem Tag im Herbst und Winter oder – was sich ein Küstenbewohner wohl sehr gut vorzustellen vermag – Festes, das auf Kosten des Flüssigen entsteht, und wenn die Zeit dafür gekommen ist, Buße leisten und wieder dem Flüssigen weichen muss.[27]

In einer etwas kühnen Verallgemeinerung lässt sich sagen: Sämtliche Daseinsmöglichkeiten begrenzen einander, und was auf Kosten eines anderen entsteht, wird diesem gegenüber schuldig. Letztlich ist

---

26 Vgl. Aristoteles, Phys. III 4, 203b6.
27 Vgl. Schadewaldt, Die Anfänge der Philosophie, S. 243.

alles Existierende der zeitlichen Notwendigkeit unterworfen, indem das unvermeidbare Vergehen eines jeden Seienden jeweils (in metaphorischem Sinne) „Buße tut" für die Übergriffe, mit denen es seinerseits den Untergang von anderem Seienden verschuldet hat. Werden und Vergehen werden somit unter dem Aspekt eines gerechten Ausgleichs gleichsam objektiviert. Man könnte hier bereits eine Vorstufe der *dikaiosýne* („Gerechtigkeit") erkennen. Diese ist als abstrakter Begriff zwar noch nicht vorhanden, wohl aber findet sich schon bei Homer und noch expliziter bei Hesiod[28] die Konzeption der *díke* im Sinne einer allgemein gültigen Rechtsordnung mit den entsprechenden Konsequenzen wie Verantwortlichkeit oder Bestrafung. Bei Anaximander steht über all den vielfältigen Erscheinungen des Entstehenden und Vergehenden sozusagen die richterliche Instanz des *ápeiron*, des einen Unsterblichen und Unvergänglichen. Dadurch, dass nun die ursprüngliche Schuld gesühnt und damit neues Entstehen ermöglicht wird, tritt – wenn auch in moralisch-rechtlicher Einkleidung – der Gedanke einer notwendigen Wechselbeziehung von Ursache und Wirkung auf und man könnte daher hier bereits eine Form von kausalem Denken erkennen. Über die Gesetzmäßigkeit des Naturgeschehens hinaus enthält der Satz möglicherweise aber auch eine Antwort für die Menschen selbst auf ihre Frage nach der eigenen Vergänglichkeit im Sinne einer ersten „philosophischen Theodizee"[29].
(→ **F 8: Anaximander**)

4.3 Die Gestalt des Kosmos

Zur Struktur der Welt äußert Anaximander eine Überlegung, die weit über die des Thales hinausgeht. Sonne, Mond und Sterne sollen aus Segmenten einer Feuerkugel, die die Erde ringförmig umgab, entstanden sein (DK 12 A 10, vgl. dazu A 18, A 21). Davon ausgehend kommt Anaximander zu einer bahnbrechenden Erkenntnis bezüglich der Stabilität der Erde: Während diese bei Thales noch auf dem Wasser schwimmt, beharrt sie nun frei schwebend im Mittelpunkt des Kosmos in je gleichen Abständen zu all den feurigen Himmelskreisen der Welt (A 11) und scheint bereits ähnlich einer Kugel gedacht zu sein. Sie hat nicht mehr die Gestalt einer flachen Scheibe, sondern

---

28 Vgl. Homer, Odyssee I 32–35; Hesiod, Werke und Tage 9, 217, 239, 269, 279, 283.
29 Theodizee aus θεός [theós] und δίκη [díke], ein Begriff, der 1710 von Leibniz für den Versuch einer Rechtfertigung Gottes angesichts des Übels in dieser Welt geprägt wurde.

die einer zylindrischen Trommel (A 10), deren Höhe ein Drittel ihres Durchmessers misst, und erhält sich in Ruhe, da sie sich im Gleichgewicht in Bezug auf alle Außenpunkte befindet. Die Erde könne nicht nach unten fallen, weil die Anziehung in der einen Richtung jeweils durch die in der entgegengesetzten ausgeglichen wird. Der weitreichendste Aspekt der Überlegungen Anaximanders ist dabei wohl die zweifellos richtige Annahme, dass die Masse – in unserem Fall die Erde – im Zentrum eines konzentrisch bewegten Systems keinen Träger für ihre Stabilität benötigt. Somit ist hier bereits eine erste Ahnung des Trägheitsprinzips implizit vorhanden. Außerdem gibt es in dieser geometrischen und auf mathematischen Verhältnissen beruhenden Ortsbestimmung der Erde kein „oben" und „unten" (und schon gar keine dazugehörigen Wertungen bzw. Trennungen wie im Mythos durch die Unterscheidung von Ober- und Unterwelt), diese Richtungen ergeben sich nunmehr nach der jeweiligen Fallbewegung, d. h., sie sind in Bezug auf den Erdmittelpunkt zu bestimmen. Mit den Ausdrücken *epípeda* („ebene Fläche") und *antítheton* („die [dieser] entgegengesetzte") nimmt Anaximander auch die Existenz von Antipoden vorweg (A 11). Der Ausdruck *antípous* („mit entgegengekehrten Füßen") erscheint dann erstmals bei Platon im *Timaios* (63a), wo die Relativität des „oben" und „unten" thematisiert wird. Für Karl Popper ist die Vorstellung Anaximanders „einer der kühnsten, revolutionärsten und außergewöhnlichsten Gedanken in der gesamten Geschichte des menschlichen Denkens"[30]. Er sieht darin die Vorbereitung der Gravitationstheorie als ein wissenschaftshistorisches Beispiel für die theoretische Vorwegnahme einer Erkenntnis *vor* der empirischen Bestätigung, für die es etliche Beispiele in der modernen Atomphysik gibt.[31]

4.4 Die Entstehung der Arten

Auch in der Frage des Lebens auf der Erde und des Ursprungs der Species Mensch sind Anaximanders Hypothesen als Vorahnung der Evolutionstheorie bemerkenswert. Anfangs in flüssigem Zustand ließ die Erde bei ihrer allmählichen Austrocknung die Lebewesen aus sich hervorgehen; die Menschen, die zunächst in fischartige Umhüllungen eingeschlossen im Wasser lebten, verließen dieses erst dann, als sie so

---

30 K. Popper, Die Welt des Parmenides, München 2005, S. 35.
31 Ein Beispiel hierfür ist die Postulierung des erst später nachgewiesenen Neutrinos durch den Physiker Wolfgang Pauli (1900–1958).

weit herangewachsen waren, dass sie in der Lage waren, ihr Leben selbstständig auf dem Land zu führen (A 30).

5 Anaximenes von Milet

Anaximenes (ca. 585–525 v. Chr.), der dritte Milesier, soll Schüler des Anaximander gewesen sein. In Hinblick auf seine Bedeutung gibt es in der Nachwelt kontroverse Meinungen: Wolfgang Schadewaldt sieht in ihm „den ersten ganz umfassenden Synthetiker dieser vorsokratischen Denker"[32], andere wiederum wollen in seinem Denken einen Rückschritt gegenüber der Konzeption seines Lehrers erkennen. In der Tat scheint es angesichts des tiefgründigen abstrakten *ápeirons* Anaximanders zunächst etwas überraschend, dass Anaximenes zu einem empirischen Element zurückkehrt – nämlich der Luft.[33] Und die Überraschung ist noch größer, wenn wir erfahren, dass Anaximenes sämtliche Prozesse im Weltgeschehen durch Verdichtung und Verdünnung der Luft erklärt. Bei näherer Betrachtung gewinnt seine Position jedoch durchaus an Plausibilität. Man wird anerkennen müssen, dass er mit der Beschreibung der Art und Weise, in der sein Urstoff in andere Stoffe übergeht, einen entscheidenden Schritt über seine Vorgänger hinaus macht. Er ergänzt die milesische *arché*-Spekulation mit der physikalischen Theorie der Verdünnung und Verdichtung und erklärt alles Seiende als Aggregatzustände einer einzigen Grundsubstanz. Zudem fügt er der Annahme, dass die Dinge aus einem Urstoff entstünden, die Vorstellung einer Gesetzmäßigkeit hinzu, der zufolge die Differenzierungen in den Aggregatzuständen als unterschiedliche Dichte zu interpretieren seien. Diese Unterschiede sind prinzipiell messbar und in Zahlenverhältnissen erfassbar. Mit dieser Einsicht wird das milesische Ursprungsdenken zum ersten Mal als physikalisches Problem gefasst; sie weist somit einen direkten Weg zu modernem naturwissenschaftlichen Denken.

5.1 Die arché „Luft"

Die genaueste Darstellung von Anaximenes' Lehre findet sich in der verlorenen Schrift des Theophrast, aus der Simplikios zitiert: *Anaxi-*

---

32 W. Schadewaldt, Die Anfänge der Philosophie, S. 258.
33 Vgl. Aristoteles, Met. I 3, 984a5ff.

menes, ein Gefährte des Anaximander, behauptet auch selbst wie jener, dass die zugrundeliegende Natur nur eine einzige und unbegrenzt sei, aber nicht unbestimmt, wie es jener (i. e. Anaximander) *sagt, sondern bestimmt, indem er sie Luft nennt; sie unterscheide sich je nach Substanz durch Dünne und Dichte; durch Verdünnung wird sie Feuer, durch Verdichtung dagegen Wind, dann Wolken, bei noch weiterer Verdichtung Wasser, dann Erde, dann Steine, das andere aber entstehe aus diesem* (DK 13 A 5; vgl. A 6 und A 7). Anaximenes orientiert sich also einerseits mit der Annahme eines einzigen Urstoffes von bestimmter Art eher an Thales, andererseits ist sein Urstoff, die Luft, unbegrenzt wie das *ápeiron* Anaximanders. Wie konnte Anaximenes jedoch der Kritik entgehen, die Anaximander schon an Thales' Auffassung geübt hat, der zufolge die Annahme eines spezifischen Grundstoffes das Vorhandensein entgegengesetzter Elemente zunichtemachen würde? Es gibt Naturphilosophen, berichtet Aristoteles, die das Unbegrenzte als etwas außerhalb der Elemente Existierendes bestimmten, *damit nicht das andere (Element) durch die Einwirkung des Unbegrenzten zugrunde gehe. Sie sind nämlich einander entgegengesetzt, wie z. B. die Luft kalt, das Wasser feucht und das Feuer warm ist. Wenn nur eines davon unbegrenzt wäre, wären die anderen schon zugrundegegangen. Nun aber sagen sie, es gebe ein davon Verschiedenes, aus dem die anderen sind.*[34] Diesem „Kampf der Gegensätze" begegnet Anaximenes nun mit seiner These der Verdichtung bzw. Verdünnung der Luft, durch welche alle anderen Substanzen als deren unterschiedliche Aggregatzustände hervorgingen, sodass es in der Tat nichts gibt, das in seinem Wesen von der Luft verschieden ist und dieser entgegentreten könnte. Modern ausgedrückt könnte man in Anaximenes' Theorie bereits ein erstes „monistisches"[35] System erkennen. (→ **F 9: Anaximenes**)

Das Fragment DK 13 B 2 legt den eigentlichen Grund für die Präferenz von Luft als Grundsubstanz nahe: *Anaximenes setzte als Anfang der seienden Dinge die Luft an; denn aus dieser entstehe alles und in diese löse sich alles wieder auf. Wie unsere Seele, behauptet er, die Luft ist, und uns durch ihre Kraft zusammenhält, so umfasst auch den ganzen Kosmos Atem und Luft.*

Feuer ← LUFT → WIND → H2O → Erde

---

34 Aristoteles, Phys. III 4, 204 b24–29.
35 Unter Monismus (μόνος: „einzig, allein") versteht man in der Philosophie die Lehre von der Existenz nur eines einzigen Grundprinzips des Seins.

5.2 Aër und Pneuma

Durch die synonyme Verwendung von *aër* (ἀήρ: „Luft") und *pneúma* (πνεῦμα: „Hauch, Atem, Seele") im vorigen Zitat wird folgender Analogieschluss postuliert: Wie der Atem für den einzelnen Menschen das lebenserhaltende Prinzip ist und die Seele sein Lebenshauch, so ist auch die Luft im ganzen Kosmos das bewegende Prinzip, das die Einheit der Dinge konstituiert. Das verdeutlicht auch Fragment DK 13 A 10: *Anaximenes behauptete, Gott sei Luft, er entstehe und sei unermesslich und unendlich und ewig in Bewegung – als ob der Gott Luft sein könnte ohne irgendeine Gestalt (…) oder als ob nicht alles, das entstehe, auch wieder der Sterblichkeit anheimfalle.* Indem Anaximenes nun mit der Gleichsetzung von Mensch und Welt argumentiert, stellt er uns eine grundlegende Entsprechung zwischen Mikro- und Makrokosmos vor, eine Auffassung, die im späteren Verlauf der vorsokratischen Philosophie noch eine besondere Bedeutung erlangen wird.

6 Eine kurze Zusammenfassung: „Die milesische Aufklärung"

Die frühgriechische Philosophie entstand in einem eng begrenzten geographischen Raum – in den griechischen Siedlungskolonien an der kleinasiatischen Küste. Dort kamen die Menschen mit fremden Kulturen nicht nur aus materiellem Interesse in Berührung, sondern suchten auch ihrerseits in geistiger Offenheit und Neugierde Antworten auf Fragen, die über den unmittelbaren Lebensvollzug hinausgingen: Was steckt hinter den vielfältigen Erscheinungen, was liegt ihnen zugrunde? Die neue Weltsicht der milesischen Naturphilosophen manifestierte sich in Theorien, die sich auf beobachtbare Regelmäßigkeiten stützten und mit deren Hilfe die Vorgänge in der Natur erkannt werden sollten. Die Milesier vollzogen in ihrem Denken den Schritt von der mythischen Deutung der Ereignisse zur rationalen Erklärung und setzten ihre Hypothesen auch innerhalb von Theorien systematisch zueinander in Beziehung. Infolge des damit verbundenen Entmythologisierungsprozesses erscheint es daher durchaus gerechtfertigt, von einer sog. „milesischen Aufklärung"[36] zu sprechen.

---

36 Vgl. Röd, Geschichte der Philosophie. Bd. 1, S. 48.

Thales war der Erste, der sich von der mythologischen Sichtweise distanzierte und den Versuch einer wissenschaftlichen Welterklärung wagte. Seine Annahme eines gemeinsamen Ursprungs, einer *arché*, zog dann weitere Fragen nach sich, etwa wie man sich die Umwandlung eines Grundstoffes in alle anderen Stoffe vorzustellen hatte und welche Gesetzmäßigkeiten dabei eine Rolle spielten. Darauf gaben Thales' Nachfolger Anaximander und Anaximenes Antworten. Fest steht, dass die Milesier keine Materialisten im eigentlichen Sinne waren, wie sie marxistische Philosophiehistoriker auch heute noch gelegentlich sehen, da sie ihre Urstoffe als göttliche begriffen und der Gegensatz von Materie und Geist erst einer späteren Zeit angehört. Im milesischen Hylozoismus hat der Urstoff die zusätzliche Qualität der Beseeltheit: Alles Seiende ist belebt und von göttlichen Kräften durchwaltet. Ihre animistische Weltsicht verweist zwar noch auf ihren im Mythos verankerten Horizont, doch waren die Milesier zugleich die ersten Philosophen, die in kühn formulierten Hypothesen diesen Horizont überschritten und den weiteren Weg zu wissenschaftlichem Denken gewiesen haben.

7 Heraklit von Ephesos

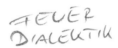

Wie die milesischen Philosophen stammt auch Heraklit (ca. 550–480 v. Chr.) aus dem ionischen Küstenland, aus Ephesos. Hier entstand später eine der größten Christengemeinden, wie der Epheserbrief des Apostels Paulus bezeugt. Heraklit ist der erste Denker, der sich uns mit charakteristischen Zügen darstellt, auch wenn – ebenso wie für die anderen frühgriechischen Philosophen – eine zuverlässige Lebensbeschreibung fehlt. Als historisch gesichert gilt, dass er aus einem alten Adelsgeschlecht stammte und Priester am Tempel der Artemis, einem der sieben Weltwunder der Antike, war. In diesem soll er seine Schrift deponiert haben, die uns nur in Bruchstücken, und zwar in Form von Zitaten bei verschiedenen Autoren – von Platon bis hin zum christlichen Bischof Hippolytos (3. Jh. n. Chr.) – überliefert ist. Der kryptische und orakelartige Stil dieser sentenzenähnlichen Aphorismen[37] und ihre schwer verständliche sprachliche Ausdrucksform haben ihrem Verfasser schon im Altertum den Beinamen *ho skoteinós* („der

---

37 Aphorismus – von ἀφορίζειν [aphorízein] ~ lat. *definire*, „abgrenzen, bestimmen" – ist ein in sich geschlossener, kurz und prägnant formulierter Gedanke, ein geistreicher Sinnspruch.

Dunkle") eingetragen. *Was ich verstanden habe, ist ausgezeichnet – ich glaube, auch das, was ich nicht verstanden habe, jedoch bedürfte es (dazu) eines Delischen Tauchers*[38], soll Sokrates einmal geantwortet haben, als man ihm die Schriften Heraklits vorgelegt hatte. Es bedürfe also eines bravourösen Tauchers, um in die schier unergründliche Tiefe seiner Weisheit vorzudringen. Der spekulative und rätselhafte Charakter der von Heraklit überlieferten Sätze mag auch dafür verantwortlich sein, dass seine Lehren, deren Rezeption oft von Missdeutungen geprägt ist, ganz verschieden aufgenommen wurden. Die Reaktionen reichen von spöttischer Verachtung bis hin zu begeisterter Bewunderung, wie beispielsweise bei Hegel: „Hier sehen wir Land; es ist kein Satz des Heraklit, den ich nicht in meine Logik aufgenommen."[39]

7.1 Die verborgene Harmonie

Wir finden in der reichen Wirkungsgeschichte Heraklits einen Text, der eine tiefgehende Auseinandersetzung des Autors mit den Gedanken Heraklits dokumentiert. Der Dichter Hölderlin schreibt am Ende seines 1799 erschienenen Briefromans *Hyperion*: „Wie der Zwist der Liebenden sind die Dissonanzen der Welt. Versöhnung ist mitten im Streit und alles Getrennte findet sich wieder. Es scheiden und kehren im Herzen die Adern und ewiges, glühendes Leben ist Alles." In dieser berühmten Schlusspassage trifft Hölderlin die Gedankenwelt des Philosophen an ihrem Lebensnerv: Hinter dem „ewigen, glühenden Leben" steht wohl Heraklits Konzeption vom Kosmos als einem *immer lebendigen Feuer* (DK 22 B 30); und die als „scheiden und kehren" beschriebene Bewegung entspricht dem von Heraklit vorgestellten Prozess des ständigen Wechsels von Trennung und Verbindung, Entfernung und Annäherung (vgl. B 91). Die Formulierung „Versöhnung ist mitten im Streit und alles Getrennte findet sich wieder" ist schließlich eine überaus gelungene Zusammenfassung der verborgenen Harmonie, die Heraklit in der Verbundenheit alles Widerstreitenden und in der Einheit komplementärer Gegensätze entdeckt hat.[40] Auf Grund dieser Gedanken kann er als Vater der Dialektik angesehen werden, er beeinflusste Platon und Hegel, und auch Nietzsches

---

38 DL II 22.
39 G. F. W. Hegel, Werke 18, S. 320.
40 Vgl. dazu in der modernen Atomphysik die ständige Veränderung des Ladezustands der Elementarteilchen, ebenso im elektrochemischen Prozess unseres Zentralnervensystems.

Lehre vom „Willen zur Macht" lässt zweifelsfrei seine Gedankenwelt wiedererkennen.

7.2 Feuer als Grundstoff des Kosmos und der Seele

In Heraklits Auffassung der ständigen Veränderung der Welt liegt wohl die Ursache dafür, dass er als Grundprinzip den am wenigsten beständigen Stoff, das „Feuer" (πῦρ [pyr]), angenommen hat, als dessen Umwandlungen alle Dinge betrachtet werden. *Diese Weltordnung hier hat nicht einer der Götter noch der Menschen einer geschaffen, sondern sie war immer und ist und wird sein: immer lebendes Feuer, aufflammend nach Maßen und verlöschend nach Maßen.* (B 30) Dabei stellt sich die Frage, ob Heraklit gemeint hat, dass die Welt – wie später in der stoischen *Ekpýrosis* („Verbrennung; Weltenbrand") – in periodischen Abständen untergehe und wieder neu entstehe; doch wie sollte eine neue Welt entstehen können, wenn das Feuer, der Urstoff, aus dem alles hervorgeht, erloschen ist?

Das kosmologische Weltbild Heraklits weist nun eine bestimmte Komponente auf, die über die Konzeption der früheren Naturphilosophen wesentlich hinausgeht: Das *immer lebende Feuer* (s. o.) ist nicht mehr wie in der älteren ionischen Philosophie bloß ein Grundstoff, sondern es ist ein dynamisches, ein ordnendes Prinzip und wird dabei in seiner feinsten und geistähnlichsten Substanz sogar selbst als vernunftbegabt gedacht: *Alles steuert der Blitz.* (B 64) Der Blitz, das traditionelle Machtinstrument in der Hand des Zeus, des obersten Gottes, wird zum Symbol der heraklitischen Philosophie, in der das zu seiner konzentriertesten Energieform verdichtete und mit praktischer Steuerungskapazität ausgestattete Feuer das lenkende Prinzip des Weltalls darstellt. Es ist gleichsam *sophón* (σοφόν: „weise") und *theíon* (θεῖον: „göttlich"), insofern nämlich *das eine Weise* so umfassend gedacht ist, dass es nicht bloß mit dem Namen des Zeus identifiziert werden kann (B 32): *Denn eines sei das Weise: die Einsicht zu erkennen, die alles durch alles steuert.* (B 41) Weisheit besteht für Heraklit darin, die universale Ordnung, die alle Lebensbereiche gleichermaßen durchdringt, zu erfassen. Das *immer lebende* und vernunftbegabte Feuer bringt auch den Menschen in den Lebenszusammenhang mit dem Kosmos und stellt zugleich das Gemeinsame, das alle Menschen miteinander verbindet, dar.

Die menschliche Seele ist ein individualisierter Teil des göttlichen Feuers: *Der Seele ist ein rationales Verhältnis eigen, das sich selbst mehrt.* (B 115) In dem Maße, in dem die „denkende Seele" den Kosmos durchdringt, erweitert sie ihr Weltverständnis, wenn auch dieser Prozess nie zu einem Ende kommen kann: *Der Seele Grenzen kannst du gehend nicht entdecken, auch wenn du jeden denkbaren Weg begehst: so unerschöpflich ist, was sie zu erklären hat.* (B 45) Heraklit spricht entschieden häufiger von der Seele, als dies die Milesier vor ihm taten, und es lässt sich hier durchaus eine thematische Verbindung zu Pythagoras herstellen. Doch während in der pythagoreischen Lehre die Seele den Tod des Individuums überdauert, hört die Seele bei Heraklit – wenn man von einigen Hinweisen auf Unsterblichkeit (B 63, B 98) absieht – zu einem bestimmten Zeitpunkt auf, zu existieren, nämlich dann, wenn sie vollständig in Wasser übergeht. *Für Seelen ist es Tod Wasser zu werden, für Wasser aber Tod Erde zu werden. Aus Erde aber wird Wasser und aus Wasser Seele.* (B 36) Hier wird jedenfalls klar, dass die Seele zur Welt in einem Verhältnis von Mikro- und Makrokosmos steht, da sie denselben Umwandlungsprozessen unterworfen ist.

7.3 Der Logos

Wenn Heraklit auch davon überzeugt ist, dass die Fähigkeit, zu denken und zu erkennen, prinzipiell allen Menschen zukommt[41], übt er dennoch gleichzeitig scharfe und mitunter polemische Kritik an der unverständigen Menge[42], was ihm auch bisweilen den Vorwurf der verächtlichen Arroganz gegenüber seinen Mitmenschen eingebracht hat. Er konstatiert, dass viele ihr Leben völlig gedankenlos verbringen bzw. nicht dem „einen, gemeinsamen Weisen" folgen, sondern glauben, sie hätten eine eigene, eine „private" Vernunft: *Daher hat man sich dem Allgemeinen anzuschließen – d. h. dem Gemeinschaftlichen; ungeachtet der Tatsache aber, dass der Logos gemeinsam ist, leben die Leute, als ob sie eine eigene Einsicht hätten.* (B 2)

In diesem Zusammenhang ist es notwendig, den Begriff *Logos*, der den Übersetzern immer wieder beträchtliche Schwierigkeiten bereitet[43], in der Vielfalt seiner Bedeutungen näher zu bestimmen: *lógos* (λόγος) geht auf das Wort *légein* (λέγειν: „sagen", ursprüng-

---

41 Vgl. dazu: *Gemeinsam ist allen das Denken.* (B 113) *Es ist allen Menschen gegeben, sich selbst zu erkennen und vernünftig zu sein.* (B 116)
42 Vgl. dazu I. Einleitung, Kap. 1, FN 4, S. 11.
43 Vgl. dazu den berühmten Prolog in Goethes Faust I, 1224–1237.

lich: „sammeln"[44]) zurück und meint in der Grundbedeutung „Wort[45], Ausspruch, Aussage, Behauptung, Satz, Rede" (auch: „Thema, Stoff, Erzählung, Fabel, Abhandlung, Beschreibung"), allgemein also etwas, das gesagt oder geschrieben wird. Daneben gibt es die Bedeutung „Berechnung", sowohl kaufmännisch als auch metaphorisch im Sinne von „Rechenschaft" (*lógon didónai*: „Rechenschaft ablegen"): Davon ausgehend finden sich wichtige spezifischere Verwendungsweisen als „Erklärung, Rechtfertigung, Grund, Rechtsfall, Argument, Verhältnis, Relation" (vgl. ἀναλογία [analogía]) bis hin zu „Wissenschaft" und „Vernunft".

Bei Heraklit steht der Ausdruck *Logos* für „Vernunft" und „Weltordnung" und bezeichnet zugleich auch jenen strukturellen Zusammenhang der Welt, der sich in „Maß" und „Proportionalität" ausdrückt, wodurch das Gleichbleibende in einem stets dem Wandel unterworfenen Prozess bestimmt wird (vgl. B 31). Die Fragmente B 50 und B 10, deren Kernaussagen sich unter der paradox anmutenden Formel, dass „alles eins sei", zusammenfassen lassen, führen uns zur ganz speziellen heraklitischen Denkweise, die später als „Einheit der Gegensätze" gefasst wurde. (→ F 10: **Heraklit**)

7.4 Die Einheit der Gegensätze

Die Natur – so Heraklit – *liebt es, sich zu verbergen* (B 123): Das, was uns an seiner Oberfläche als „eines" erscheint, ist in Wahrheit eine aus gegensätzlichen Wesensbestimmungen konstituierte Einheit, die Verborgenheit einer Sache ist daher in der Natur selbst begründet. In Fragmenten wie B 57, wo Tag und Nacht als „eines" bezeichnet werden, zeigt sich, wie diese verborgene Polarität verstanden werden muss: Ein Teil eines Gegensatzpaares tritt niemals alleine und selbstständig auf, sondern ist in seiner Existenz stets durch den ihm jeweils entgegengesetzten bedingt. In diesen Zusammenhang muss auch die provozierende Aussage gestellt werden, dass *der Krieg (pólemos) von allem der Vater ist, von allem der König, denn die einen hat er zu Göttern, die anderen zu Menschen, die einen zu Sklaven, die anderen zu Freien gemacht.* (B 53) „Krieg" ist hier im Sinne eines universalen Konflikts zu verstehen, und zwar in der ständigen Interaktion gegensätzlicher Kräfte

---

44 „Sammeln" meint hier nicht etwa „wahllos aufnehmen", sondern sich die Dinge „in selektivem Verfahren und mit Verständnis anzueignen".
45 Nicht das einzelne Wort: Dieses heißt griech. *épos, léxis* oder *ónoma* (Substantiv), *rhéma* (Verb).

und Parteien, die für den sozialen Zusammenhalt und die Erhaltung der Gesellschaft offenbar nötig ist. Heraklits Lehre von der „Einheit der Gegensätze" (B 88), von Nicolaus Cusanus (1401–1464) als *coincidentia oppositorum* bezeichnet, wurde von späteren Interpreten wie Hegel, Nietzsche oder Heidegger einerseits bewundernd als Vorstufe dialektischen Denkens angesehen, andererseits aber auch durchaus kritisch beurteilt. Platon[46] und Aristoteles[47] vertraten die Ansicht, dass die heraklitische These, der zufolge den Dingen jederzeit gegensätzliche Bestimmungen zugeschrieben werden, zur Aufhebung des Widerspruchsprinzips führe. Bei Heraklit findet sich jedoch an keiner einzigen Stelle der explizite Ausdruck „Gegensatz" im Sinn von *antíthesis*. Die im Fragment B 88 – es gilt als Paradebeispiel für Heraklits „Einheit der Gegensätze" – genannten Erscheinungsformen sind wohl nicht so sehr als Gegensätze aufzufassen, sondern vielmehr als verschiedene Seinsweisen eines und desselben, wie sie sich eben jeweils in fortlaufender Prozessualität manifestieren.

7.5 Der Fluss der Dinge

Wenn auch die prägnant zugespitzte Formel *pánta rheî* (πάντα ῥεῖ: „alles fließt") in dieser Form nicht bezeugt ist und die moderne Heraklit-Forschung des 20. Jh. zudem einige Sätze für unecht erklärt hat, führen uns doch die sog. „Flussfragmente" gewissermaßen eine wesentliche Voraussetzung der „Gegensatzlehre" vor Augen, nämlich dass ständig und allerorts unaufhörliche Veränderungen und Übergänge stattfinden: *Denen, die in dieselben Flüsse hineinsteigen, strömen andere und andere Wasser zu.* (B 12) *In dieselben Flüsse steigen wir und steigen wir nicht, wir sind (es) und wir sind (es) nicht.* (B 49a) *Man kann nicht zweimal in denselben Fluss steigen.* (B 91) Alle drei Aphorismen enthalten eine Beschreibung des Phänomens „Fluss" als eines Sinnbildes für kontinuierliche Veränderung in einer paradox anmutenden Spannung von Identität und Persistenz einerseits und Differenz und Wechsel andererseits. Dabei geht es vor allem darum, dass eine Sache, von der wir glauben, sie sei identisch, nur scheinbar dieselbe bleibt, während sie sich jedoch zugleich wandelt und in ihren Bestimmungen verändert. Diese Veränderung trifft genauso auch auf den Menschen

---

46 Vgl. Platon, Krat. 402a.
47 Vgl. Aristoteles, Met. IV 3, 1005b23ff. und IV 7, 1012a24ff.

und seine Seele zu: Wie der Fluss niemals derselbe bleibt, so bleiben auch wir nicht dieselben. (→ **F 11: „Flussfragmente"**)

Die Faszination, die von Heraklits Denken ausgeht, resultiert sicherlich zum Teil aus dem feierlichen, prophetenhaften, nahezu mystischen und mitunter sarkastischen Charakter seiner rhythmisch akzentuierten Sprache, die Gedanken meist nur andeutet und nicht begründet und dadurch verschiedenste Interpretationen zulässt. Sprachliche Gestaltung und Denkform stehen in direkter Beziehung zueinander und manifestieren sich im *Logos*, der einerseits das Denkvermögen des einzelnen Menschen bezeichnet und andererseits die dem gesamten Kosmos zugrunde liegende Weltvernunft. Diesen *Logos* als das eine Weise, als das Bleibende im ständigen Wechsel und als die hinter der Dissonanz verborgene Harmonie zu erkennen, darin besteht der entscheidende Beitrag Heraklits zur Entwicklung der frühgriechischen Philosophie. Seine Gedanken waren grundlegend für die Weltanschauung der Stoá, hatten aber auch noch tief greifenden Einfluss auf Goethe, Hegel und vor allem auf Nietzsche und Heidegger.

8   Pythagoras und die Pythagoreer

Auf Grund der schwierigen Quellenlage einerseits und der gewaltigen Nachwirkung der pythagoreischen Philosophie andererseits werden Pythagoras und die Pythagoreer in einem zusammenhängenden Kapitel behandelt. Der Abschnitt fasst historisch die Zeit vom 6. bis zum 4. Jh. v. Chr.; einige Jahrhunderte später erneuert der sog. Neupythagoreismus die Lehre der Pythagoreer und verbindet sie mit platonischen, aristotelischen und stoischen Gedanken.

8.1   *Pythagoras von Samos*

Wenn auch über Pythagoras (ca. 575–500 v. Chr) selbst wenig Sicheres bekannt ist, so ist doch zumindest gewiss, dass er beträchtlichen Einfluss auf die Gesellschaft seiner Zeit ausübte. Auf der Insel Samos geboren, wanderte er um 530 v. Chr. in die süditalienische Stadt Kroton aus und gab somit der Philosophie der Magna Graecia (Süditalien und Sizilien) einen entscheidenden Anstoß. Pythagoras gründete in Kroton eine ordensähnliche Kultgemeinschaft, deren Mitglieder sich aus beiderlei Geschlechtern zusammensetzten und zur Erfüllung asketischer Verhaltensregeln, die zur Läuterung der Seele dienen sollten, verpflichtet waren. Seine charismatische Ausstrahlung kann nicht nur an der großen Zahl seiner Anhänger gemessen werden, sondern auch daran, dass ihm sein wachsendes politisches Ansehen viele Feindseligkeiten einbrachte. Eine Oppositionsbewegung gegen seinen konservativen, aristokratisch-oligarchischen Führungsstil zwang ihn schließlich gegen Ende seines Lebens zur Flucht nach Metapont, wo er um 500 v. Chr. verstarb. Anderen Berichten zufolge wurde er in einem Tempel der Stadt zu einem Hungertod gezwungen oder gemeinsam mit etlichen Anhängern in einem Haus in Kroton verbrannt.[48] Diese Geschichten erinnern an die Version des Komödiendichters Aristophanes, der sein Stück *Die Wolken* mit dem Verbrennen der Schule des Sokrates enden lässt, und in der Tat kann man das Schicksal des Sokrates durchaus mit dem des Pythagoras vergleichen, denn beide übten einen gewaltigen und nachhaltigen Einfluss auf die spätere philosophische Tradition aus. Pythagoras' Erbe bestand zudem in einer aktiven Gruppe von Anhängern, die ihre Machtposition noch weitere vierzig Jahre behaupten konnten.

8.2 Die pythagoreische Frage

Von Pythagoras selbst ist nichts überliefert und es gibt nur wenige zuverlässige Quellen, die Rückschlüsse auf die pythagoreische Lehre erlauben. Aristoteles schreibt in seiner *Metaphysik*: *Zu dieser Zeit, aber auch schon vorher, beschäftigten sich die sog. Pythagoreer als Erste mit der Mathematik (...).*[49] Es ist sonderbar, dass er nicht Bezug auf Pythagoras selbst nimmt und stattdessen eine Sammelbezeichnung wählt, doch können wir seiner Darstellung – immerhin sind zwei Bücher ausschließlich den Pythagoreern gewidmet – entnehmen, dass er Pythagoras wohl nicht primär als Philosophen, sondern eher als wundertätigen Weisen betrachtet hat. Ein interessanter Zugang zu Pythagoras lässt sich auch in Platons Akademie finden: Spätere Schulhäupter sahen in ihm jene Quelle, aus der sich die gesamte platonische Philosophie speiste. Da es jedoch keinerlei authentische Schriften von Pythagoreern zur Untermauerung dieser These gibt, liegt die Vermutung nahe, dass in späterer Zeit eine Reihe von Werken gefälscht wurde, die stark zur Legendenbildung um Pythagoras beitrugen. Unter diesen pythagoreischen Pseudoepigrapha ist das vermeintliche Vorbild für Platons Dialog *Timaios* wohl das bekannteste. Im 1. Jh. v. Chr. entfal-

---

48 Vgl. DL VIII 39f.
49 Aristoteles, Met. I 5, 985b23.

tete sich neuerlich reges Interesse an Pythagoras in der Strömung des Neupythagoreismus, der sich dann im 3. Jh. n. Chr. zu seiner vollen Blüte entfaltete. Aus dieser Zeit stammen die ersten Werke über Pythagoras, die uns zur Gänze erhalten sind: die Biographien von Diogenes Laërtios und dem Neuplatoniker Porphyrios (um 270 n. Chr.) sowie die Beschreibung der pythagoreischen Lebensweise des Neuplatonikers Iamblichos (um 290 n. Chr.).

Zum sog. „älteren pythagoreischen Bund", den Pythagoras selbst gegründet haben soll, zählte einer der berühmtesten Ärzte der Antike, **Alkmaion** von Kroton (ca. 570–500 v. Chr.), dem die Entdeckung des Gehirns als des Zentralorgans aller Sinneswahrnehmungen zugeschrieben wird. Dieser brachte zudem den pythagoreischen Harmoniegedanken in der Medizin zur Geltung, indem er Gesundheit als Gleichgewicht aller gegensätzlichen Kräfte im Organismus ansah und Krankheit als Vorherrschaft einer dieser Kräfte. Unter den Pythagoreern, die von Aristoteles erwähnt werden, waren vor allem Philolaos und Archytas von Bedeutung. Während die Leistung des **Archytas** von Tarent (1. Hälfte des 4. Jh.) vornehmlich darin bestand, verschiedene Arten der Analogie unterschieden zu haben, vertrat der Astronom **Philolaos** von Kroton (5./4. Jh. v. Chr.) eine Theorie, die einen gewaltigen Fortschritt gegenüber dem Weltbild der Milesier bedeutete. Die Erde war bei ihm nicht mehr im Zentrum des Weltalls, sondern nur noch einer von den Planeten (dadurch wurde es möglich, Tages- und Jahreszeiten aus der Bewegung der Erde zu erklären), eine bemerkenswerte Antizipation des heliozentrischen Systems, das im 3. Jh. v. Chr. von **Aristarch** von Samos vertreten wurde und dann erst wieder in der Astronomie der beginnenden Neuzeit von Kopernikus und Kepler, bis es sich um 1700 endgültig durchsetzte.

8.3   Die Metempsychose

Auch die moderne Forschung vermag nicht viel mehr über Pythagoras' Lehre auszusagen, als schon in einer Schilderung des Neuplatonikers Porphyrios überliefert ist: *Was er also zu seinen Anhängern sagte, darüber weiß keiner etwas mit Sicherheit zu sagen; denn ganz außergewöhnlich war bei ihnen das Schweigen. Am meisten wurden jedoch folgende Lehren bekannt: erstens, dass er behauptet, die Seele sei unsterblich; zweitens, dass sie sich ändere, wenn sie in andere Lebewesen eingehe; ferner, dass das Entstandene nach einer gewissen Periode erneut entstehe und dass es nichts ganz Neues gibt; schließlich, dass man alles, was als Beseeltes entsteht, als verwandt ansehen soll.* (DK 14, 8a) In der pythagoreischen Seelenauffassung spielt der Glaube an die Seelenwanderung, die Metempsychose (aus μετά [metá]: „hinter, nach", ἐν [en]: „in" und ψυχή [psyché]: „Seele"), eine entscheidende Rolle. Empedokles, der der Generation nach Pythagoras angehörte, drückte seine Verehrung für das Wissen des Meisters um die Seele folgendermaßen aus: *Da war ein Mann unter ihnen, der außergewöhnliche Dinge wusste, der tatsächlich den größten Reichtum an Gedanken besaß, und besonders war er weiser Werke aller Art mächtig. Denn immer, wenn er mit all seinen Gedanken ausgriff, überblickte er mit Leichtigkeit all die Dinge, die in zehn oder sogar zwanzig Lebenszeiten des Menschen liegen.* (DK 31 B 129)

Nach Herodot[50] hatte Pythagoras diese Lehre von den Ägyptern übernommen. Jedenfalls florierte bereits seit der Mitte des 6. Jh. an ganz verschiedenen Stellen der griechischen Welt eine ganze Reihe von religiösen Bewegungen, die von mystischen Anschauungen erfüllt waren und Hoffnung auf ein besseres Leben der Seele nach dem Tode versprachen, allen voran die Orphik. Sie berief sich auf den sagenhaften thrakischen Sänger und Leierspieler Orpheus, der mit seinem Gesang die Götter so sehr rührte, dass er die Erlaubnis bekam, seine durch einen Schlangenbiss getötete Gemahlin Eurydike aus der Unterwelt zurückzuholen. Die Orphiker sind oft schwer von den Pythagoreern zu trennen, doch lassen sich bei näherer Betrachtung sehr wohl Unterschiede erkennen: Hinter dem Pythagoreismus steht die historisch bezeugte charismatische Persönlichkeit des Pythagoras und nicht ein mythischer Gründer oder Prophet, während die im orgiastischen Dionysoskult verwurzelte Orphik nicht als Resultat philosophischer Denkarbeit erscheint, sondern als religiöse Offenbarung, als Theosophie, die weniger an den Verstand des Menschen appelliert als vielmehr an seinen Glauben, seine Gefühle und Phantasie. Sie leistete ihrerseits jedoch mit ihrer Auffassung von Seele wichtige Vorarbeit für die Entwicklung der pythagoreischen Seelenwanderungslehre.

In den homerischen Gedichten fristet die Seele nach dem Tode ein schattenhaftes Dasein. Bezeichnenderweise gibt es im Griechischen ursprünglich auch kein Wort für den Körper im Gegensatz zum Geist: σῶμα [sóma] bedeutet zunächst nur „Leichnam", es bezeichnet den toten Körper, die sterbliche Hülle, aus der der Lebenshauch *(psyché)* entwichen ist.[51] Der neue Ansatz der Pythagoreer besteht nun darin,

---

50 Herodot, Historien II 123.
51 Schon in Homers Odyssee XI 489ff. schreckt Achill vor einem endlosen Dasein als substanzloser Schatten zurück und betet darum, lieber ein Sklave auf Erden als König im Totenreich zu sein.

dass es etwas vom Körper Unabhängiges, Unzerstörbares und Unvergängliches gibt – dabei ist auch ein neuer Ausdruck für Lebewesen entstanden: ἔμψυχον ([émpsychon]: „darin ist eine Seele") –, und folglich ist *psyché* nicht mehr ein schattenhaftes Erinnerungsbild im Hades, sondern sie ist *athánatos* (ἀθάνατος: „ohne Tod, unsterblich") geworden.[52] Die pythagoreische Seelenwanderungslehre vermittelt die Vorstellung, dass die Seele eine Reihe von Verkörperungen durchläuft, wobei man durch eine gute Lebensführung und Reinhaltung der Seele die Lebensbedingungen für die jeweils folgende Inkarnation verbessern kann. Im positiven Falle wird die Seele in einer höheren Daseinsform wiedergeboren, während die eines Minderwertigen zu einer niedrigeren Existenzform hinabsteigt. Letztes Ziel der Seele ist es schließlich, aus der Abfolge der Wiedergeburten auszutreten und sich von allen irdischen Fesseln zu befreien, um endlich wieder eins mit dem Göttlichen zu werden. (→ **F 12: Pythagoras**)

In diesem Sinne sind auch die größtenteils kathartischen (reinigenden) Verhaltensregeln, die sog. *akoúsmata* (ἀκούσματα: eig. „das Gehörte", von ἀκούειν [akoúein]: „hören"), zu verstehen, wenn auch deren Sinn nicht immer klar zu erkennen ist. Doch hängt beispielsweise der im Gebot *Enthalte dich des Beseelten* geforderte Vegetarismus ganz offenkundig mit der Auffassung zusammen, dass alle Lebewesen menschliche Seelen aufnehmen können.[53] Aus einem Fragment aus Aristoteles' Büchern[54] erfahren wir, dass bei den Mitgliedern der pythagoreischen Gemeinschaft zwei Gruppen unterschieden wurden, die *acusmatici* und die *mathematici*. Da *ta mathémata* (τὰ μαθήματα) ursprünglich „die Wissenschaften" bedeutete, verstand man unter einem „Mathematiker" zunächst nur jenen, der sich mit den Wissenschaften im Allgemeinen beschäftigte. Erst unter dem Einfluss der Pythagoreer verengte sich allmählich der Sinn des Wortes *mathémata* auf den Bereich der Mathematik und der mit ihr zusammenhängenden Wissenschaften wie Astronomie, Mechanik, Optik und auch Musiktheorie. Die „Mathematiker" waren daher diejenigen, die Wis-

---

52 Vgl. W. Burkert, Griechische Religion der archaischen und klassischen Epoche. Stuttgart 1977, S. 446: „Dass diese Bezeichnung, die seit Homer die Götter charakterisiert, nunmehr zum Wesensmerkmal der menschlichen Person wird, ist in der Tat eine Revolution."
53 Vgl. dazu die offensichtlich spöttisch gemeinte Anekdote seines Zeitgenossen Xenophanes: Als ein Hund misshandelt wurde, habe Pythagoras gesagt: *Hör auf, schlag ihn nicht weiter. Es ist die Seele eines Freundes, die ich erkannte, als ich ihre Stimme hörte.* (DK 21 B 7)
54 Vgl. *Iamblichi de communi mathematica scientia* 76, 19ff.

senschaften regelrecht studierten, im Gegensatz zu den „Akusmatikern" („Hörern"), die nur die Resultate wissenschaftlicher Untersuchungen vorgelegt bekamen und anhand dieser lernen konnten, wie sie handeln sollten, jedoch ohne die Gründe dafür zu verstehen. Die Unterscheidung zwischen streng formaler Wissenschaft und deren populärer Aufbereitung ist also, so könnte man meinen, beinahe gleich alt wie die Wissenschaft selbst.

Zwei wesentliche Begriffe der antiken Philosophie erfahren in den Lehren des Pythagoras eine grundlegende Vertiefung: θεωρία ([theoría]: „Betrachtung") und κόσμος ([kósmos]: „Ordnung"). *Theoría* ist bei den Orphikern ursprünglich eine mystisch erlebte Schau der Identifikation mit dem leidenden, sterbenden und wiederauferstehenden Gott. Bei Pythagoras gewinnt der Begriff dann eine gewissermaßen kosmische und zugleich ethische Dimension: Durch die kontemplative, sympathetische (mitfühlende) Betrachtung des *kósmos*, der göttlichen Ordnung, wird die Seele des Betrachters ihrerseits *kósmios* (κόσμιος: „wohlgeordnet"). (→ F 13: *Theoría* und *Kosmos*)

8.4 Die Idee der Ordnung

Stand bei den Milesiern die Suche nach einer stofflichen *arché* und dem gesetzlichen Aufbau der *phýsis* im Mittelpunkt des Interesses, so gelangt nun bei den Pythagoreern die Idee des *kósmos* im Sinne einer harmonisch zusammengefügten Ordnung ins Zentrum ihres religiös-wissenschaftlichen Denkens. Diese schmuckvolle Ordnung, das Gesetz ihrer „Harmonie", so ihre Grundthese, beruhe auf Zahlenverhältnissen, die sich überall in der Welt widerspiegeln (DK 58 B 5). Ausgangspunkt dieser Überlegungen war die Entdeckung, dass die Intervalle der Tonleiter der Länge der schwingenden Saiten eines Musikinstruments entsprechen und sich als mathematische Verhältnisse ganzer Zahlen ausdrücken lassen: So entsprechen der Oktave Saiten im Längenverhältnis 2:1, der Quinte 3:2 und der Quarte 4:3. Besondere Verehrung genoss dabei die Zahl 10, repräsentiert als sog. *Tetraktýs* („Vierzahl"; die Summe der ersten 4 Zahlen), für die wir bei Iamblichos folgendes *ákousma* finden: *Was ist das Orakel von Delphi? Die Tetraktýs: die die Harmonie ist, in der die Sirenen singen (...). Was ist das Gerechteste? Zu opfern. Was ist das Weiseste? Zahl; aber als Zweites der Mann, der den Dingen Namen gab. Was ist das Weiseste von dem, was in unserer Macht liegt? Medizin. Was ist das Schönste? Harmonie. Was ist das Stärkste? Wissen. Was ist das Beste? Glück. Was ist die wahrste Aus-*

sage? Dass die Menschen böse sind.[55] Die *Tetraktýs*, die als Punktmenge in einem gleichseitigen Dreieck dargestellt wird, wird zum Symbol, und es heißt auch, dass schon im 4. Jh. die Pythagoreer einen Eid bei Pythagoras als dem, der ihnen die *Tetraktýs* gegeben hat, geleistet haben. Das *ákousma* identifiziert sie mit dem Orakel von Delphi, das die wichtigste Instanz moralischer Weisungen im antiken Griechenland darstellte. So wie aber die Orakelsprüche keine Erklärungen der Welt boten, sondern als Handlungsanweisungen zu verstehen waren, so könnte man auch den Sinn der Aussage, dass die Zahl das Weiseste sei, eher in einer idealen Lebensführung im Sinne der Mäßigung suchen als im Erkennen von physikalischen Phänomenen oder im Begreifen von mathematischen Operationen. (→ F 14: *Tetraktýs*)

In der Tat ist die Idee der Ordnung bei Pythagoras nicht nur als kosmische Harmonie und physikalisch-astronomische Ordnung zu verstehen, sondern sie hat auch und vor allem eminent praktisch-ethische Bedeutung, da sie stets von einem normativen Charakter geprägt ist. Alles Einzelne soll der universalen Ordnung unterworfen werden, alle speziellen Formen der Ordnung sind im Grunde nur Ausdruck der einen, alles dominierenden Ordnung, deren Realisation und bestmögliche Integration im jeweiligen sozialen Kontext sowie im persönlichen Bereich Aufgabe jedes einzelnen Individuums ist. Dies bestätigt auch eine berühmte Stelle bei Platon: *Es behaupten nämlich die Weisen* (i. e. die alten Pythagoreer), *es halte Himmel und Erde, Götter und Menschen ein Band der Gemeinschaft zusammen und Freundschaft und sittliche Ordnung (kosmiótes) sowie Maßhaltung und Gerechtigkeit. Und daher nennen sie dies Universum „Kosmos".*[56] Außerdem erfahren wir bei Aristoteles[57], dass die pythagoreische Mathematik nicht nur aus Geometrie und Zahlentheorie bestand, sondern bestimmten Zahlen auch moralische Qualitäten und Wertbestimmungen zugeordnet wurden: beispielsweise der Eins die Seele (vgl. Leibniz' Monade) oder der Vier die Gerechtigkeit (aus zwei gleichen Faktoren: 2 × 2).

---

55 Iamblichos, *De vita Pythagorica* 82.
56 Platon, Gorg. 507e; vgl. auch Platon, Pol. X 600a und dessen Schlussworte im Timaios: *Sterbliche und unsterbliche Lebewesen hat dieser Kosmos umfasst und ist von ihnen erfüllt, er, ein sichtbares Lebewesen, das diese sichtbar umfasst, ein sichtbarer Gott, ein Abbild des nur im Denken Erfassbaren. Er ist der gewaltigste, beste, schönste und vollkommenste, dieser Himmel, einzig in seiner Art.*
57 Vgl. Aristoteles, Met. I 4, 985b24–986a3.

1. Teil: Die Vorsokratiker

Hinter der Formulierung *der gesamte Himmel sei Harmonie und Zahl* verbirgt sich die berühmte Lehre von der Harmonie der Sphären[58], die noch über Jahrhunderte auf die Bahnbrecher der modernen Astronomie wirkte, auf Kopernikus und insbesondere auf Kepler, der von ihr inspiriert das dritte der nach ihm benannten Gesetze fand. Ob der pythagoreische Lehrsatz, dem zufolge im rechtwinkeligen Dreieck das Quadrat über der Hypotenuse gleich ist der Summe der Quadrate über den Katheten, von Pythagoras selbst stammt, ist ungewiss. Verständlich ist auch, dass die Entdeckung der Inkommensurabilität von Seitenlänge und Diagonale im Quadrat durch Hippasos von Metapont das mathematische Weltbild der Pythagoreer schwer erschütterte. Sobald nicht mehr angenommen werden konnte, dass alles durch Proportionen ganzer Zahlen *(lógoi)* ausgedrückt werden kann, musste es auch etwas geben, das in mathematischer Hinsicht irrational *(álogos)* ist, und dem Pythagoreer Hippasos von Metapont wird auch die Entdeckung der „irrationalen Zahlen" zugeschrieben.

Es besteht jedoch kein Zweifel, dass die pythagoreische Philosophie und insbesondere die Mathematik nicht nur in der Antike weitreichende Wirkungen hatten. Die Weltbausteine in Platons *Timaios*, die sog. „platonischen Körper", gehen auf die Pythagoreer zurück, die stereometrischen Körpern Zahlen bzw. Elemente zugeordnet hatten.[59] Am Eingang der Akademie standen die Worte *ageométretos medeís eisíto* („Keiner, der nicht Geometrie studiert hat, soll hineingehen"); außerdem waren die geometrischen Körper, beispielsweise der Kreis, für Platon methodische Beispiele für die Erklärung des Wesens der Idee. Durch die Quantifizierung qualitativer Bestimmungen lieferte die pythagoreische Mathematik die erkenntnistheoretischen Voraussetzungen zur Entwicklung der mathematischen Naturwissenschaften.[60] Unter dem Einfluss pythagoreischer Ideen entwickelte Leibniz

---

58 Die an den Saiten entdeckte Harmonie wurde auf den Kosmos übertragen: Planeten-Sphären bewegen sich mit Tönen der Octave. Vgl. dazu die poetische Beschreibung der Sphärenharmonie in Ciceros *Somnium Scipionis* (De re publica 6, 18ff.): Sie inspirierte Mozart zu seiner *azione teatrale, Il sogno di Scipione* (1771, Uraufführung erst 1979), Josef Strauß zu seinem Walzer *Sphärenklänge* und Wassily Kandinsky, der seine Farbkompositionen ebenfalls Sphärenklänge nannte.
59 Platonische Körper: 4 – Tetraeder – Feuer, 6 – Hexaeder (Würfel) – Erde, 8 – Oktaeder – Luft, 12 – Dodekaeder – Äther (= 5. Element: lat. *quinta essentia* > Quintessenz), 20 – Ikosaeder – Wasser.
60 Vgl. dazu Galileo Galilei (1564–1642): „Das Buch der Natur ist in der Sprache der Mathematik geschrieben und ihre Buchstaben sind Dreiecke, Kreise und andere geometrische Figuren, ohne die es ganz unmöglich ist, auch nur einen

das dyadische (binäre) Zahlensystem, dessen praktische Bedeutung erst im Zeitalter der elektronischen Rechenmaschinen erkannt wurde. Wesentlich ist schließlich auch der metaphysische Aspekt der pythagoreischen Mathematik. Wenn die wahre Wirklichkeit in rein vernünftig erfassbaren mathematischen Verhältnissen besteht, so muss folglich der Bereich der wahrnehmbaren Gegenstände als bloße Erscheinung angesehen werden. Und wenn alle Dinge „Zahlen sind" (wobei jede natürliche Zahl als Vielfaches der Eins aufzufassen ist), besteht letztlich alles aus einer Vielzahl von (metaphysischen) Einheiten. Darin liegt das im späteren Verlauf äußerst kontrovers diskutierte Problem, ob es zulässig sei, von letzten Einheiten auszugehen, oder ob man die Dinge nicht vielmehr als unendlich teilbar betrachten müsse.

9 Die Eleaten

Die in diesem Abschnitt behandelten Philosophen Xenophanes, Parmenides und Zenon verbindet nicht nur die Tatsache, dass sie am selben Schauplatz, in Elea (dem heutigen Velia, südlich von Neapel), gewirkt haben, sondern auch ihre gedankliche Hinwendung zur Metaphysik und zur Ergründung eines einzigen unvergänglichen Seins.

9.1 Xenophanes von Kolophon

Xenophanes (ca. 570–475/70 v. Chr.), der wie Pythagoras von Ionien in die Magna Graecia auswanderte, ist als Vorläufer der parmenideischen Seinsphilosophie anzusehen, auch wenn sich seine Sichtweise grundsätzlich von der des Parmenides unterscheidet. Aus Kolophon stammend, soll er sich in der Heimatstadt des Parmenides, in Elea, niedergelassen haben. Er war von einem starken metaphysischen Interesse geleitet, doch lag der Fokus seiner kritischen Reflexionen nicht wie bei Heraklit auf dem ständigen Wechsel von Werden und Vergehen, sondern er war auf das eine, unveränderliche, allen Veränderungen enthobene Sein gerichtet. Hier schlägt die Geburtsstunde der ontologischen Metaphysik. Auch Aristoteles[61] erklärt Xenophanes zum Ersten jener Philosophen, die die Wirklichkeit als Einheit sehen. Es ging diesem dabei jedoch nicht vorrangig um eine Seins-Theorie

---

Satz zu verstehen, ohne die man sich in einem dunklen Labyrinth verliert."
(*Il Saggiatore*, dt. Die Goldwaage. Bd. 6, Florenz 1896, S. 232)
61 Vgl. Aristoteles, Met. I 5, 986b21.

der Wirklichkeit, sondern um eine angemessene Idee des „All-Einen", der Gottheit, und zwar in einer radikal neuen Sicht. Gelegentlich wird daher auch die Frage gestellt, ob Xenophanes überhaupt als Philosoph anzusehen sei und nicht primär als Theologe und Dichter, da er – anders als die Milesier – in Versen schrieb, die er auch selbst als Rhapsode (Wandersänger) vorgetragen haben soll. Wie bei keinem anderen der Vorsokratiker wird von ihm das Verhältnis zwischen Mythos und Logos explizit verhandelt: Xenophanes hat als Rhapsode der damaligen Zeit sicherlich auch die Werke Homers und Hesiods vorgetragen, und umso erstaunlicher ist es, dass er in den von ihm verfassten Spottgedichten *(Silloi)* die traditionelle Mythenvorstellung scharf kritisierte. Damit verbunden ist ganz offensichtlich auch ein Wandel der bisher gültigen Vorstellung von *areté* (ἀρετή: „Tauglichkeit, Tüchtigkeit, Leistung"): Xenophanes erweist sich als aufgeklärter, kritischer Intellektueller, wenn er nicht mehr wie bisher den griechischen Athleten und Olympioniken höchsten Ruhm und Anerkennung zollt, sondern selbstbewusst für sich *sophía* beansprucht, ein Wissen, das insofern höher zu bewerten ist, als darin ein viel größerer Nutzen für die Polis zu sehen ist (vgl. DK 21 B 2).

9.1.1 Kritik an den Göttermythen

War bei den milesischen Philosophen die Ablösung des Denkens vom Mythos erfolgt, ohne dass dabei auf diesen Prozess reflektiert worden wäre, war Xenophanes nun der Erste, der sich von den mythischen Götterbildern Homers und Hesiods distanzierte, indem er mit beißendem Spott die naive und anthropomorphe (aus ἄνθρωπος [ánthropos]: „Mensch" und μορφή [morphé]: „Gestalt" > „menschengestaltige") Göttervorstellung der Dichter kritisierte: *Alles haben den Göttern Homer und Hesiod angehängt,/was bei Menschen Schimpf und Tadel ist: Stehlen und Ehebrechen und einander Betrügen.* (DK 21 B 11) Ebenso im erkenntnistheoretisch relevanten Fragment DK B 14: *Doch wähnen die Sterblichen, die Götter würden geboren/und hätten Gewand und Stimme und Gestalt wie sie.* Hier ist das Wort „wähnen" (δοκεῖν [dokeín]) von Bedeutung, denn es steht für eine Annahme, einen (oft irrigen) Glauben und keineswegs für das, was der Wahrheit entspricht. Wenn das Analogiedenken der Menschen letztlich zu ganz verschiedenen Ergebnissen führt, so sind alle diese Vorstellungen nur relativ und können keine Allgemeingültigkeit beanspruchen. Mit unerbittlicher Konsequenz und in polemisch-sarkastischer Schärfe steigert Xenophanes seine Kritik an der anthropomorphen Göttervorstellung: *Wenn die Ochsen und Rosse und Löwen Hände hätten/oder malen könnten mit ihren*

Händen und Werke bilden wie die Menschen,/so würden die Rosse rossähnliche, die Ochsen ochsenähnliche Göttergestalten malen/und solche Körper bilden, wie jede Art gerade selbst ihre Form hätte. (DK B 15) Im Fragment B 16 schließlich spiegelt sich – so könnte man es modern formulieren – die Sicht einer „vergleichenden Religionswissenschaft" wider: *Die Äthiopen behaupten, ihre Götter seien stumpfnasig und schwarz, die Thraker, blauäugig und rothaarig.* Mit solchen Gedanken nimmt Xenophanes rund 2400 Jahre vor Ludwig Feuerbach dessen religionsphilosophische Projektionsthese vorweg.

9.1.2 Theologische Grundgedanken

Xenophanes' scharfe Kritik an der herkömmlichen religiösen Vorstellungswelt und seine radikale Ablehnung des Polytheismus werden erst dann zur Gänze verständlich, wenn wir uns seine eigene theologische Grundposition ansehen. Da er von der Idee eines vollkommenen Göttlichen ausgeht, muss er den auf einem anthropomorphen Trugschluss beruhenden Polytheismus strikt ablehnen. In geradezu revolutionärer Art und Weise behauptet er: *Ein Gott! Unter den Göttern wie unter den Menschen der Größte,/nicht an Gestalt den Sterblichen artgleich, nicht an Gedanken.* (DK B 23) Ein mit menschlichen Eigenschaften ausgestatteter Gott kann nicht seiner Idee der göttlichen Vollkommenheit entsprechen, und weil Gott vollkommen ist, kann er nur einer sein und völlig unbeschränkt in seinem Wollen und Wirken auf die räumliche Welt: *Er als ein Ganzes sieht, als ein Ganzes denkt er und hört er./Immer im Selben verharrt er, bewegungslos. An verschiedene/Orte sich hinzubegeben gehört sich für ihn nicht. Stattdessen/schwingt seines Geistes Wollen ein jegliches ohne Bemühung.* (DK B 24–26) Für seinen neuen Gottesbegriff im Sinne eines Henotheismus (ἕν [hen]: „das Eine"; besondere Verehrung eines Gottes als des jeweils höchsten[62]) ist nun charakteristisch, dass er sowohl auf dem Weg der Negation als auch mit Ideen von Superlativen gewonnen wurde. Gott ist in seinem Wesen völlig anders als die Menschen und er ist zugleich der Größte, der Vollkommenste; sein Wirken in der Welt ist frei von jeglicher Anstrengung und den Unvollkommenheiten der Bewegung. Der Gott des Xenophanes kann nur noch gedacht werden und Aristoteles wird diesen später den *unbewegten Beweger* nennen.

---

62 Gegen den Monotheismus spricht die Aussage, er sei „am größten", und wenn Xenophanes neben dem einen Gott noch andere göttliche Kräfte gelten lässt, so können sie für ihn jedoch letztlich nicht im vollen Sinn des Wortes Gott sein.

Zu den Fragmenten DK B 24–26 verdanken wir Hermann Fränkel[63] wichtige Hinweise. Er hat darauf aufmerksam gemacht, dass das griechische Wort *noeí* („er denkt") auch die Bedeutungen „erkennt" und „will" umfasst. Der Doppelausdruck *nóou phrení* („im Wollen seines Geistes") schließt jeden Gedanken an Körperlichkeit bewusst aus. Die Tragweite einer derartigen Aussage macht deutlich, dass in der Sphäre Gottes überhaupt kein physisches Geschehen mehr stattfindet. Erst in der Einwirkung auf die Welt wird es zu Aktualität und Bewegung. Die gedankliche Leistung des Xenophanes rühmt Karl Popper mit folgenden Worten: „Es ist klar, dass diese völlig neue Theorie für Xenophanes die Lösung eines schwierigen Problems war. In der Tat fand er damit die Lösung des größten aller Probleme, des Weltproblems. Niemand, der etwas über die Psychologie der Erkenntnis weiß, kann bezweifeln, dass diese neue Einsicht Xenophanes' wie eine Offenbarung erscheinen musste."[64]

9.1.3 Grenzen der Erkenntnis

Klares hat freilich kein Mensch gesehen, und es wird auch keinen geben, der Bescheid weiß hinsichtlich der Götter und aller Dinge, die ich erkläre./ Denn auch wenn es einem gelänge, Vollendetes zu sagen,/so weiß man es trotzdem nicht, denn bei allem gibt es nur Annahme. (DK B 34) Obwohl Xenophanes ein äußerst kritischer Denker ist und seine Lehre mit voller Überzeugung vorträgt, ist er sich doch bewusst, dass seine Thesen nur den Charakter einer relativen, vorläufigen Meinung haben und nicht als sicheres Wissen gelten können. Somit wird eine scharfe Trennlinie gezogen zwischen Wahrheit bzw. göttlichem Wissen und bedingter menschlicher Erkenntnis, die sich auch in sprachlicher Hinsicht in der Verwendung der aufeinander bezogenen Verben „wissen" (εἰδέναι [eidénai]) und „gesehen haben" (ἰδεῖν [ideín]) widerspiegelt.[65] Xenophanes will offenbar ausdrücken, dass es von den Dingen, über die er spricht, kein Wissen geben könne, das auf ein „gesehen haben" zurückgeht. Doch wie uns das Fragment DK B 18 nahelegt, ist sein Standpunkt keinesfalls der eines Skeptikers, als den ihn spätere Vertreter der Skepsis wie Sextus Empiricus sehen wollten: *Die Götter haben den Menschen durchaus nicht gleich am Anfang alles enthüllt,/sondern im Lauf der Zeit suchen und finden sie Besseres hinzu.* Darin kommt

---

63 Vgl. H. Fränkel, Dichtung und Philosophie des frühen Griechentums. München ⁴1993, S. 378.
64 K. Popper, Die Welt des Parmenides, S. 91f.
65 Beide Verben werden im Griechischen von derselben Verbalwurzel gebildet.

vielmehr die Haltung eines aufgeklärten Rationalisten zum Ausdruck, der trotz der Bedingtheit aller menschlichen Erkenntnis eine Weiterentwicklung des Wissens in einer forschungsorientierten Zivilisation sieht. Daher empfiehlt es sich auch, das Wort „Meinung", in dem zu sehr die Komponenten „Beliebigkeit" und „Zufälligkeit" mitschwingen, treffender mit „wohlbegründeter Annahme" oder „Hypothese" wiederzugeben. Wir können zwar nicht mehr erreichen als ein solches „Vermutungswissen", doch war Xenophanes offenbar davon überzeugt, dass unsere Hypothesen, um mit Popper zu sprechen, stets verbesserungsfähig sind und so zu einem Fortschritt der menschlichen Erkenntnis führen.

9.2 Parmenides von Elea

Von Parmenides' Leben (ca. 515–445 v. Chr.) wissen wir nichts, außer dass er um 515 v. Chr. in der griechischen Kolonialstadt Elea, der Wahlheimat des Xenophanes, geboren wurde und dort im hohen Alter um 445 v. Chr. verstarb. Die Wirkung seiner Lehre auf die weitere Entwicklung der griechischen Philosophie ist jedoch kaum zu überschätzen, zumal alle späteren vorsokratischen Denker von ihr beeinflusst waren und sie auch für die platonische sowie aristotelische Philosophie prägend wurde. Mit Parmenides beginnt die Geschichte der Lehre von dem einen, ungewordenen, unvergänglichen, unveränderlichen und vollkommenen Seienden, einer Lehre, die viel später Ontologie heißen wird und die als eine der provozierendsten philosophischen Thesen in die Philosophiegeschichte des Abendlandes eingegangen ist. Zunächst wurden die ontologischen Prädikate maßgeblich für die Konzepte des Empedokles und Anaxagoras und die mit den Atomisten beginnende materialistische Tradition und lebten ebenso fort in Platons Ideen (was nicht zuletzt dessen komplexer Dialog mit dem Titel *Parmenides* zeigt) und im Gottesbegriff des Aristoteles. Woher aber hat Parmenides den entscheidenden Impuls für seine revolutionäre These erhalten? Es ist wahrscheinlich, dass er mit pythagoreischen Lehren vertraut war[66], und mit Xenophanes teilte er die erkenntniskritische Einstellung; gleichzeitig aber erhob er den Anspruch, die „Wahrheit" als göttliche Offenbarung zu verkünden, und distanzierte sich von den „Meinungen" und dem *irrenden Verstand* der *unkritischen Menge* (DK 28 B 6). Hier nimmt die Frage nach

---

66 Vgl. DL IX 21.

dem einen ungewordenen und ewigen (ἀίδιον [aïdion]) Seienden seinen Ausgang, das Parmenides in einer differenzlosen Einheit, die alles Werden, jegliche Veränderung und Bewegung von sich ausschließt (ἀκίνητον [akíneton]: „unbewegt" bzw. „unbeweglich"), gefunden zu haben glaubt. *Da er meint, dass neben dem Seienden das Nichtseiende nicht existiere, glaubt er, dass notwendigerweise das Seiende Eines sei und nichts anderes*, schreibt Aristoteles in der *Metaphysik*.[67] Dieses wahre Sein kann jedoch niemals durch die Erfahrung, sondern einzig und allein durch das Denken erschlossen werden. Mit diesem radikal neuen Ansatz entsteht der grundlegende erste Teilbereich der Metaphysik[68], die eine der Sinnenwelt gegenüberliegende transzendente Wirklichkeit postuliert.

9.2.1 Das Lehrgedicht

Von dem parmenideischen Lehrgedicht, dem spätere Interpreten den Titel *Perí phýseos* (*Über die Natur*) gaben, sind etliche zusammenhängende Abschnitte erhalten, die uns wesentliche Einblicke in seine Lehre ermöglichen. Parmenides schreibt in Hexametern und erhebt damit den Anspruch, in der Tradition von Homer und vor allem von Hesiod zu stehen, was auch in der Gestaltung des Proömiums zum Ausdruck kommt. Nur in dichterischer Form kann Parmenides den Ort vorführen, an dem sich seine Ontologie offenbart. Das Werk besteht aus drei Teilen: einem Eingangslied (dem sog. *Prooimion*, DK B 1) und zwei Hauptteilen, einem metaphysischen, ἀλήθεια (*alétheia*, DK B 2–B 8/49), der die „Wahrheit", d. h. die Ontologie entfaltet, und einem naturphilosophischen, δόξα (*dóxa*, DK B 8/50–B 19), der die „Meinung(en)" der Sterblichen über Kosmologie und Kosmogonie darstellt. Der erste Teil ist nicht nur entschieden besser dokumentiert als der zweite (90 % bzw. 10 % des Originals sind erhalten), sondern auch philosophiegeschichtlich weitaus bedeutender als Letzterer, woran zu erkennen ist, dass die metaphysische Spekulation gegenüber der Naturphilosophie in zunehmendem Maße an Gewicht gewinnt.

---

67 Aristoteles, Met. I 5, 986b28ff.
68 Seit Christian Wolff (1679–1754) ist Ontologie die *metaphysica generalis* (allgemeine Metaphysik), zu der dann noch die drei Disziplinen der *metaphysica specialis* (besondere Metaphysik) kommen: rationale Theologie, Kosmologie und Psychologie. Bei Kant findet diese Dreiteilung ihre Fortsetzung in seinen Ideen Gott, Welt und Seele, während die Ontologie zur Transzendentalphilosophie wird. Erst in neuerer Zeit, v. a. in der Phänomenologie und bei Heidegger, wird der Begriff „Ontologie" wieder zu neuem Leben erweckt.

Das aus 32 Versen bestehende und nahezu vollständig erhaltene Proömium beginnt mit einer kraftvollen Bewegungsmetapher in faszinierend archaischer Sprache (DK B 1/1–10): Die Auffahrt des Dichters zur Göttin vollzieht sich auf einem von Stuten gezogenen Wagen, der von den Sonnenmädchen, den Heliaden, begleitet wird. Literarische Parallelen, vor allem beim Dichter Pindar[69], zeigen, dass die rasante Wagenfahrt ein Bild dichterischer Inspiration ist. Parmenides geht es dabei um eine neue Sicht der Wirklichkeit: Nachdem der „wissende Mann" (εἰδὼς φώς [eidós phós]), angetrieben von seinem *thymós* (θυμός: „Mut, Begehren, Wollen, Wünschen"), den Weg (ὁδός [hodós]) zur Göttin in rasender Geschwindigkeit zurückgelegt hat, wird ihm eine gänzlich neue, außerordentliche Erfahrung zuteil, die er nicht aus eigenem Vermögen macht, sondern durch die Offenbarung der Göttin. „Erfahren" (πυνθάνομαι [pynthánomai]) bedeutet hier nicht wie üblich bloß „von etwas unterrichtet werden" oder „etwas Neues hören", sondern gewissermaßen „in eine neue Erfahrung eintreten" und womöglich sogar „sich selbst neu erfahren". Die Fahrt führt von einer Welt in die andere[70], das Tor, zu dem der Dichter gelangt, ist ein Grenztor, zu dem *Dike*, die Göttin des Rechts, die Schlüssel besitzt. Wie schon bei Anaximander steht *Dike* hier für die kosmische Gerechtigkeit, da sie es ist, die über den Kosmos und hier über den Wechsel von Tag und Nacht wacht. Indem Parmenides dieses Tor passiert, lässt er die phänomenale Welt des nächtlichen Trugs hinter sich und betritt das Haus des vollkommenen Lichts, dessen Herrin, eine namenlose Göttin, ihn vertrauensvoll empfängt, seine rechte Hand ergreift und ihn mit folgenden Worten anredet: *Junger Mann, Gefährte unsterblicher Wagenlenkerinnen,/ der du mit den Stuten, die dich tragen, mein Haus erreicht hast,/ willkommen! Es ist ja kein böses Geschick, das dich fortgeleitet hat über diesen Weg, um ans Ziel zu gelangen/– einen Weg, der weitab vom üblichen Pfad der Menschen liegt –,/sondern göttliche Fügung und Recht. So gehört es sich, dass du alles erfährst;/einerseits das unerschütterliche Herz der wirklich überzeugenden Wahrheit,/andererseits die Meinungen der Sterblichen, denen keine wahre Verlässlichkeit innewohnt.* (DK B 1/24–30)

Die Auffahrt des Dichters ist in metaphorischem Sinne der Weg, der von der Finsternis zum Licht führt, vom Irrtum hin zur Wahrheit, und der in der weiteren Geschichte der Metaphysik (bei Platon, und später bei Plotin und Augustinus) zentrale Bedeutung gewinnt.

---

69 Vgl. Pindar (griech. Lyriker des 6./5. Jh. v. Chr.), Olympische Oden VI 22–27.
70 Vgl. Homer, Ilias V 745–756.

Dadurch, dass seine Lehre als göttliche Offenbarung inszeniert wird, erhebt Parmenides einen ganz speziellen Wahrheitsanspruch. Einerseits erfüllt die Göttin sozusagen den mythologischen Legitimationsanspruch, andererseits trägt sie jedoch keinen Namen und führt direkt ins Zentrum, ins *unerschütterliche Herz* (s. o.) eines rein rationalen Wissens, das nicht aus der Erfahrung resultiert und das sich klar abgrenzt von den unverlässlichen Meinungen der Menschen.[71] Die Verkündigung der namenlosen Göttin (sie wird hier nur als δαίμων [daímon] bezeichnet, von *daiomai* „austeilen", und meint eine göttliche Macht, die dem Menschen zuteil wird) macht den ersten Teil, den „Wahrheitsteil" des Lehrgedichts aus und bedient sich zunächst eines kunstvollen Wortspieles in Hinsicht auf den „Weg", eine Darlegung, die weit vorausweist auf die neuzeitliche Philosophie, in der der „Weg" zu einem zielgerichteten Forschungsweg wird, zur systematischen Methode:[72]

Wohlan, ich werde also vortragen (...), welche Wege der Untersuchung einzig zu erkennen sind: die erste, dass es ist und es nicht möglich ist, dass es nicht ist, ist die Bahn der Überzeugung, denn sie richtet sich nach der Wahrheit; die zweite, dass es nicht ist und dass es erforderlich ist, dass es nicht ist. Dies jedoch ist (...) ein völlig unerfahrbarer Pfad: denn es ist ausgeschlossen, dass du etwas erkennst, was nicht ist, oder etwas darüber aussagst: denn solches lässt sich nicht durchführen; (...) denn dass man es erkennt, ist dasselbe, wie dass es ist. (DK B 2 und 3)

9.2.2 Denken und Sein

Wenige Fragmente haben mehr Interesse erregt und sind zugleich so kontrovers diskutiert worden wie die in der letzten Zeile formulierte These: „denn dasselbe ist Denken und Sein". Das letzte Wort in der Verkündigung der Göttin ist ἐστίν ([estín]: „es ist"), und die Interpreten streiten darüber, ob es an dieser Stelle so viel wie „es gibt" bedeutet oder ob es sich bloß um Aussageformen im Sinne von „es ist" oder „es ist nicht" handelt. Im ersteren Fall ist Parmenides der Ontologe, im zweiten ein Sprachphilosoph, der bereits verschiedene Aussageformen unterschieden hat. Unbestritten ist jedoch, dass Parmenides

---

71 Vgl. dazu G. W. F. Hegel, Werke 18, S. 30: „Eine Meinung ist eine subjektive Vorstellung, ein beliebiger Gedanke, eine Einbildung, die ich so oder so und ein anderer anders haben kann; – eine Meinung ist mein, sie ist nicht ein in sich allgemeiner, an und für sich seiender Gedanke. Die Philosophie aber enthält keine Meinungen; es gibt keine philosophischen Meinungen."
72 Griech. *méthodos* (aus *metá* und *hodós* = „Nach-Gehen"): festgelegte Vorgehensweise zur Erreichung eines Zieles.

der erste Denker des Abendlandes zu sein scheint, der einer erkennbaren Argumentationsstruktur folgt: Er operiert mit den Methoden der Disjunktion bzw. Elimination: zunächst die Trennung (*der eine Weg ... der andere aber*), dann die durch dreifache Argumentation untermauerte Elimination des falschen Weges (Nichtseiendes ist unerfahrbar, undenkbar und unsagbar). Offenbar ist Nichtseiendes für Parmenides nicht denkbar, weil sich nur denken lässt, was ist, und umgekehrt gilt, dass nur das, was wirklich existiert, gedacht werden kann. (→ **F 15: Parmenides)**

Die Identitätsthese – *dasselbe nämlich ist zu denken/zu erkennen und zu sein* (τὸ γὰρ αὐτὸ νοεῖν ἐστὶν τὸ καὶ εἶναι [to gar autó noeín estín to kai eínai]) – hat nun Anlass zu höchst spekulativen Interpretationen gegeben. Sie legt die idealistische Fehldeutung nahe, dass Sein nur im Gedachtwerden besteht und letztlich nichts anderes sei als Denken.[73] Dann bliebe jedoch völlig ungeklärt, warum Parmenides so viel Wert auf das Argument legt, dass Nichtseiendes nicht gedacht oder erkannt werden kann, denn dies wäre doch trivial, wenn in jedem Fall das Denken/Erkennen das alleinige Entscheidungskriterium für das Sein darstellt. Hingegen verhält es sich geradezu umgekehrt: Mit der größtmöglichen Strenge und Konsequenz, die das reine Denken aufzubieten hat, wird die Identität von Sein und Denken postuliert: Das, was gedacht werden kann und was ist, ist dasselbe, und daher gibt es „denken" nur als das Denken von Seiendem, und dies setzt etwas davon unabhängig Seiendes voraus. So verstanden ist es ein und derselbe Grund, der das Denken und das Sein bestimmt, nämlich das Seiende selbst. Keine äußere Erfahrung führt zur Erkenntnis, sondern einzig und allein durch das Denken, das gewissermaßen auf seine eigenen Voraussetzungen aufmerksam geworden ist, wird der Zugang zum Sein ermöglicht, zu einem Sein, das in allem, was uns begegnet, schon immer miterfahren wird und das, auch wenn wir uns dessen auf Grund unserer sinnlichen Befangenheit nicht bewusst sind, hinter den wechselnden Erscheinungen außerhalb der Zeit unwandelbar und unversehrt von Untergang und Vernichtung stets dasselbe ist.

Interessant dabei ist, dass *Dike* das Sein in seiner Identität, in seinem „Immer-dasselbe-Bleiben" bei sich hält: *Eben deswegen hat Dike es* (i. e. das Sein) *nicht, die Fesseln lockernd, freigegeben, dass es werde oder unter-*

---

[73] Vgl. dazu George Berkeleys (1685–1753) radikalen erkenntnistheoretischen Subjektivismus: *Esse est percipi* („Sein ist Aufgefasstwerden"), alles Sein existiere nur im Bewusstsein.

gehe, sondern sie hält es fest. (DK B 8/13–15)[74] Ähnlich wie im Modell des Gerichtsprozesses bei Anaximander wird auch hier das Seinsgeschehen als *krísis: estín e ouk estín* („Entscheidung: es ist oder es ist nicht") begriffen (DK B 8/15f.). Es fehlt jedoch der zyklische Gedanke des Ausgleichs, denn das Urteil wird von *Dike* gefällt, die mit Hilfe ihrer Vollstreckungsgehilfen *Moira* (Schicksal) und *Anánke* (Notwendigkeit) das Sein fest und unverrückbar in ihren Banden umschlossen hält, während das Andere, das Nichtidentische und Nichtsein, gleichsam „verurteilt" und ausgeschlossen wird.

9.2.3 Wahrheit und Meinung

Dem überlegenen Seinswissen der Göttin steht der *Doxa*-Teil[75] im zweiten Abschnitt des Lehrgedichts gegenüber, der die Meinungen der Sterblichen und ihr im subjektiven Schein befangenes Weltverständnis enthält (DK B 8/50ff.). Wenn auch über die Motive dieser Darstellung in der Forschung noch keine Übereinstimmung erzielt worden ist, steht zumindest fest, dass sie auf der Annahme zweier Prinzipien beruht: *ätherisches, leichtes Feuer* und *dichte, unwissende Nacht*. Aus diesem Ansatz wurde offenbar eine Konstruktion der Weltentstehung abgeleitet, der zufolge alle möglichen Erscheinungen aus einem Mischungsverhältnis dieser Elemente bestehen. Obgleich diese Versuche einer „naturalisierten", materialistischen Welterklärung eine beachtliche Konsistenz aufweisen, bleiben sie für Parmenides jedoch prinzipiell unzulänglich, da sie auf Prämissen beruhen, die mit den Bestimmungen des einen Seienden unvereinbar und daher grundsätzlich falsch sind. Das Verhältnis der beiden Teile des parmenideischen Lehrgedichts lässt sich wohl am befriedigendsten mit der Annahme zweier prinzipiell voneinander zu unterscheidender Erkenntnismethoden erklären: die sozusagen apriorische Erkenntnis und die Methode einer bloß hypothetischen (aposteriorischen)

---

74 Vgl. dazu Parmenides, Über das Sein. Hg. von H. von Steuben. Stuttgart 1995, S. 128: „Dike kann also nach zwei Seiten wirken, wie ja eine Grenze immer zwei Gesichter hat. Einmal bindet sie das Sein selbst und hält es fest, (…) dann vermag sie aber auch etwas an das Sein zu binden, das außer ihm liegt. (…) Was nicht auf das Sein bezogen ist, sondern von ihm abgekehrt, vergänglich, ans Nichtsein fallend, das ist auch ohne Dike."

75 Griech. *dóxa* hängt mit den Verben *dokéo* („meinen, scheinen") und *déchomai* („annehmen") zusammen und hat mehrere Bedeutungen: neben „Ansehen, Ruhm" auch „Meinung, Auffassen, Entgegennehmen" einer Ansicht, „die etwas bietet". Dies impliziert zwei grundlegende Täuschungsmöglichkeiten: „Schein, Anschein" (etwas sieht aus wie …, ist aber in Wirklichkeit etwas anderes) oder eine aus unzureichender Methode resultierende falsche Auffassung.

Welterklärung. Aller menschliche Irrtum beruht auf einer Setzung und sprachlichen Benennung zweier Prinzipien, die unterschiedliche Eigenschaften haben und infolgedessen voneinander zu unterscheiden sind (DK B 8/53f.; vgl. DK B 9 und B 19). Doch führt uns Parmenides letztlich auch in seiner spekulativen Kosmologie auf die Göttin und deren Herrschaft über alles Seiende zurück: *Und inmitten von diesem* (i. e. dem Ineinander von Feuer und nächtlichem Dunkel) *aber die Göttin (daímon), die alles lenkt.* (DK B 12/3)

Es scheint, dass Parmenides mit einem „rationalen Mythos", in dem die Philosophie den absoluten Wahrheitsanspruch übernimmt, gewissermaßen den „Verlust der Sicherheit", den das milesische Denken hervorgerufen hat, kompensieren wollte. Dadurch, dass die ionischen Naturphilosophen den ihrer Ansicht nach erkenntnis- und kritikhemmenden Absolutheitsanspruch des Mythos aufgegeben hatten, entstand wohl bei vielen Menschen, ausgelöst durch die Vorstellung, sich nun nicht mehr auf Gewissheiten verlassen zu können und stattdessen nur mit Vermutungen und Wahrscheinlichkeiten leben zu müssen, tiefgehende Verunsicherung. Hier wollte die Philosophie des Parmenides sozusagen in Umkehrung der Entwicklung „vom Mythos zum Logos" „den mythologischen Heilswissens-Anspruch erben, um die Unsicherheit des wissenschaftlichen, immer kritisierbaren und veränderlichen Wissens erträglich zu machen".[76]

Der radikale Determinismus der parmenideischen Ontologie wurde stets als geistige Herausforderung empfunden. Ihre direkte Fortsetzung findet sie in der metaphysischen Konzeption des späten Platon, der ebenso zwischen einer unzureichenden physikalischen Welterklärung, der Meinung *(dóxa)*, einerseits und wirklicher Erkenntnis *(epistéme)* andererseits unterscheiden wird, wobei der Gegenstand der Erkenntnis einzig und allein das unentstandene, unveränderliche und vollkommene Sein ist, während die Meinung zwischen Wissen und Unwissenheit bzw. zwischen Seiendem und Nichtseiendem stehe, da das Nichtexistente ja auch gänzlich unerkennbar sei.[77]

Die späteren Eleaten fügten der parmenideischen Lehre kaum Neues hinzu, sondern sahen ihre Aufgabe vielmehr darin, die Kritik der Zeitgenossen an der paradox anmutenden Leugnung realer Veränderung und Bewegung zu entkräften.

---

76 F. Schupp, Geschichte der Philosophie im Überblick. Bd. 1: Antike. Hamburg 2003, S. 100f.
77 Vgl. Platon, Pol. 476e–477b.

9.3 Zenon von Elea

Es liegt auf der Hand, dass die parmenideische Ontologie mit ihren ungeheuerlichen Konsequenzen, die gleichermaßen dem „gesunden Menschenverstand" entgegenliefen, schärfsten Widerspruch und teilweise sogar Spott und Hohn erregte. Zenon, der ca. 20–25 Jahre jüngere (ca. 490–445 v. Chr.) und mit unerhörtem Scharfsinn begabte Schüler des Parmenides, ein Virtuose vertrackter Gedankenexperimente, wollte die Lehre seines Meisters verteidigen, indem er zeigte, dass die Annahmen von Vielheit und Bewegung zu unauflösbaren Paradoxien und Antinomien[78] führen. Dass die Zenon'schen Überlegungen nicht nur als spitzfindige Gedankenspielereien oder eigenwillige Argumentationsakrobatik angesehen, sondern von den meisten wohl durchaus ernst genommen wurden, kann man einer Stelle aus Platons *Parmenides* entnehmen, in der Zenon sein Anliegen folgendermaßen beschreibt: *In Wahrheit nämlich ist diese Schrift nur eine Hilfe für die Behauptung des Parmenides gegen ihre Angreifer, die sie verspotten wollen, dass mit dem Satz „wenn Eins ist" viele lächerliche und selbstwidersprüchliche Behauptungen einhergehen. Diese Schrift streitet also gegen diejenigen, die vom Vielen ausgehen, und zahlt ihnen dasselbe und mehr zurück, indem sie aufdecken möchte, dass auf ihre Annahme „wenn Vieles ist" noch viel Lächerlicheres zutrifft als auf die Annahme „wenn Eins ist", wenn man es richtig durchgeht.*[79] Wenn auch über Zenons Buch, von dem lediglich Fragmente vorliegen, reichlich spekuliert wurde, so lässt der platonischen *Parmenides* doch gewisse Rückschlüsse auf dessen Denkart zu, wenn Platon Zenons Grundannahme in der Form einer Frage des Sokrates auf folgende Weise referiert: *Wie meinst du das, Zenon? Wenn das Seiende vieles wäre, dass es dann zugleich ähnlich und unähnlich sein müsse, was aber offensichtlich unmöglich sei, weil nämlich weder das Unähnliche noch das Ähnliche unähnlich sein könne?*[80] Seine Methode zielt offensichtlich darauf ab, aus allgemein anerkannten Voraussetzungen Schlüsse zu ziehen, die einander widersprechen oder gänzlich in die Irre füh-

---

78 Griech. *parádoxon*: Beweis gegen den „offenkundigen Anschein" (παρά [pará]: „gegen" und δόξα [dóxa]), (scheinbar) widersinnige Behauptung; Antinomie: Widerspruch eines Gesetzes gegen sich selbst bzw. Unvereinbarkeit zweier gültiger Sätze (ἀντί [antí]: „gegen" und νόμος [nómos]: „Gesetz").
79 Platon, Parm. 128cd.
80 Ebd. 127e.

ren. Auf Grund dieser Vorgangsweise soll Aristoteles ihn auch als Erfinder der Dialektik bezeichnet haben.[81]

9.3.1 Antinomien der Vielheit

Die Annahme, dass es – wie die Wahrnehmung zeigt – eine Vielheit von Dingen gibt, lässt sich nach Zenon in der Form des indirekten Beweises folgendermaßen widerlegen: Um einen Satz indirekt zu beweisen, geht man von dessen Negation aus, um dann zu zeigen, dass diese zu unhaltbaren Konsequenzen führt. So nimmt Zenon, um zu beweisen, dass die Wirklichkeit nicht als Vielheit von Dingen aufgefasst werden kann, an, es existierten mehrere Seiende. Wenn es nun zumindest zwei verschiedene Seiende gäbe, dann müssten diese durch ein drittes Seiendes voneinander getrennt sein, das seinerseits wiederum von den anderen Seienden geschieden werden müsste und die Annahme eines weiteren Seienden notwendig machte usw., sodass sich ein unendlicher Regress ergäbe. Wenn daher eine Vielheit von Dingen vorhanden wäre, so müsste es nach Zenon genau *diese* Anzahl an Dingen geben, nicht mehr und nicht weniger, und folglich ist die Annahme einer unendlichen Vielzahl falsch und muss verworfen werden. Vielmehr ist ihr Gegenteil wahr, nämlich dass es in Wirklichkeit nur ein Seiendes geben kann und dadurch die These des Parmenides bestätigt ist. Die als Mannigfaltigkeit von Dingen wahrgenommene Welt ist somit bloßer Schein und nicht im eigentlichen Sinne wirklich. Es ist höchst interessant, dass die Methode der *reductio ad absurdum* (Rückführung der gegenteiligen Annahme auf Absurdes und Unmögliches) auch in der modernen Mathematik zu finden ist: Um beispielsweise die Inkommensurabilität von Seite und Diagonale des Quadrats zu beweisen, nimmt man deren Kommensurabilität an und folgert hieraus die Falschheit der Annahme bzw. die Richtigkeit ihrer Negation, also des ursprünglich zu beweisenden Satzes.

9.3.2 Paradoxien der Bewegung

Noch verblüffender als die indirekten Beweise sind Zenons Argumente, die er gegen die Realität von Bewegung vorgebracht hat[82], von welchen das folgende wohl am berühmtesten ist: Wenn Achilleus, der sprichwörtlich schnelle Läufer und Kämpfer der Griechen, einen Wettlauf mit einer Schildkröte veranstaltet, so kann er diese auch unter

---

81 Vgl. DL IX 25.
82 Vgl. Aristoteles, Phys. VI 9, 239b9ff.

Gewährung eines Vorsprungs niemals einholen, denn *erst einmal nämlich muss das Verfolgende dahin kommen, von wo aus das Fliehende gestartet ist, so dass das Langsamere immer etwas Vorsprung haben muss.*[83] Angenommen, Achill laufe zehnmal schneller als die Schildkröte und diese habe einen Meter Vorsprung, dann wird die Schildkröte in der Zeit, in der Achilleus diesen einen Meter zurücklegt, 1/10 Meter gegenüber dem Verfolger gutmachen, sobald er auch diese Strecke durchmessen hat, wird sie 1/100 Meter voraus sein usw. in geometrischer Reihe fortgesetzt, sodass sie immer einen Vorsprung behalten wird. Will man nun der Beobachtung zufolge, dass Achilleus die Schildkröte praktisch leicht einholen kann, die Realität von Bewegung voraussetzen, so zeigt dagegen eine logisch-mathematische Überlegung, dass Achilleus die Schildkröte nie einholen kann, und somit liegt eine unauflösbare Widersprüchlichkeit, eine Aporie (Ausweglosigkeit) vor, auf Grund derer die Annahme der Existenz von Bewegung als unhaltbar zurückgewiesen werden muss. Damit ist die parmenideische These, der zufolge die Welt, in der sich Dinge bewegen und verändern, nur scheinbar wirklich ist, bestätigt.

Die dem „Achilleus" zugrunde liegende Paradoxie besteht darin, dass es nicht möglich sei, *in begrenzter Zeit das Unendliche bis zum Ziel zu durchlaufen oder jedes Einzelne des unendlich Vielen zu berühren*[84]. Der Läufer kommt demnach nie ans Ziel, da es für ihn unmöglich ist, in endlicher Zeit unendlich viele Teilstrecken zu durchlaufen. Dieses wie auch alle anderen Paradoxien verweisen auf das Problem des Kontinuums *(synechés*[85]*)* bzw. das der infiniten Teilbarkeit kontinuierlicher Größen. Aristoteles meinte, dieses Problem mit dem Hinweis auf die doppelte Bedeutung von „unendlich" lösen zu können.[86] Man müsse nämlich das physikalisch (d. h. in der Wirklichkeit) unendlich Teilbare vom bloß potenziell (d. h. logisch-mathematisch) unendlich Teilbaren unterscheiden. Demnach sei es durchaus möglich, eine Strecke in endlicher Zeit zu durchmessen, die eben nicht tatsächlich in unendlich viele Teilstrecken zerlegt ist, sondern nur potenziell, also der Möglichkeit nach, in unendlich viele Teilstrecken zerlegt werden kann. Doch auch lange nach Aristoteles scheint die Problematik noch nicht besei-

---

83 Aristoteles, Phys. VI 9, 239b16ff.
84 Ebd. VI 2, 233a22–25.
85 Vgl. HWPh Bd. 10, 779 (Synechismus).
86 Vgl. Aristoteles, Phys. VI 2, 233a24ff.

tigt zu sein und Zenons Paradoxa stürzen Philosophen und Mathematiker bis heute in Verwirrung.[87]

9.4 Ein kurzer Ausblick: Fortwirken der eleatischen Seinslehre

Die Eleaten nahmen als *arché* das Seiende als ein in Wahrheit Einziges, Unveränderliches, Unbewegliches und Unteilbares an. Da diese Attribute den empirischen Wahrnehmungen widersprachen, sahen sie sich veranlasst, zwischen apriorischer (metaphysischer) und aposteriorischer (wissenschaftlicher und alltäglicher) Erkenntnis zu unterscheiden und die Erfahrung als Quelle des trügerischen Scheins vom Denken als Quelle des wahren Seins zu trennen. In zweifacher Weise wirkte der eleatische Ansatz weiter: Platon übernahm dessen Dualismus, indem er mit seiner Lehre von der Teilhabe *(méthexis)* der Dinge an den Ideen als Vermittlerin der beiden Welten eine Beziehung zwischen empirischer Wirklichkeit der Dinge und wahrer Wirklichkeit der Ideen herstellte. In den Entwürfen der späteren Naturphilosophen Empedokles, Anaxagoras und der Atomisten lässt sich trotz wesentlicher Unterschiede das gemeinsame Anliegen nachweisen, zwischen der milesischen Naturerklärung im Sinne von Werden und Vergehen einerseits und der von Parmenides gelehrten Unmöglichkeit des Entstehens andererseits zu vermitteln. „Anders als die milesischen Entwürfe zur Weltentstehung sind daher die nachparmenideischen Systeme wesentlich von einer ontologischen Fragestellung geprägt: Die grundlegenden Entitäten – das, was eigentlich und wirklich ist – können nicht neu entstehen, und was neu entsteht, kann nicht im eigentlichen Sinn seiend sein."[88]

10 Die jüngeren Naturphilosophen

Aus den verschiedenartigen Bestrebungen, den Gegensatz zwischen heraklitischem und eleatischem Denken, zwischen dynamischer und statischer Wirklichkeitsauffassung, zu entschärfen, ist gedanklich eine Synthese erwachsen, in der alle nachfolgenden Naturphilosophen

---

87 Achilleus und seine Schildkröte setzen gleichsam ihre geistige Existenz und Konkurrenz bis ins 20. Jh. fort. In D. Hofstadters berühmtem Buch *Gödel, Escher, Bach. Ein Endloses geflochtenes Band* geht jedem Kapitel ein einführender Dialog mit den Hauptfiguren Achilleus und Theo Schildkröte voran.
88 Ch. Rapp, Vorsokratiker. München 1997, S. 172.

übereinstimmten und die sowohl dem parmenideischen Gedanken eines zugrunde liegenden unveränderlichen Seins als auch der Anerkennung der Realität des Werdens, des Entstehens und Vergehens von Dingen Rechnung trug: Die wahrhafte Wirklichkeit wird nicht als einziges, unveränderliches, ewiges Seiendes aufgefasst, sondern als Vielheit unentstandener und unvergänglicher Teilchen, die sich miteinander vermischen oder zu mehr oder weniger komplexen Gebilden verbinden, die nicht konstant sind und sich daher auch jederzeit wieder auflösen können. Somit sind alle Dinge, die wir wahrnehmen und erfahren, veränderliche Aggregatzustände unveränderlicher Partikel, die – abgesehen von der Einzigkeit – alle Charakteristika des parmenideischen Seienden aufweisen. Darin waren sich die jüngeren Naturphilosophen Empedokles, Anaxagoras und Demokrit einig, hinsichtlich der Beschaffenheit der ungewordenen und unvergänglichen Partikel und der Art und Weise ihres Wirkens gingen ihre Meinungen jedoch weit auseinander.

10.1 Empedokles von Akragas

Empedokles von Akragas (ca. 492–432 v. Chr.), dem heutigen Agrigento auf Sizilien, war eine der merkwürdigsten Figuren des 5. Jh. v. Chr., ein Charakter voller scheinbar unvereinbarer Gegensätze, ein Denker im Schnittpunkt verschiedenster philosophischer Einflüsse. Er war von pythagoreischen und orphischen Gedanken, die damals in Unteritalien und Sizilien weit verbreitet waren, genauso beeinflusst wie von eleatischen und heraklitischen Lehren. Aus aristokratischem Geschlecht stammend, soll er selbst auf der Seite des Volkes gestanden sein und am Umsturz einer tyrannischen Regierung seiner Heimatstadt mitgewirkt haben. Ähnlich wie Pythagoras zog er als Redner und Sühnepriester in Sizilien und Italien umher und hatte sich alsbald den Ruf eines charismatischen Wunderheilers erworben. So verwundert es nicht, dass er schon zu Lebzeiten zu einer Legende wurde, und um eine Legende handelt es sich wohl auch bei der Geschichte von seinem Selbstmord durch einen Sprung in den Vulkan Ätna. Tatsächlich aber musste er auf Grund erneuter politischer Kämpfe Akragas verlassen und soll seine letzten Jahre im Exil auf der Peloponnes verbracht haben.

Wie Parmenides schrieb Empedokles im Stil von Homers *Ilias* und *Odyssee* in epischen Hexametern. Von ihm sind uns über 450 Verszeilen in mehr als 130 Fragmenten überliefert, mehr als von irgendeinem anderen Vorsokratiker. Für zwei Gedichte mit verschiedenen

Themengebieten haben wir verlässliche Zeugnisse: für das naturphilosophische Lehrgedicht *Physiká (Über die Natur),* in dem er seine Kosmologie darstellt, und für die *Katharmoí (Reinigungen),* die in Form einer öffentlichen Rede in der zweiten Person Plural an die Bürger von Akragas gerichtet sind und im Gegensatz zur aufklärerisch-materialistischen Tendenz der *Physiká* eine mythologische und pythagoreische Heils- und Erlöserlehre enthalten. Vor allem hinsichtlich der Seelenlehre scheinen die beiden Werke einander zu widersprechen. Während die *Katharmoí* von einer Urschuld sprechen (DK 31 B 136–139), die im Kreislauf neuer Inkarnationen der Seele gebüßt werden muss (DK B 115; B 117–121), bis sie aus dem Kreislauf der Geburten befreit ist (DK B 146f.), scheint die naturphilosophische Konzeption der *Physiká* den Gedanken der Unsterblichkeit explizit auszuschließen. Wie nun diese Aussagen miteinander in Einklang zu bringen sind, ist bei den Interpreten umstritten. Unbestritten ist dagegen, dass sich Empedokles seine Stellung in der Philosophiegeschichte vor allem durch seine Vier-Elemente-Lehre gesichert hat.

10.1.1 Theorie der Elemente

Empedokles' revolutionierender Ansatz, der zugleich seine einflussreichste Entdeckung in der Geschichte der Wissenschaft darstellt, besteht in der Präzisierung des Begriffs „Element", wobei der Einfluss der Ontologie des Parmenides klar zu erkennen ist: Entsprechend dem parmenideischen Axiom lehnt er Entstehen und Vergehen, Geburt und Tod im absoluten Sinne dezidiert ab (DK B 11f.), da beides zeitliche Nichtexistenz impliziere und somit logisch nicht vertretbar sei. In weiterer Konsequenz negiert er auch die räumliche Leere *(kenón),* denn die Homogenität des Seienden würde die Existenz eines Nichtseienden nicht zulassen. Um nun die Phänomene des natürlichen Weltgeschehens verstehen zu können und – was von Parmenides verabsäumt wurde – für deren Zustandekommen eine konzise Erklärung zu liefern, nimmt Empedokles vier unvergängliche und unveränderliche Entitäten mit feststehenden Eigenschaften an, mit deren Hilfe die Welt in ihrer Mannigfaltigkeit und Verschiedenheit plausibel gemacht werden kann (DK B 7–9). Sämtliche Erscheinungen von Werden, Veränderung und Vergehen mit all ihren partikulären Charakteristika werden durch Mischung und Trennung dieser unvergänglichen Elemente erklärt.

Diese letzten Bestandteile nennt Empedokles selbst noch nicht „Elemente", sondern mit einem Ausdruck aus der Botanik *rhizómata* („Wurzeln"), und unterstreicht damit wohl ihre Lebendigkeit und ihr

Potenzial, Wachstum aus sich entstehen zu lassen. Dass Empedokles in der Tradition des frühgriechischen Denkens steht und Dichter ist, der noch dazu seine Sprache sehr bewusst einsetzt, zeigt sich auch an den göttlichen Namen, die er diesen Wurzeln gibt und damit zugleich deren Ewigkeit ausdrückt: *Höre zuerst die vier Wurzeln aller Dinge:/heller Zeus, lebenspendende Hera, Aidoneus/und Nestis, die mit ihren Tränen den sterblichen Quellstrom befeuchtet.* (DK B 6) Es gibt zwei Paare von männlichen und weiblichen Prinzipien, wobei die Zuordnung der Elemente zu den vier genannten Göttinnen bzw. Göttern umstritten ist. Die Vierzahl mag sich einerseits aus der pythagoreischen Tradition herleiten, in der die Quadratzahl Vier für Gerechtigkeit steht, andererseits war sie wohl schon vorbereitet durch die Bedeutung der Gegensätze heiß und kalt, trocken und feucht bei den ionischen Naturphilosophen und deren Annahme verschiedener Grundsubstanzen wie Wasser bei Thales, Luft bei Anaximenes und Feuer bei Heraklit neben der allgemein anerkannten Rolle der Erde als Mutter von allem. Schließlich lässt sich gerade in einer Küstenstadt Siziliens ein intensiver Kontakt mit den vier Elementen gut vorstellen, neben Erde und Luft der Blick auf das Meer und – nicht nur in der glühenden Sonne, sondern auch in Form von Lava aus dem Vulkan – die Wahrnehmung von Feuer. Empedokles nennt an anderen Stellen die vier Elemente mit ihren alltagssprachlichen Bezeichnungen Erde, Wasser, Feuer, Luft (DK B 17/24), beschreibt sie aber auch anhand ihrer sichtbarsten Manifestationen als Sonne, Erde, Himmel und Meer (DK B 22/2).

Bei Empedokles sind die erfahrbaren Dinge aus verschiedenen Proportionen der vier Elemente zusammengesetzt, deren Veränderungen sich jeweils aus Neukombinationen dieser Verhältnisse ergeben. Anteile der Elemente verbinden sich zu mehr oder weniger komplexen Gebilden und trennen sich wieder voneinander, während die Elemente selbst keinerlei Veränderungen unterworfen sind.

Um nun die Metaphysik des Parmenides mit der Welt der wechselnden Erscheinungen in Einklang zu bringen und die Bewegung der Dinge, an der er grundsätzlich festhielt, erklären zu können, sah sich Empedokles veranlasst, neben den Elementen eine diese formende und gestaltende Kraft vorauszusetzen, und bahnte damit gewissermaßen den Weg zum kosmischen Dualismus in der Geschichte der griechischen Philosophie. Da er aber die einander entgegengesetzten Vorgänge des Werdens und Vergehens, der Mischung und Trennung der Elemente nicht auf eine einzige Urkraft zurückführen konnte, nahm er zwei Grundprinzipien an, die genauso wie die Elemente ewigen Bestand haben: *Denn wie sie vorher waren, so werden sie auch sein,*

und niemals, glaube ich, wird von diesen beiden leer sein die unendliche Zeit.
(DK B 16) Diese beiden einander entgegengesetzten Kräfte mit ihrer jeweiligen Wirkung der Attraktion und Repulsion nennt Empedokles in seiner anschaulichen Sprache *philía/philótes* (φιλία/φιλότης: „Liebe, Freundschaft") und *neíkos* (νεῖκος: „Streit, Hass").[89] Sie befinden sich als triebhaft wirkende Kräfte in unablässigem Kampf miteinander und sind mit ihren wohltätigen oder zerstörerischen Wirkungen verantwortlich für das beständige Gruppieren, Trennen und Neugruppieren von Elementen in den vergänglichen Verbindungen der lebendigen Organismen (DK B 20 und 22). Da sie jedoch nicht wie die vier Elemente der Wahrnehmung zugänglich sind, kann ihre Existenz nur aus der Bewegung, in der die Elemente agieren und aufeinander reagieren, erschlossen werden, und ihre Personifikationen sind daher als Allegorien des Dichterphilosophen zu verstehen.

Empedokles' Theorien haben größte erkenntnistheoretische Relevanz für die spätere wissenschaftliche Entwicklung, denn sie lassen ihn als fernen Vorläufer der modernen Chemie erscheinen, die zeigt, dass Elemente (in unserem Sinn) in verschiedensten Mischungsverhältnissen in den Dingen vorhanden sind und, selbst nicht beobachtbar, die empirisch wahrnehmbaren Eigenschaften der Dinge konstituieren. Außerdem kann man ihm auch den Ansatz einer Evolutionstheorie zuschreiben, denn er kalkuliert offensichtlich mit „Zufallsprodukten" und nicht überlebensfähigen Missbildungen in der Entwicklung (DK B 57 und 60). Diejenigen „Zufallsprodukte", denen es nun gelungen ist, zu überleben, sichern ihren Fortbestand durch Reproduktion. Aristoteles kritisierte allerdings diese Theorie, die Zufälle als Erklärung von Phänomenen heranzieht, da für ihn ein Geschehen ohne Teleologie nicht vorstellbar ist.[90]

Für die gegenwärtige Diskussion ist dabei interessant, dass das Argument, das auch heute noch Gegner der Darwin'schen Selektionslehre anführen, nämlich die Berufung auf die „alten" teleologischen Vorstellungen, vor diesem Hintergrund fragwürdig erscheint, zumal

---

89 Vgl. dazu S. Freud (Die endliche und die unendliche Analyse. In ders.: Studien zur Behandlungstechnik. Studienausgabe, Ergänzungsband. Frankfurt ³1975, S. 386): Dieser zollt Empedokles großen Respekt und sieht in dessen Lehre Parallelen zu seiner Psychoanalyse: *Philía* und *neíkos* seien „dem Namen wie der Funktion nach das gleiche wie unsere beiden Urtriebe Eros und Destruktion, der eine bemüht, das Vorhandene zu immer größeren Einheiten zusammenzufassen, der andere, diese Vereinigungen aufzulösen und die durch sie entstandenen Gebilde zu zerstören."
90 Vgl. Aristoteles, Phys. II 4, 196 a20–24.

evolutionistische Vorstellungen noch älter sind als das zweckbestimmte Denken des Aristoteles: *Nichts gibt es, das zu jenen* (Elementen und Kräften) *noch hinzu entsteht oder, von ihnen sich absondernd, aufhört zu sein./Denn wenn sie dem Vergehen ausgesetzt wären, würde es sie längst überhaupt nicht mehr geben./Andererseits, was wäre imstande, das All zunehmen zu lassen – woher sollte so etwas überhaupt kommen?/Wohin sollte etwas aus ihnen zugrunde gehen, wenn es nichts gibt, das von ihnen leer ist?/Nein: was ist, sind eben jene: Indem sie einander durchdringen und ablösen, entsteht bald dieses, bald jenes und doch fortwährend immer Gleiches.* (DK B 17/30–35)

10.1.2 Die Kosmologie

Im Zentrum des Lehrgedichts über die Natur findet sich die Darstellung, wie sich der Kosmos auf Grund der Aktivität der gegebenen Elemente gemäß der auf sie einwirkenden Kräfte „Liebe" und „Streit" in einem zyklischen Prozess ständig verändert und wie fortlaufend neue Lebewesen in ihm herangebildet werden, während andere wiederum vergehen: *Einmal wachsen sie zusammen, um ein alleiniges Eines zu sein/aus Mehrerem, das andere Mal entwickeln sie sich zu Verschiedenem, dass sie Mehreres sind aus Einem./Zwei Seiten hat die Entstehung der Sterblichen, zwei das Vergehen;/denn das Zusammentreten aller* (i. e. Elemente) *gebiert und vernichtet die eine* (i. e. Entstehung),*/während das andere* (i. e. Vergehen) *ernährt und zerschmettert wird, wenn sie sich wieder in verschiedener Weise entwickeln./Vollends hören sie nie auf, diese wechselnden Pfade zu gehen:/Einmal kommt alles in Liebe zusammen zu Einem,/das andere Mal fliegt es, jedes für sich, wieder auseinander im Groll des Hasses.* (DK B 17/1–8) In dieser zyklischen Bewegung herrscht prinzipiell ein Ungleichgewicht – hervorgerufen durch die Interaktion der beiden miteinander konkurrierenden kosmischen Grundkräfte –, das in zwei einander gänzlich entgegengesetzten Extremen gipfelt: Ist das Seiende vollkommen von Liebe beherrscht, gibt es keine die Elemente trennenden Kräfte mehr und der Kosmos präsentiert sich in harmonischer Fügung als homogene Kugel, die Empedokles *spháiros* nennt: *Aber er, von allen Seiten sich selber gleich und überall endlos,/spháiros, der kugelförmige, über die ringsum herrschende Einsamkeit von übermäßiger Freude erfüllt.* (DK B 28)

Wenn nun der „Streit" von außen in die Kugel eindringt, setzt ein Prozess der Differenzierung ein, in dessen Verlauf die Elemente in Erscheinung treten und Pflanzen und Tiere entstehen. Gewinnt er schließlich völlig die Oberhand, dann gibt es keine besonderen Dinge mehr, auch keinerlei Lebewesen, sondern die Elemente sind vollkommen voneinander getrennt und in Form von konzentrischen Kugelschalen um die Erde angeordnet. Der Sieg des „Streits" in der Welt ist jedoch ebenso wenig endgültig, wie es die Vormacht der „Liebe" im *Spháiros* war; die „Liebe" beginnt sich wiederum vom Zentrum der kosmischen Kugel her auszudehnen und bildet neue Zusammensetzungen, bis eine Welt besonderer Dinge entsteht und letztlich wieder unter der exklusiven Herrschaft der „Liebe" die Einheit des *spháiros* erreicht wird (DK B 26). In diesem kosmischen Kreislauf bleiben viele Details ungeklärt, klar ist aber, dass Empedokles' Kosmologie auf den endlos alternierenden Phasen der Vereinigung und Trennung beruht, und somit könnte man in seinem Modell einen Vorläufer der Theorie von einem pulsierenden Weltall sehen, wie es heute als Alternative zur Urknalltheorie gedacht wird.

10.1.3 Erkenntnislehre und Wahrnehmung

Auch auf dem Gebiet der Wahrnehmung hat Empedokles wesentlich zum Fortschritt der Wissenschaft beigetragen, indem er das Funktionieren der Sinnesorgane bei Menschen und Tieren erklärt. Seiner Theorie zufolge beruht Wahrnehmung darauf, dass in den Sinnesorganen und in den wahrgenommenen Gegenständen dieselben Elemente vorhanden sind (DK B 109), d. h., das Reiz-Reaktions-Schema funktioniert unter der Voraussetzung der Gleichartigkeit von Wahrnehmendem und Wahrgenommenem. Alle aus den vier Elementen gebildeten Stoffe sind von feinen, verschiedenartigen und eng aneinanderliegenden Öffnungen/Durchgängen (*póroi*, vgl. dt. „Poren") durchzogen und lassen beständig „Ausflüsse" ausströmen, die dann zu einer bewussten Wahrnehmung führen, wenn zwischen den Ausströmungen, die von dem wahrgenommenen Gegenstand ausgehen, und den „Poren" der rezeptiven Sinnesorgane eine entsprechende Symmetrie vorliegt (DK B 89).[91] Platon knüpft an diese Auffassung an und führt im Rahmen des Sonnengleichnisses die Fähigkeit, das Sonnenlicht zu sehen, auf die Sonnenhaftigkeit des Auges zurück.[92] Auch in Plotins neuplatonischer Seelenlehre findet sich der Hinweis *kein Auge könnte je die Sonne sehen, wäre es nicht sonnenhaft*[93] als Vergleich mit der Seele, die sich in ihrem Streben nach Einswerdung mit dem Göttlichen vom Körper loslösen und, um das Schöne zu erblicken, selbst schön werden muss. Diese Gedanken greift später Goethe in

---

91 Vgl. Platon, Men. 76c.
92 Vgl. ders., Pol. VI 508ab.
93 Plotin, Enneaden I 6 (1) 9, 31.

seinen Versen auf: „Wär' nicht das Auge sonnenhaft,/die Sonne könnt' es nie erblicken./Läg' nicht in uns des Gottes eigne Kraft,/wie könnt' uns Göttliches entzücken?"[94]

Nach Empedokles kann die Wahrnehmung als Projektion der Wirklichkeit im Bewusstsein auf Grund der Einwirkung materieller Reize erklärt werden, wobei er keinen Unterschied zwischen Wahrnehmung und Denken macht.[95] Das kognitive Vermögen des Menschen sei das Blut, das sich rings um das Herz befindet, da in diesem Blut alle Elemente am gleichmäßigsten gemischt seien (DK B 105). Die höchste Intelligenz ergebe sich folglich aus jenem Mischungsverhältnis, das der Gleichheit der Anteile der Elemente am nächsten kommt. Auch die Seele als Teil des Organismus ist demnach nichts anderes als ein bestimmtes Mischungsverhältnis[96], und sie vergeht, wenn sich die Proportionen ändern. Diese materialistische Betrachtungsweise überrascht umso mehr, als in dem zweiten von Empedokles überlieferten Gedicht, dem Reinigungslied *Katharmoí*, eine mystisch-religiöse Auffassung zur Geltung kommt.

10.1.4 Die Einheit aller Dinge

Durch die Reinigung von Sündenschuld soll der Seele, die hier nicht mehr ein Aspekt des Organismus ist, sondern als Geist *(daímon)* angesehen wird, die Rückkehr in ihre geistige Heimat ermöglicht werden. Als Anhänger der pythagoreischen Seelenwanderungslehre sah sich Empedokles als ein aus seiner jenseitigen Welt vertriebener und in die irdische Welt verbannter *daímon* dazu verurteilt, in verschiedensten Erscheinungsformen wiedergeboren zu werden. Die Erde erscheint als eine höhlenartige Stätte des Dunkels und Elends, in der die „Göttin" die Seelen gefangen hält (DK B 126b und 148). Dieser in der orphisch-pythagoreischen Vorstellungswelt wurzelnde Glaube erwies sich als äußerst wirkmächtig in Hinsicht auf Platons Höhlengleichnis in der *Politeia* und seine Konzeption der Unsterblichkeit der Seele im *Phaidon*. Damit sich die Seele nun aus diesem Zyklus der Wiedergeburten befreien und zu einer höheren Daseinsform aufsteigen kann, müssen Reinigungsriten und Opferhandlungen vollzogen werden und muss die gesamte Lebensführung nach moralisch-religiösen Regeln ausgerichtet sein. Letztes Ziel ist die Erlösung der Seele aus der Bindung an den Leib und die Rück-

---

94 J. W. Goethe, Werke. Hamburger Ausgabe. Bd. 1, München [16]1982, S. 367.
95 Vgl. Aristoteles, De an. III 3, 427a21.
96 Vgl. ebd. I 4, 408a3.

kehr in ihre überirdische Heimat. Das Schicksal der erlösten Seelen beschreibt Empedokles so: *Am Ende aber werden sie Seher und Dichter und Ärzte und Fürsten für die auf Erden lebenden Menschen. Daraus erwachsen Götter, in höchsten Ehren stehend, den anderen Unsterblichen Herdgenossen, Tischgefährten, menschlicher Schmerzen nicht teilhaftig, unverwüstlich.* (DK B 146)

Bei näherer Betrachtung jedoch sind die Themen der *Physik* und der *Katharmoí* gar nicht so diametral entgegengesetzt, sondern durchaus in etlichen Punkten miteinander verbunden. Die Vier-Elemente-Lehre begründet, wie der *daímon* in Erde, Meer, Luft und Sonne seine verschiedenen Lebensformen durchläuft, und die Darstellung der kosmischen Wirkung von Liebe und Streit liefert die Erklärung dafür, dass wir triebhaften Kräften ausgeliefert sind. Die traditionelle Theologie wird revidiert, indem die Trennung von Geburt und Tod aufgehoben ist, und es gibt auch keine festen Grenzen zwischen den verschiedenen Formen des Lebens. Pflanzen, Tiere, Menschen und Götter haben einen gemeinsamen Ursprung und eine gemeinsame Natur. Die Götter des alten Volksglaubens sind sozusagen in physikalische Stoffe und Kräfte mutiert und dort, wo ihre Namen verwendet werden, geschieht dies ausschließlich in allegorischem Sinne. Und letztlich hat auch das Denken *(phrónesis)*, das grundsätzlich materialistisch gedeutet wird, Eigenschaften, die sowohl dem Individuum als auch dem Kosmos als Ganzem gemeinsam sind. Wenn die *phrónesis* letztlich zur höchsten Vollendung gelangt, wird – physikalisch erklärt – die Verbindung aller strukturellen Elemente vollständig vereinheitlicht, und der weise Mann kann in der Sprache der *Katharmoí* in den daimonischen Status zurückkehren.

In der Geschichte der Philosophie bleibt Empedokles wohl immer eine doppeldeutige Figur. Er war einerseits ein Theoretiker und Physiker, der eine rationale Kosmologie entwarf und mit seiner Lehre von den Elementen, von Mischung und Trennung unvergänglicher Stoffe, als Wegbereiter eines kosmischen Dualismus eine ungeahnte Wirkung auf die Folgezeit ausübte. Andererseits übte er als pythagoreischer Mystiker und Schamane mit seiner Seelenlehre nachhaltigen Einfluss auf Platon aus; und letztlich reicht seine Strahlkraft bis ins 19. Jh., wie Hölderlins großartiges Dramenfragment *Der Tod des Empedokles* zeigt.

10.2 Anaxagoras von Klazomenai

Auch die Auffassungen des Anaxagoras (ca. 500–428 v. Chr.) vermitteln in gewisser Weise wie die des Empedokles zwischen denen des Heraklit und des Parmenides. Auf Grund der außerordentlichen Komplexität seines Systems herrscht in der Forschung jedoch kaum Übereinstimmung, nicht einmal hinsichtlich seiner Grundthesen. Jedenfalls verlagerte sich mit dem Wirken des Anaxagoras der Schwerpunkt der vorsokratischen Philosophie in das griechische Stammland, nachdem einige wesentliche philosophische Entwicklungen dieser Zeit in der Magna Graecia stattgefunden hatten. Dreißig Jahre seines Lebens verbrachte Anaxagoras als Freund des Perikles in Athen, und ihm ist es zu verdanken, dass diese Stadt nun endlich zum Schauplatz der griechischen Philosophiegeschichte wurde. In der Blütezeit des perikleischen Zeitalters trat er dort als erster Lehrer der Philosophie auf und führte eine neue Wissenschaft über die Natur ein, in der vor allem „Meteorologie" (*metéora*: „Erscheinungen am Himmel, Himmelskörper") eine bedeutende Rolle spielte. Seine Schrift wurde als Sensation empfunden und stieß im damals noch großteils der alten Glaubenslehre verpflichteten Athen auf reges Interesse. Auch Sokrates soll um 450 v. Chr. an einer öffentlichen Vorlesung aus dem Buche des Anaxagoras teilgenommen haben.[97] Doch die in diesem enthaltene Lehre, dass die bislang als göttlich betrachtete Sonne lediglich aus glühender Gesteinsmasse bestünde[98], erregte in konservativen Kreisen großen Anstoß und trug Anaxagoras eine Anklage wegen Asebie (Gottlosigkeit) ein.[99] Er musste 434 v. Chr. Athen verlassen, da ihn Perikles, dessen Autorität geschwunden war, nicht mehr schützen konnte, und so verbrachte er die letzten Lebensjahre in Lampsakos am Hellespont im Exil, wo er um 428 v. Chr. starb.

10.2.1 Grundzüge der Theorie des Werdens

Aus den uns überlieferten Fragmenten erfahren wir, dass Anaxagoras seine Hauptaufgabe darin sah, die Möglichkeit des Werdens begreiflich zu machen und ebenso wie Parmenides anzuerkennen, dass in aller Veränderung etwas Konstantes angenommen werden

---

97 Vgl. Platon, Phaid. 97bc.
98 Vgl. DL II 12.
99 In ähnlicher Weise stieß rund 2000 Jahre später Galileo Galilei auf Widerstand, als er mit seiner Lehre den von den damaligen Aristotelikern behaupteten Gegensatz von supralunarer und sublunarer Welt aufhob.

müsse. Diese Frage verband ihn mit Empedokles, der, obgleich er jünger war als Anaxagoras, seine Lehre früher als dieser entwickelte[100], und folglich war diese Anaxagoras mit größter Wahrscheinlichkeit bereits bekannt. Wenn er behauptet: *Die Griechen haben keine richtige Meinung vom Entstehen und Vergehen. Denn keine Sache entsteht oder vergeht, im Gegenteil: es tritt aus Seienden etwas in Mischung zusammen und trennt sich wieder. Deshalb sollten sie besser das Entstehen als ein Sichzusammenmischen und das Vergehen als ein Sichtrennen bezeichnen* (DK 59 B 17), so entspricht das formal der Vorstellung des Empedokles, da auch hier das ungewordene und unvergängliche Seiende von den Erscheinungen der Dinge geschieden wird. Ähnlich wie Empedokles fasst Anaxagoras Entstehen und Vergehen von Dingen als Bildung und Auflösung von Aggregaten auf und kann damit die Realität des Werdens plausibel machen. Anders als dieser erklärt er jedoch die Wandelbarkeit der Dinge nicht durch Mischung aus Anteilen der vier Elemente, sondern aus unzähligen, kleinsten, qualitativ verschiedenen Teilchen mannigfaltiger Stoffe, wie sie uns aus der empirischen Wahrnehmung bekannt sind. Diese Stoffe bezeichnet er als „Keime" oder „Samen" *(spérmata)* aller Dinge und postuliert deren indefinite Teilung, bei der immer wieder Partikel der gleichen Art entstünden, die – sehr wahrscheinlich erst von Aristoteles – wegen der Gleichartigkeit der Teile mit den jeweiligen Grundstoffen „homöomere Stoffe" bzw. „Homöomerien" (ὁμοιομέρειαι [homoioméreiai]: „Gleichteilchen": aus ὅμοιος [homoíos]: „gleich" und μέρος [méros]: „Teil") genannt werden. Anaxagoras nimmt an, dass es keine reinen Substanzen gibt, sondern dass alles in allem sei, d. h., dass jeder Stoff aus minimalen Teilen aller Grundstoffe besteht (DK B 6) und wir den Dingen ihren Namen geben nach dem in ihnen überwiegend vorhandenen Anteil des Stoffes, der für unsere Sinne erst in der Vereinigung der zahllosen, feinsten und winzig kleinen Teilchen wahrnehmbar wird. Dabei beruft er sich – zumindest für lebende Organismen – auf das empirische Phänomen der Ernährung: In der dem Körper zugeführten Speise müsse schon alles keimartig enthalten sein, was dann scheinbar neu entsteht, Nahrungsmittel und der menschliche Körper müssten demnach sozusagen schon von Anfang an verwandt sein (DK B 10). Möglicherweise liegt der Grund für diese Hypothese in seiner Vorstellung, dass ursprünglich alle Grundstoffe in einem undifferenzierten „Urgemisch" verbunden waren (DK B 1). Dabei stellt sich die Frage,

---

100 Vgl. Aristoteles, Met. I 3, 984a11ff.

wodurch der Vorgang der Ausdifferenzierung in Gang gekommen ist, und es besteht daher für ihn kein Zweifel, dass es ein von der Materie gesondertes Prinzip der Bewegung geben müsse. „Liebe" und „Hass", die den Stoffen immanenten mythisch-dichterischen Kräfte des Empedokles, reichen dem nüchternen Denker Anaxagoras zur Erklärung offenbar nicht mehr aus, und so postuliert er ein geistiges Prinzip *(nous)*, das bei späteren Philosophen großen Eindruck hinterlassen hat.

10.2.2 Die Kosmogonie und der bewegende Geist

Während für unendliche Zeit alles zusammen und in Ruhe war, habe es der Geist (nous) in Bewegung gesetzt und auseinandertreten lassen.[101] Es ist anzunehmen, dass Anaxagoras die Erforschung der *metéora*, des Sternenhimmels und des Kosmos als eines zweckmäßig angeordneten Ganzen zu diesem Schluss geführt hat, was durch eine Stelle aus dem berühmten Fragment DK B 12 unterstrichen wird: (…) *alles erkannte der Geist. Und wie es sein würde und wie es war und was jetzt ist und wie es sein wird, das alles ordnete der Geist an (pánta diekósmese nous), wie auch diese Kreisbewegung, die jetzt die Sonne und der Mond vollführen (…).* Da es also bewegte Dinge gibt und die Bewegung ihrerseits wiederum auf eine Ursache zurückgeführt werden muss usw., gleichzeitig aber nach griechischem Denken eine unendliche Ursachenreihe auszuschließen ist, postuliert Anaxagoras neben den vermischten Stoffen ein zweites Prinzip, den Geist (νοῦς [nous]: „Vernunft, Intellekt"), und wurde mit diesem Gedanken zum Vorläufer einer neuen Sichtweise im philosophischen Denken. Auf Grund der klaren Gegenüberstellung dieser zwei Prinzipien schrieben ihm antike Autoren die Antizipation eines dualistischen Denkens zu, wie es dann in der platonischen Philosophie vollzogen wurde: *Er* (i. e. Anaxagoras) *hat als Erster der Materie den Geist vorgeordnet.*[102]

Aber die Frage, wie weit der *nous* hinsichtlich seiner strukturellen Unterscheidung von den anderen Dingen im vollen Sinn des Wortes „Geist" ist, blieb durchaus umstritten. Die Auffassung, dass Anaxagoras den *nous* als reines Denkvermögen aufgefasst habe, da nur er als das „reinste" aller Dinge, das *mit nichts in Mischung verbunden* ist (DK B 12), die Herrschaft über den Kosmos ausüben kann, lässt ihn als Dualist erscheinen; hingegen wird der *nous* auch als *das feinste aller*

---

101 Aristoteles, Phys. VIII 1, 250b24f.
102 DL II 6.

Die jüngeren Naturphilosophen   79

Dinge (ebd.) bezeichnet, wonach er nicht aufhören würde, ein stoffliches Ding zu sein, und demgemäß wäre Anaxagoras Monist. Man kann daher noch nicht von einem Gegensatz von Geist und Materie im Sinne des späteren Immaterialismus sprechen. Wesentlich ist die wissenschaftstheoretische Bedeutung, die dem *nous* beigelegt ist. Nach Franz Schupp ist „dieser Nous ein theoretisches Sinnpostulat, das notwendig ist, um die Bewegung zu erklären. Die Bezeichnung dafür ist eigentlich sekundär. Der Nous ist jenes nicht-mechanistische Minimum, das erforderlich ist, wenn der Stoff nicht mehr als ursprünglich belebt bzw. bewegt angesehen wird."[103]

Wie Aristoteles[104] bemerkt, identifiziert Anaxagoras den *nous* mit der Seele *(psyché)* als dem vernünftigen und zur Tat befähigten Wollen. Merkwürdig und in einem gewissen Widerspruch zum *alles erkennenden und anordnenden Geist* aus Fragment 12 erscheint, dass dem *nous* in Fragment 13 außer der Initiierung einer Kreisbewegung, die die Kosmogonie einleitet, keinerlei weitere Funktion zugesprochen wird und sich schon die Kreisbewegung, die aus der sich ausbreitenden Aussonderung der Substanzen erfolgt, nach rein mechanischen Gesetzen erklären lässt: *Und als der Geist es zu bewegen angefangen hatte, fand aus dem Sichbewegenden Aussonderung statt, und so viel auch der Geist in Bewegung setzte, es wurde alles voneinander getrennt. Während ihrer Bewegung und Trennung aber bewirkte die Kreisbewegung, dass sie sich in noch viel stärkerem Maße trennten.* (→ **F 16: Anaxagoras**)

Auch Platon und Aristoteles bemängelten Anaxagoras' Inkonsequenz hinsichtlich der Anwendung des *nous* als eines Zweckprinzips. Aristoteles zufolge gebrauchte Anaxagoras die Vernunft als *mechané* („Kunstgriff") in der Art eines *Deus ex Machina* („Maschinengott" im Theater), wenn er gerade in Verlegenheit ist, ansonsten suche er die Ursache anderswo, d. h. in rein physikalisch-mechanischen Vorgängen.[105]

Platon wird in seiner Kritik noch deutlicher, wenn er Sokrates im Gefängnis vor seiner Hinrichtung mit den Freunden sprechen lässt: *Als ich einmal einen lesen hörte aus einem Buch, wie er von Anaxagoras sagte, dass die Vernunft das Anordnende ist und aller Dinge Ursache, erfreute ich mich an dieser Ursache, und es schien mir auf gewisse Weise sehr richtig (...).*[106] Nachdem Sokrates zunächst seine Freude über Anaxagoras'

---
103 F. Schupp, Geschichte der Philosophie im Überblick. Bd. 1, S. 135.
104 Vgl. Aristoteles, De an. I 2, 404b1ff.
105 Vgl. ders., Met. I 4, 985a18f.
106 Vgl. Platon, Phaid. 97c–99d.

Vernunft als die Ursache von allem ausdrückt, wird danach klar, dass Ursache für ihn etwas anderes bedeutet als für Anaxagoras, nämlich das für jedes Einzelne jeweils Beste, die Vollendung seines *télos* (Ziels), d. h. Ursache als Zweck-, nicht als Wirkursache: *Wenn nun einer die Ursache finden wollte von jeglichem, wie es entsteht oder vergeht oder besteht, so müsse er bezüglich dessen dies ausfindig machen, wie es für dieses am besten ist zu sein oder irgend sonst etwas zu tun oder zu erleiden.* Die Frage nach der Naturkausalität, so Sokrates, habe keinerlei Relevanz für das ethische Handeln der Menschen (und diesem galt ja sein vorrangiges Interesse), kurz gesagt, der Fortschritt in der Naturerkenntnis bedeute nicht, dass die Menschen dadurch auch besser werden. So zeigt er sich dann auch über Anaxagoras am Ende sehr enttäuscht: *Von dieser wunderbaren Hoffnung, o Freund, fiel ich ganz herunter, als ich fortschritt und las und sah, wie der Mann mit dem Geist gar nichts anfängt und auch sonst gar nicht Gründe anführt, die sich beziehen auf das Anordnen der Dinge, dagegen aber allerlei Luft und Äther und Wasser vorschiebt und sonst vieles zum Teil Wunderliches.*[107] Sokrates sagt, er sitze nicht im Gefängnis, weil sein Körper aus Knochen und Sehnen und Ähnlichem besteht, also nicht auf Grund von Wirkursachen und determinativen Naturvorgängen, sondern aus frei verantworteten sittlichen Motiven. Damit wird zugleich zwischen der notwendigen *(condicio sine qua non)* und der hinreichenden Bedingung unterschieden. Letztlich sei das Erforschen von Kausalitäten in der Natur nutzlos, wenn nicht die Frage im Zentrum stehe, was für den Menschen „gut" sei.

Abschließend ist festzuhalten, dass Anaxagoras mit seiner Lehre vom *nous* noch keine systematisch-teleologische Weltdeutung impliziert: Der Geist ordnet zwar den Kosmos, legt den Dingen aber keine konkreten Zwecke auf, sondern gibt lediglich den Anstoß zu einer Entwicklung, die sich in der Folge nach der Notwendigkeit *(anánke)* vollzieht. Rund 2300 Jahre später holt Nietzsche dann zu seiner Verteidigung aus: „Welches Unrecht tut man Anaxagoras an, wenn man ihm seine (...) weise Enthaltung von der Teleologie zum Vorwurf macht und von seinem Nous verächtlich wie von einem Deus ex machina redet. Vielmehr hätte er sich gerade wegen der Beseitigung mythologischer und theistischer Wundereingriffe und anthropomorphischer Zwecke und Utilitäten ähnlich stolzer Worte bedienen können, wie sie Kant in seiner Naturgeschichte des Himmels gebraucht hat."[108]

---

107 Platon, Phaid. 98b.
108 F. Nietzsche, KSA I, S. 866.

10.3 Die Atomisten: Leukipp und Demokrit

Auch der von Leukipp (über dessen Leben kaum etwas bekannt ist) und seinem Schüler Demokrit von Abdera (ca. 460–370 v. Chr.) begründete Atomismus ist als Reaktion auf die eleatische Herausforderung des einen Seienden zu begreifen, er stellt aber in seiner Konzeption einen durchaus neuen und selbstständigen Lösungsversuch dar. In den Quellen werden Leukipp und Demokrit nicht unterschieden und wir können daher nur annehmen, dass Demokrit die von Leukipp entworfene Theorie weiterentwickelte und ausgestaltete, indem er von erkenntnistheoretischem Interesse geleitet zwischen zwei Erkenntnisweisen, der theoretischen und der empirischen, unterschied. Vermutlich war er der „wissenschaftlichste" Philosoph vor Aristoteles, denn er zog es vor, sein Leben ganz in den Dienst der Wissenschaft zu stellen, indem er jede politische Tätigkeit ablehnte: *Demokrit hat, wie man sagt, behauptet, er wolle lieber eine einzige Ursachenerklärung finden als König der Perser zu werden.* (DK 68 B 118) Wohl erinnert der Versuch der Atomisten, die vielfältigen Erscheinungen der empirischen Wirklichkeit gegenüber der parmenideischen Seinslogik zu rechtfertigen, in formaler Hinsicht an Empedokles und Anaxagoras, er unterscheidet sich von diesen jedoch in einigen wesentlichen Punkten. Demokrit bewegt sich nämlich ausschließlich in dem von Parmenides abgewerteten Bereich der empirischen Sinneswahrnehmung als der „echten" Erkenntnis. Da unserer Sinneserfahrung jedoch eindeutige Grenzen gesetzt sind, kann man aus dieser nun keineswegs ableiten, dass die kleinsten wahrnehmbaren Teilchen auch mit denen der wahren Wirklichkeit identisch sein müssen.

Um die als unbezweifelbar erkannte parmenideische Ontologie sowohl mit dem Zeugnis der Sinneswahrnehmung als auch mit den Prämissen der ionischen Naturphilosophie in Einklang zu bringen, setzen die Atomisten als Grundkomponenten die Begriffe „Atome" (ἄτομος/ον [átomos/on]: „das Unteilbare") und „das Leere" (κενόν [kenón]) an, welche jedoch nicht empirisch gedacht sind. Der älteste sicher bezeugte Beleg für den Begriff *átomos* findet sich in einem von mehreren Autoren angeführten Demokrit-Zitat: *Nur der Meinung nach, sagt Demokrit, gibt es süß, nur der Meinung nach bitter, warm, kalt, nur der Meinung nach Farbe, in Wahrheit gibt es nur Atome (átoma) und leeren Raum (kenón).* (DK B 9) *Átomos* fungierte zunächst nur als Adjektiv und trat zu Substantiven wie Stoff (οὐσία [ousía]), Körper (σῶμα [sóma]), Teilchen (μόριον [mórion]) oder Masseteilchen (ὄγκος [ónkos]) hinzu, verselbstständigte sich dann aber und ist als „Atom" in die Geschichte der Naturwissenschaften eingegangen.[109]

Ein interessantes Merkmal der atomistischen Auffassung ist, dass sie ein Beispiel einer Vereinigung zweier Theorien bietet: Mit Parmenides argumentieren die Atomisten, dass es nur zu Veränderung und Bewegung kommen kann, wenn es das Nichtseiende oder Leere gibt. Doch ziehen sie aus dieser Prämisse einen völlig entgegengesetzten Schluss und postulieren Raum und Bewegung als Voraussetzungen für die ständig aufs Neue stattfindenden Konfigurationen der Atome. Diesen belassen sie die parmenideischen Attribute des ewigen und ungewordenen Seins, nehmen aber statt des einen Seienden eine Vielheit von unentstandenen, unveränderlichen und unvergänglichen Seienden an. Der atomistische Lösungsversuch, die ganze Vielfalt der Dinge und deren verschiedenste Qualitäten auf einige wenige objektivierbare Faktoren zurückzuführen, ist wohl einer der radikalsten und fruchtbarsten Ansätze in der Philosophiegeschichte. Eine prägnante Zusammenfassung der Lehre Demokrits findet sich beim Doxographen Diogenes Laërtios: *Demokrits Lehre lautet folgendermaßen: die Ursprünge (archaí) des Alls und die Atome (átomoi) und der leere Raum (kenón); alles andere sind nur Vorstellungen. Welten (kósmoi) gibt es unzählige; sie können entstehen und vergehen. Nichts entsteht aus dem Nichts, und nichts zerfällt ins Nichts. Auch die Atome sind unbegrenzt in Bezug auf Größe und Menge; sie bewegen sich im All in einem Wirbel und erzeugen so all die Zusammensetzungen, Feuer, Wasser, Luft und Erde; denn auch diese sind Zusammensetzungen von bestimmten Atomen. Diese sind unbeeinflussbar und unveränderlich wegen ihrer Festigkeit. Auch die Sonne und der Mond sind aus solchen glatten und runden Massenteilchen (ónkoi) zusammengesetzt, ebenso auch die Seele. Diese und der Verstand sind dasselbe. Unser Sehvermögen beruht auf dem Auftreffen von Abbildern. Alles entsteht auf Grund der Notwendigkeit (anánke), wobei die Wirbelbewegung (díne) Ursache allen Werdens ist, die er als Notwendigkeit bezeichnet (…). Eigenschaften bestehen nur der Meinung nach, von Natur aus gibt es nur Atome und Raum.*[110]

Anders als bei Empedokles, der mit seiner Elementenlehre alle materiellen Dinge auf wenige, sich beliebig ineinander vermischende Grundstoffe zurückführt, besteht die Materie nach Demokrit aus

---

109 Auch die griech. Begriffe *sóma*, *mórion* und *ónkos* haben Eingang in das wissenschaftliche Vokabular gefunden. Dabei entwickelte sich *sóma* über lat. *corpus/corpusculum* zu „Korpuskel", *mórion* war die Vorstufe zu „Molekül" und von *ónkos* führte der Weg über lat. *moles/molecula* ebenfalls zu „Molekül".
110 DL IX 44f.

kleinsten atomaren Bestandteilen, *die so winzig sind, dass sie sich unseren Sinnesorganen entziehen* (DK A 37) und daher *nur mit dem Verstand erkennbar sind* (DK A 102; vgl. A 124). Auch für den Bereich geistig-seelischer Erscheinungen wird die materialistische Erklärung konsequent fortgeführt, indem das, was man gemeinhin „Seele" nennt, ebenfalls als Komplex materieller, allerdings besonders feiner und den Feueratomen ähnelnder Partikel angesehen wird (DK A 101). Wie das Feuer in ewiger Bewegung begriffen wird, ist auch die menschliche Seele der Träger des Lebensprozesses, wobei es evident ist, dass sie nicht als unsterblich gelten kann, da sich das Aggregat aus Atomen früher oder später wiederum in seine Teile auflöst. Entscheidend ist nun die Frage, wie die Atomistik ihre Theorie der Existenz unbegrenzt vieler atomarer Gebilde für die Erklärung der praktischen Wirklichkeit nutzbar machen konnte.

10.3.1 Die Atome

Wir erfahren bei Diogenes Laërtios, dass Demokrits Atome, angestoßen von einer Wirbelbewegung im leeren Raum, aufeinanderprallen und wieder abgestoßen werden und dass sich alles nach dem unverrückbaren Naturgesetz der Notwendigkeit (ἀνάγκη [anánke]) vollzieht. Da sowohl der leere Raum als auch die Atome unendlich sind, wird auch die Möglichkeit einer Vielzahl von simultanen Welten angenommen, die sich aus Atomkollisionen bilden und wieder zugrunde gehen, wenn sich die Atome voneinander lösen (DK A 40). Um der Schwierigkeit zu entgehen, in der sich Anaxagoras mit der Erklärung der Rotationsbewegung des *nous* befunden hatte, nimmt Demokrit an, die Bewegung der Atome sei ohne Anfang und schon immer von einem Wirbel hervorgerufen. Die Frage, woher denn dieser Wirbel kommt, bleibt freilich unbeantwortet. Wenn Aristoteles[111] meint, dass die sog. „Notwendigkeit" einfach als Zufall aufgefasst werden kann, äußert er – wie auch Platon – Kritik an diesem Ansatz, da seiner Auffassung nach eine so wohlgeordnete Welt keinesfalls nach einem Zufallsprinzip entstanden sein kann: Diese Frage steht bis heute im Brennpunkt heftiger, kontroversiell geführter philosophisch-theologischer Debatten.

Die Atome (στοιχεῖα [stoicheía]) als kleinste ontologisch-physikalische Einheiten und als das „seiende, volle Element" im Gegensatz zum leeren Raum sind nun nicht wie die letzten Bestandteile des

---

111 Vgl. Aristoteles, Phys. II 4, 196a24–28.

Anaxagoras qualitativ verschieden, sondern unterscheiden sich nur hinsichtlich weniger primärer Eigenschaften: Größe (Masse, Gewicht), Gestalt/Form (σχῆμα [schéma]), Lage (θέσις [thésis]) und Anordnung (τάξις [táxis]) (DK 67 A 6). Alle Vorgänge werden nach einem rein mechanistischen Prinzip erklärt, indem sie als durch Druck und Stoß erzeugte Bewegungen aufgefasst werden. Wenn aber Demokrit alle mannigfaltigen Qualitäten der sichtbaren Dinge, wie Geschmack, Geruch, Farbe und Struktur, auf die verschiedene Form, Lage und Anordnung ihrer Atome zurückführt, so werden hier erstmals – von späteren Wissenschaftlern so genannte – primäre von sekundären Eigenschaften getrennt, d. h., die von uns wahrgenommenen Qualitäten der Dinge werden – abgesehen von ihrer Körperhaftigkeit – für subjektive Eindrücke gehalten, während das objektiv Wirkliche, das den Erscheinungen Zugrundeliegende, unsichtbar bleibt. Damit ist letztlich auch die Frage nach der Anzahl der Urstoffe, die von Empedokles und Anaxagoras unterschiedlich beantwortet wurde, bedeutungslos geworden. (→ F 17: Demokrit)

Demokrit versucht nun die grundsätzlich skeptisch-relativistische Erkenntnislehre durch eine Abbildtheorie zu entschärfen: *Leukippos, Demokrit und Epikur sind der Meinung, dass die sinnliche Wahrnehmung (aísthesis) und das Denken (nóësis) dadurch erfolgen, dass Bilder (eídola) von außen an uns herankommen; denn keines von beiden werde irgendjemandem ohne das an ihn herankommende Bild zuteil.* (DK A 30) Wie dieser allgemeine Ansatz konkret auf die einzelnen Sinneswahrnehmungen anzuwenden ist, bleibt unklar. Am besten ausgearbeitet ist die Theorie des Sehens – vermutlich entsprechend der zentralen Bedeutung des Gesichtssinns –, die eine naiv-materialistische Lösung des psychophysischen Problems liefert: Sämtliche Gegenstände strahlen – wie schon bei Empedokles – feine Abbilder (εἴδωλα [eídola]) aus, die sich mit den Ausströmungen des Auges irgendwo in der Luft treffen, diese komprimieren und ihr das Bild des betreffenden Objekts einprägen, das sodann in die Pupille eintritt.

Aus der atomistischen Erkenntnislehre ergibt sich auch eine wichtige theologische Konsequenz: Da Demokrit seiner materialistischen Auffassung zufolge auch scheinbar übernatürliche Phänomene auf materielle Reize und Reaktionen zurückführen musste, gibt es keinen Platz mehr für unsterbliche Götter, deren Entstehen er auf nüchtern positivistische Weise aus Angst vor bedrohlichen Naturereignissen erklärt: *Als die Menschen in früheren Zeiten die Erscheinungen am Himmel sahen, wie Blitze und Donner, Zusammentreffen von Sternen, Sonnen- und Mondfinsternisse, fürchteten sie sich und glaubten, dass Göt-*

ter sie verursachten. (DK A 75) Für Demokrit sind Götter nichts anderes als *eídola* („Bilder"), die sich den Menschen nähern und sowohl Gutes als auch Schlechtes bringen können, jedoch allein in ihren Vorstellungen vorhanden sind. Wenn der Tod nun für ihn nichts anderes als eine Auflösung der menschlichen Natur bedeutet, sind folglich auch Ängste vor imaginären Schreckgespenstern der Unterwelt völlig unbegründet (DK B 297); sie gefährden bloß unnötigerweise vernünftiges Handeln der Menschen. Denn es liegt ausschließlich am Menschen und an seiner autonomen Entscheidung, von seiner Vernunft Gebrauch zu machen und sein Leben selbst in die Hand zu nehmen, nur er persönlich ist verantwortlich für sein Glück oder Unglück (DK B 170). Demokrits Auffassung, dass die Welt sich nach rein physikalischen Gesetzen bewege *und nicht von einer Vorsehung (prónoia) gelenkt werde* (DK A 70), legt den Verdacht des Atheismus nahe. Doch andererseits ist bei ihm auch eine recht abstrakte Gottesvorstellung belegt, die irgendwie in seine kosmologische Weltanschauung zu passen scheint: *Gott ist Geist im kugelförmigen Feuer* (DK A 71), lautet eine recht rätselhafte Aussage. Cicero stellt dazu fest, dass Demokrits Gottesbegriff zu schwanken scheint: *Bald nämlich glaubte er, im Weltall gebe es Bilder, die Göttlichkeit besäßen, bald behauptet er, die Urkräfte des Geistes, die sich in demselben Weltganzen befänden, seien Gottheiten.*[112]

Als zweiter wesentlicher Grundbegriff der Atomistik und als das Gegenstück zum Atom, dem absolut „Vollen", wird das Leere vorausgesetzt, das Vakuum, der unbegrenzte, absolut leere Raum, den schon Parmenides abgelehnt hatte und den Aristoteles mit allen Mitteln seines Scharfsinns bekämpfen wird. Diese bis heute heiß umstrittene Raumvorstellung, die den sprichwörtlich gewordenen *horror vacui* überwindet und letztlich die Konzeption des Newton'schen Raumes vorwegnimmt, ist die Voraussetzung für die Bewegung der Atome, die in unbegrenzter Zahl in diesem Raum schweben. Anders als Empedokles und Anaxagoras nehmen die Atomisten keine von der Materie verschiedenen Kräfte an, die die Bewegung hervorrufen, sondern führen diese auf eine Eigenschaft der Materie, nämlich ihre Schwere, zurück.

---

112 Cicero, *De natura deorum* I 120.

10.3.2 Die Ethik Demokrits

Es ist wohl kein Zufall, dass beinahe alle wörtlich überlieferten Fragmente Demokrits aus dem Bereich der praktischen Philosophie stammen. Wenn auch die Quellenlage sehr unsicher ist, nennt Diogenes Laërtios[113], zusammengefasst unter dem Oberbegriff *Ethiká*, eine Reihe von Schriften, die einen klaren Beleg dafür liefern, dass Demokrit neben Fragen der Physik vorzugsweise ethische Themen behandelt hat. Schon der junge Nietzsche würdigte ihn als einen bedeutenden Vorläufer der Moralphilosophie: „In der Ethik liegt der Schlüssel zu Demokrits Physik. Sich frei zu wissen von allem Unbegreiflichen – das ist to telos (das Ziel) seiner Philosophie."[114] Ein zentraler Begriff demokriteischer Ethik, der sogar als Titel einer Schrift genannt wird, ist die εὐθυμία ([euthymía])[115], das seelische Wohlbefinden: *Denn den Menschen wird Wohlgemutheit zuteil durch Mäßigung der Lust und durch das rechte Maß des Lebens. Mangel und Überfluss dagegen pflegen umzuschlagen und große Bewegungen der Seelen zu verursachen. Denn die in großen Ausschlägen sich bewegenden Seelen sind weder ausgewogen noch wohlgemut (...).* (DK B 191) Die Beschreibung des erstrebenswerten Seelenzustandes macht hier den Zusammenhang mit der Atomtheorie deutlich, wenn es darum geht, heftige Bewegungen der Seelenatome zu vermeiden. Die Euthymie kann demnach nur derjenige erreichen, dem es kraft vernünftiger Einsicht gelingt, alle äußeren und inneren Störungen der Seele fernzuhalten und sich in Mäßigung, Besonnenheit und Genügsamkeit zu üben. Die zu ihrer Erreichung notwendige Triebunterdrückung kann in mancher Hinsicht mit der Lehre Epikurs oder dem stoischen Ideal der *apátheia*, der Affektlosigkeit, verglichen werden. Besondere Bedeutung wird der Verpflichtung des Individuums der menschlichen Gemeinschaft gegenüber beigemessen. So bezeichnet Demokrit *die Staatskunst (politiké téchne) als die höchste, die es zu erlernen gelte und um derenwillen man Mühen auf sich zu nehmen habe* (DK B 157), denn die Polis kann nur durch die Eintracht der Bürger Großes vollbringen (DK B 250). Die Verpflichtung des eigenen Gewissens zum sittlichen Handeln und die damit verbundene Forderung, die Integrität der Seele über alles andere zu stellen, kommt in dem bewegenden Fragment 264 zum Ausdruck, das bereits ein wichtiges Kriterium der kantischen Ethik vorwegnimmt: *Schäme dich auf keinen*

---

113 Vgl. DL IX 46.
114 F. Nietzsche, KGW I 4, S. 462; 58 [17].
115 Griech. *euthymía*, eigentlich die „Wohlgemutheit" (aus εὖ [eu]: „gut" und θυμός [thymós]: „Gemüt, Lebenskraft, Verstand").

Fall vor den Menschen mehr als vor dir selbst, und tue nichts Böses, gleichviel ob niemand es erfährt oder alle Menschen. Vielmehr muss man vor sich selbst am meisten Ehrfurcht haben, und dies soll man als Gesetz der eigenen Seele aufrichten: Nie etwas Unschickliches zu begehen.

10.3.3 Der Einfluss von Demokrits Lehren auf die Nachwelt

„Wir sind Demokrit noch viele Todtenopfer schuldig, um nur einigermaßen wieder gut zu machen, was die Vergangenheit an ihm verschuldet hat."[116] In diesen Worten Nietzsches, die eine Rehabilitation Demokrits fordern, klingen die widersprüchlichen Reaktionen an, die die atomistische Lehre im Laufe der Philosophie- und Wissenschaftsgeschichte hervorgerufen hat. Sehr bald nämlich stießen ihre Theorien auf Grund der materialistischen Konzeption auf entschiedene Ablehnung, und zwar nicht nur von Seiten Platons und Aristoteles', die die Vorstellung eines nach dem Zufallsprinzip aus Atomkollisionen entstandenen Kosmos aufs Heftigste bekämpften, sondern vor allem von Seiten der christlichen Philosophie der ausgehenden Antike und des Mittelalters. Andererseits wurde die atomistische Auffassung von Epikur aufgegriffen und weiterentwickelt und bildete die wesentliche Grundlage seines ethischen Entwurfs.

Im Zuge des neu erwachenden Interesses an antikem Gedankengut in der Renaissance kam es – ausgelöst durch den Fund einer Handschrift des Dichters Lukrez – zur Wiederentdeckung der demokriteischen Atomlehre. Im Jahre 1473, kurz nach Erfindung des Buchdrucks, erschien die Erstausgabe des lukrezischen Lehrgedichts *De rerum natura (Über die Natur)*, dem wir die ausführlichste Beschreibung des Atomismus verdanken. Zur selben Zeit wurde die Darstellung der philosophischen Lehrmeinungen des Diogenes Laërtios in lateinischer Übersetzung veröffentlicht, die im neunten Buch eine Zusammenfassung der Lehre von Leukipp und Demokrit und im zehnten Buch Epikurs Beschreibung der Atomlehre enthält. Bei Leonardo da Vinci findet sich die erste Wiederverwendung des Begriffs „Atom", und Giordano Bruno trat erstmals dem tradierten aristotelischen Weltbild entschieden entgegen, indem er sich öffentlich zur lukrezischen Lehre bekannte, musste dies damals aber noch mit seinem Leben bezahlen. Galileo Galilei konnte als Anhänger des Atomismus seine Verurteilung zum Tode im letzten Moment durch einen Widerruf abwenden.

---

116 F. Nietzsche, KGW I 4, S. 504; 59 [1].

Im 17. Jh. war es jedoch endgültig zum Bruch mit dem aristotelischen Weltbild gekommen, das bereits durch Kopernikus und Galilei stark erschüttert war, und Newton konnte sich öffentlich auf die berühmtesten Philosophen Griechenlands berufen, die die atomistische Materieauffassung vor ihm vertreten hatten. Von ihm führte der Weg zum eigentlichen Begründer der modernen Atomphysik, zu John Dalton. „Es lässt sich somit von der Atomlehre der klassischen Antike über die Wiederentdeckung des Lukrez und Demokrit und die Auseinandersetzungen im 16. und 17. Jh. eine lückenlose Tradition der Wiederaufnahme verfolgen bis zur klassischen Atomphysik des 19. Jh., bis zu dem Punkt also, von welchem die umstürzende Entwicklung des 20. Jh. ausgegangen ist, welche freilich mit der Entdeckung, dass das Atom gar kein *átomon* ist und sich in immer weitere Bestandteile aufzulösen scheint, alle von der Antike vorgezeichneten Bahnen verlassen hat."[117]

Faktum ist, dass die Atomisten zu den meistzitierten Philosophen der Antike im Bereich der modernen Wissenschaften zählen. Als ausschlaggebend für die noch immer aktuelle Präsenz antiker Aussagen kann wohl der Umstand angesehen werden, dass das atomistische Modell das allererste und einzige der antiken Entwürfe ist, das ohne jeglichen Ansatz bzw. Zusatz metaphysischer Spekulation formuliert wurde. Es bietet daher einen perfekten „naturphilosophischen Rahmen" für die Entwicklung wissenschaftlicher Theorien in späterer Zeit, als das geeignete Instrumentarium für deren Prüfung zur Verfügung stand.

11 Zur Wirkungsgeschichte der Vorsokratiker

Schon die Behandlung der einzelnen Vorsokratiker hat gezeigt, dass es auf Grund vieler historischer Umwälzungen keine kontinuierliche Wirkungsgeschichte der vorsokratischen Philosophie gibt.[118] Ohne Zweifel jedoch besitzt das, was wir von ihr wissen, eine einmalige Wirkmächtigkeit und Strahlkraft. Dabei ist aber auch stets zu bedenken, dass die Vorsokratiker schon in der Rezeption der Antike ihre Wirkung größtenteils indirekt ausüben – durch ihren Einfluss auf die Philosophie von Platon, Aristoteles, Epikur und der Stoá. Oft werden

---

117 F. Ricken (Hg.), Philosophen der Antike I. Stuttgart 1996, S. 144.
118 Vgl. Chr. Rapp, Vorsokratiker, S. 239ff.

daher ihre Gedanken in den verschiedenen Lehren sehr frei umgesetzt und vom jeweiligen Standpunkt des Betrachters aus interpretiert. Aristoteles beispielsweise, bei dem die Auseinandersetzung mit den Vorsokratikern eine zentrale Rolle spielt, prüft die Positionen der einzelnen Vertreter unter dem Aspekt seiner Ursachenlehre, eine Vorgehensweise, die wiederholt Kritik hervorrief. Im ersten Buch der Metaphysik stellt er fest, dass einige der frühen Philosophen stoffliche Ursachen anerkannten, andere wiederum ein bewegendes Prinzip annahmen, keiner jedoch mit allen vier Ursachen operierte, wobei ihm das Fehlen einer Zweckursache am gravierendsten erschien, da aus seiner Perspektive ein Weltenaufbau ohne Ziel undenkbar war. Es ist allerdings auch nicht auszuschließen, dass Aristoteles manche Intentionen früherer Philosophen verkannt hat, und seine Kritik muss daher in jedem einzelnen Fall speziell beurteilt werden.

Die Rezeption dieser visionären Philosophen der Frühzeit ging freilich weit über die Antike hinaus. Ihre Wiederentdeckung in der Renaissance und in der frühen Neuzeit ist mit dem Erscheinen einiger wichtiger Quellentexte verbunden, die vor allem das Interesse für Demokrit und Heraklit wieder aufleben ließen. Im 19. Jh. erlebte die Popularität der Vorsokratiker einen neuen Höhepunkt. Im Jahr 1841 promovierte Karl Marx mit einer Abhandlung über die *Differenzen der demokritischen und epikureischen Naturphilosophie*. Hegel lieferte in seiner 1833–36 erschienenen *Geschichte der Philosophie* eine groß angelegte Rekonstruktion der verschiedenen vorsokratischen Denkpositionen, allerdings unter seinem eigenen geschichtsphilosophischen Blickwinkel. Die sich rasch entwickelnden Wissenschaften des Altertums und der klassischen Philologie mit ihren verbesserten textkritischen Methoden ebneten den Weg zu einem intensiven Studium der Vorsokratiker. Eine in dieser Zeit herausragende und bis heute unangefochtene Leistung ist das Werk *Doxographi Graeci* von Hermann Diels aus dem Jahre 1879, der mit dieser Fragmentsammlung erstmals eine zusammenhängende Lektüre der einzelnen Fragmente ermöglichte und auf diese Weise wesentlich zum besseren Verständnis und zu einer homogeneren Sichtweise der vorsokratischen Philosophen beitrug.

Friedrich Nietzsche leistete mit seiner damals nicht unumstrittenen Schrift *Die Geburt der Tragödie aus dem Geiste der Musik* seinen Beitrag zu einer erneuten Rückbesinnung auf die Vorsokratiker, indem er deren ursprüngliches und noch nicht durch Vernunft vermitteltes „dionysisches" Weltverständnis im Gegensatz zum späteren rational-aufgeklärten „apollinischen" rühmte. In seiner kurz danach entstandenen Schrift *Die Philosophie im tragischen Zeitalter der Griechen* kritisierte er, dass den Philosophen seit Platon etwas Wesentliches fehle „im Vergleich mit jener Genialen-Republik von Thales bis Sokrates"[119], und er forderte, nicht so sehr das Augenmerk auf Thesen und Argumentationen zu lenken als vielmehr auf das persönliche Empfinden und den Charakter, denn jeder habe „einen Punkt an sich, der ganz unwiderleglich ist, eine persönliche Stimmung, Farbe".[120] Diese seine „irrationalistische" Betrachtungsweise hatte weitreichende Wirkung auf viele spätere Interpreten. Dabei darf aber auch nicht übersehen werden, dass beispielsweise die von Nietzsche besonders favorisierte Lehre Heraklits im Rahmen seiner eigenen Anschauungen völlig vereinnahmt und, wie schon John Burnet in seinem 1892 erschienenen Buch *Early Greek Philosophy* nachgewiesen hat, entsprechend verzerrt wiedergegeben wurde.

Im 20. Jh. ist Karl Popper begeistert von den „kühnen Theorien" der Vorsokratiker und fordert ein *Back to the Presocratics* (Titel eines Aufsatzes, s. II. 1. Teil, Kap. 3.2, FN 6). Diese Theorien entsprechen seinem bekannten wissenschaftstheoretischen Prinzip, nach dem Theorien nicht verifizierbar, wohl aber falsifizierbar sein müssen, und solche Theorien findet er bei den Vorsokratikern in reichem Maße: Es komme nicht auf die Richtigkeit einer Theorie an, sondern auf ihre Erklärungskraft, denn Theorien können falsch und doch für die Wissenschaftsgeschichte fruchtbarer sein als vermeintlich richtige. Er weist nach, wie gerade die zukunftsträchtigen Theorien der Vorsokratiker nicht aus der Beobachtung und Empirie, sondern mit visionärer Kraft und in gewagter Intuition entstanden sind.

Weitere Impulse erhält die Vorsokratiker-Rezeption im 20. Jh. von der Schule Heideggers, der Hermeneutik und der positivistischen und analytisch geprägten Philosophie, wobei eine gegenseitige Beeinflussung dieser verschiedenen Richtungen festzustellen ist. Bei aller Würdigung der Leistungen der Vorsokratiker muss jedoch stets beachtet werden, dass für diese Philosophen wissenschaftliche Disziplinen ja noch nicht getrennt waren und daher manche Aporien, vor denen wir heute infolge der methodischen Abstraktion der Einzelwissenschaften stehen (wie der Dualismus Materie–Geist, Leib–Seele und das Problem der Willensfreiheit), für diese noch nicht existierten. Erwin Schrödinger meinte dazu, dass die heutige Attraktivität der vorsokratischen

---

119 F. Nietzsche, KSA I, S. 810.
120 Ebd. S. 801.

Philosophie gerade darin ihren Grund habe, dass die Vorsokratiker noch den Blick fürs Ganze hatten, der heute wieder vermehrt gefordert wird.[121]

II. 2. Teil: Die Sophisten

Wenn sich auch die Periode der Sophistik nicht zeitlich scharf von der in Abschnitt I behandelten Philosophie der Frühzeit abgrenzen lässt (der Sophist Protagoras war beispielsweise älter als Demokrit), so stellt sie doch den Beginn einer markanten Wende in der Philosophiegeschichte dar. Sie umfasst die zweite Hälfte des 5. Jh. und den Anfang des 4. Jh. v. Chr. und ist im Wesentlichen vom neu erwachenden Interesse am Menschen als handelndem Subjekt geprägt.

1 Allgemeine Charakteristik

Um die Mitte des 5. Jh. v. Chr. kam es infolge des sozialen Abstiegs der alten Aristokratie zu entscheidenden politischen und gesellschaftlichen Entwicklungen. Die Durchsetzung demokratischer Herrschaftsformen brachte es mit sich, dass nun breiteren Schichten die Teilnahme am politischen und kulturellen Leben ermöglicht wurde, und so rückte – im Gegensatz zu den früheren naturphilosophischen Fragen – erstmals der Mensch als Träger dieser gesellschaftlichen Veränderung in den Mittelpunkt des Interesses. In Athen trat damals eine Gruppe von intellektuellen Wanderlehrern und Erziehern in Erscheinung, die man Sophisten nannte. Als *sophistaí* (Pl. zu σοφιστής [sophistés]: „der Kundige, der Kluge") wurden ursprünglich diejenigen Gebildeten bezeichnet, die über ein sachorientiertes, anwendungsbezogenes Wissen verfügten. Sehr bald jedoch gerieten die Sophisten in Verruf, vor allem wohl deshalb, weil sie als professionelle Lehrer ihren Unterricht für Geld erteilten. Beson-

---

121 Vgl. E. Schrödinger, Die Natur und die Griechen. Wien 1987; vgl. dazu die esoterische New-Age-Bewegung im letzten Drittel des 20. Jh. und die holistische Sichtweise in F. Capras *Wendezeit* (1985).

ders Platon[1] hielt diese Praxis für anrüchig, und Xenophon bezeichnete die Sophisten, die für ihren Unterricht Geld nahmen, als *Sklaven ihrer selbst, weil sie sich notgedrungen mit denen unterhalten müssten, von denen sie die Belohnung annähmen*.[2] Diese negative Beurteilung prägte nachhaltig das Bild der Sophisten, und auch wenn das englische Wort „sophisticated" „gebildet" bedeuten kann, ist „sophistisch" im deutschen Sprachgebrauch – wie schon bei Platon – abschätzig gemeint.

Faktum ist, dass die Sophisten in der Geschichte der frühgriechischen Philosophie einen Paradigmenwechsel vollzogen haben, indem sie eine anthropozentrische (ἄνθρωπος [ánthropos]: „Mensch") Wende herbeiführten, weg von naturphilosophischen Spekulationen hin zum Menschen und seinem konkreten Lebensvollzug. „Weisheit" wurde nunmehr als instrumentalisierbares technisches Wissen, sozusagen als Know-how, präsentiert und zum Kauf angeboten. Sie mutierte gleichsam zur Ware mit einem entsprechenden Marktwert, für die sich Produzenten wie Abnehmer fanden. Doch es gab auch noch andere, vornehmlich inhaltliche Gesichtspunkte der sophistischen Lehre, die Kritik hervorriefen. Sie artikulierten sich hauptsächlich in zwei bedeutenden Themenbereichen: einerseits in der gegensätzlichen Auffassung von *phýsis* und *nómos* und andererseits im Vertrauen auf die grenzenlose Macht der Rede.

Zunächst zum Gegensatz von *phýsis* und *nómos:* Durch die von den Sophisten vorangetriebene Säkularisierung des *nómos* (νόμος: „Sitte, Brauch, Konvention, Gesetz"), der nach traditioneller Auffassung Ausdruck einer umfassenden Ordnung war und sich noch bei Heraklit als ein religiös legitimierter *vom Göttlichen nährte*[3], ergibt sich nun eine gänzlich neue, relative Bewertung dieses Begriffs, indem er sich als etwas von Menschen Gemachtes von der Natur (φύσις [phýsis]) ablöst und sogar in einen Gegensatz zu dieser treten kann. An die Stelle der Autorität der Religion tritt gewissermaßen die Autorität der „Wissenschaft" im Sinne einer skeptischen Grundhaltung und Infragestellung tradierter Wertvorstellungen. Mit dieser Kritik verbindet sich zugleich eine Hinwendung zum Menschen als dem für sein Handeln verantwortlichen Subjekt. Alle menschliche Praxis ist *poíesis* (ποίησις: „das Tun, Schaffen"), d. h., es ist allein der Mensch, der sich und seine Geschichte entwirft. Normen ergeben sich nicht mehr von Natur aus, sondern werden als kultur- und gesellschaftsabhän-

---

1 Vgl. Platon, Prot. 313c–314a.
2 Xenophon, *Memorabilia* I 6.
3 Vgl. DK 22 B 114.

gige Vereinbarungen und Satzungen (θέσις [thésis]: „das Setzen") aufgestellt. Einen wesentlichen Beitrag zu dieser Beurteilung leistete die damals aufkommende Geschichtsforschung mit ihrem Vertreter Herodot, der nicht nur Historiker, sondern auch Ethnograph war und auf Grund seiner vergleichenden Betrachtungsweise der Sitten und Gebräuche verschiedenster Völker deren Relativität und Bedingtheit bewusst machte.

Aus dieser veränderten Sichtweise des *nómos* konnten sich äußerst ambivalente Konsequenzen in seinem Verhältnis zu *phýsis* ergeben. Einerseits bezeichnet der *phýsis*-Begriff der Sophisten, der aus der Medizin übernommen wurde, gewissermaßen den ursprünglichen Normalzustand des Menschen, den wiederherzustellen die Aufgabe der ärztlichen Kunst sei, denn Schaden erleide der Mensch nur, wenn er gegen seine Natur verstoße. Diese Argumentation diente dazu, den *nómos* gegebenenfalls als naturfeindlich und schädlich zu entlarven. Mit der gleichen Berufung auf die *phýsis* kamen andere jedoch zu diametral entgegengesetzten Schlussfolgerungen: Die Natur selbst legitimiere das Recht des Stärkeren, des Tüchtigeren und Fähigeren, und Gesetz und Brauch seien heuchlerische Maßnahmen zur Unterdrückung derer, die von Natur aus zum Herrschen bestimmt seien, und stellen letztlich nur eine Erfindung der Schwachen dar.

Was nun die sophistische Rede als Instrument der Beeinflussung bzw. Manipulation betrifft, so karikierte schon der Komödiendichter Aristophanes im Stück *Die Wolken* die Sophisten als Wortverdreher und sah in ihrem destruktiven Intellektualismus eine Unterminierung althergebrachter Werte und Ideale. Dabei müssen wir uns aber stets bewusst sein, dass wir ähnlich wie bei den Vorsokratikern auch in der Beurteilung der Sophistik – wenn man von einigen zufällig erhaltenen und inhaltlich wenig bedeutsamen Texten absieht – auf die Sekundärüberlieferung angewiesen sind und dabei vor allem auf Platon, der den Sophisten gegenüber jedoch keineswegs neutral eingestellt war. So ist auch die damals entwickelte Disziplin der Rhetorik, die große Stärke der Sophisten, unter durchaus verschiedenen Gesichtspunkten zu betrachten. Hegel urteilte später ganz anders als Aristophanes, wenn er in den Sophisten „die Lehrer der Beredsamkeit"[4] sah und diejenigen, durch welche „die Bildung überhaupt in Griechen-

---

4   G. W. F. Hegel, Werke 18, S. 412.

land zur Existenz kam".⁵ In jüngerer Zeit setzte Michel Foucault⁶ zu einer Rehabilitierung der Sophisten an, indem er deren Rolle in der Entwicklung der Kontrollmechanismen des Diskurses in unserer Gesellschaft betonte. Jedenfalls darf nicht übersehen werden, dass die Sophistik nicht nur den Blick auf die Problematik von Handlungsbegründung öffnete und in diesem Rahmen entscheidende Beiträge zur Entwicklung von argumentativer Rhetorik und Kommunikationstheorie leistete, sondern auch die philosophische Diskussion insgesamt um etliche wichtige Fragen bereicherte.

Die von der Sophistik in der Athener Gesellschaft etablierte Kunst der Rhetorik ist getragen von dem Glauben an die universelle Macht der Rede. Die Disziplin der Rhetorik versteht sich von Anfang an als Kunst, als *téchne*⁷, und der *rhétor* (ῥήτωρ) ist einer, der das „gesprochene Wort" *(rhéma)* beherrscht. Neben einer auf solider Handwerkskunst gegründeten Erfahrung geht es auch um die schöne, auf Überzeugung abzielende Rede, die dann im politischen Leben eminente Bedeutung gewinnt, jedoch gleichzeitig die Gefahr in sich birgt, die Wahrheit zu verschleiern. Rhetorik spielte im Alltagsleben schon immer eine Rolle, zunächst als Feldherren- und Leichenrede, später in der Gerichtspraxis, und sogar im homerischen Epos sollte der Tüchtige bereits dazu ausgebildet werden, *ein Redner von Worten und ein Täter von Taten*⁸ zu sein. Nach Empedokles, der von Aristoteles⁹ als erster Erfinder einer *téchne rhetoriké* genannt wird, haben zwei weitere sizilianische Redner, Korax und Teisias, die Dreiteilung in *prooímion* (Einleitung), *agón* (Durchführung) und *epílogos* (Schlusswort) eingeführt und zwei der drei Redegattungen entwickelt – den Typus der Gerichtsrede und den der Volks- oder beratenden Rede. Die dritte Gattung ist die der Prunk- oder Gelegenheitsrede, als deren Erfinder Gorgias gilt.¹⁰

---

5 G. W. F. Hegel, Werke 18, S. 409f.
6 Vgl. M. Foucault, *L'ordre du discours* (dt. Die Ordnung des Diskurses) = Antrittsvorlesung am Collège de France, 1970.
7 Vgl. Platon, Gorg. 449c. Etymologisch hängt das Wort mit *tékton* („Zimmermann, Handwerker", und allgem. „Meister in der Ausübung einer bestimmten Kunst) zusammen. *Téchne* hat verschiedene Bedeutungen: 1. „Kunst, Kunstfertigkeit, handwerkliche Geschicklichkeit"; 2. (die sich darauf beziehende) „Methode, Regel"; 3. „Kunsterzeugnis, Kunstwerk"; 4. „Kunstgriff, Trick".
8 Homer, Ilias IX 443.
9 Vgl. DL VIII 57.
10 Vgl. Der Kleine Pauly. Lexikon der Antike. Bd. 1, München 1979, 1396ff.

Schon der Titel einer Schrift des Protagoras, *katabállontes lógoi* („niederwerfende Reden"), lässt darauf schließen, dass das Miteinander-Reden als *agón*, also als Wettstreiten mit Worten mit dem Ziel der Besiegung des Gegners verstanden wurde. Die Rede beherrschen (*légein deinós*: „im Reden gewaltig"[11]) bedeutet, alles in seiner Gewalt zu haben.[12] Im Gegensatz zum platonischen Dialog geht es hier aber nicht um eine gemeinsame Suche nach dem Guten, da die sophistische Redetechnik als praktisch-instrumentelles Wissen angelegt ist, das für jeden beliebigen Zweck einsetzbar ist und entsprechend der Gegenüberstellung von *phýsis* und *thésis* prinzipiell zwei entgegengesetzte Auffassungen zulässt.

Eine wichtige Voraussetzung für die Sophistik lag – historisch gesehen – in der Entwicklung der athenischen Demokratie. Im Zuge dieses politischen Wandels änderte sich nicht nur der Inhalt der philosophischen Lehre, sondern auch die Art und Weise ihrer Vermittlung. Sie gab den Anspruch auf, eine elitäre Weisheitslehre zu sein, die nur für einen bestimmten Zirkel von Menschen bestimmt war, sie war nicht mehr Selbstzweck und auf der Suche nach der einen Wahrheit, sondern stets pragmatisch und instrumentalisierbar auf ein Ziel hin orientiert. Wer in der Volksversammlung reüssieren oder vor Gericht seine Meinung durchsetzen wollte, benötigte dafür nun spezielle Kompetenzen und musste vor allem die Kunst der Rhetorik und der Argumentation beherrschen. Die Sprache wurde zum unentbehrlichen Machtinstrument und die, die sie beherrschten, zu Machtmenschen, die wussten, wie man das politische Geschäft am besten betreibt. Um diesem Trend nach Fachwissen zu entsprechen, propagierten die Sophisten als „Lernziel" den Erwerb der sog. *euboulía* (εὐβουλία: „Wohlberatenheit")[13], eines kalkulierten Expertenwissens, welches zur Erreichung der angestrebten *areté* (ἀρετή: „Lebenstüchtigkeit, Vortrefflichkeit") verhilft. Diese besondere „Lebenstüchtigkeit" wurde zu einer erlernbaren Kompetenz für jeden willigen Schüler, die ihn dazu befähigte, eine politisch bedeutsame Position in der Polis einzunehmen. (→ **F 18: Sophisten**)

Die Sophisten sahen ihre Aufgabe in der Lehre *und* Erziehung; Bildung (*paideía*) umfasste daher neben den Hauptdisziplinen Rhetorik,

---

11 Vgl. Platon, Men. 95c.
12 Vgl. Platon, Gorg. 452e.
13 Vgl. Platon, Prot. 318e: Auf die Frage, was der Inhalt seines Unterrichts sei, nennt Protagoras *die Wohlberatenheit in den eigenen Angelegenheiten (…) und in denen der Polis*.

Dialektik, Ethik, Ökonomie und politische Theorie auch allgemeinere Lehrinhalte wie Grammatik und Synonymik, musikalische Theorie, aber auch Mathematik, Astronomie, Meteorologie oder (vereinfacht erklärte) Kosmologie. Die Form der Darbietung variierte sehr: von Disputationen im engeren Kreise und sorgfältig ausgearbeiteten oder auch aus dem Stegreif gehaltenen Vorträgen vor einem größeren Publikum bis hin zu Reden vor Festversammlungen, in Gymnasien oder auch vor einer geladenen Gesellschaft im Hause eines reichen Gönners.

2 Protagoras

Protagoras aus Abdera (ca. 490–420 v. Chr.), der älteste und zugleich berühmteste Sophist, der auf seinen zahlreichen Reisen wiederholt nach Athen kam, wurde einmal in das Haus des reichen Kallias geladen und hielt dort Hof. Platon setzte ihm ein literarisches Denkmal in seinem gleichnamigen Dialog, in dem er mit der Beschreibung dessen, was Sokrates und sein Freund dort erlebten, ein Kabinettstück maliziös-satirischer Prosa lieferte: *Als wir nun eintraten, trafen wir Protagoras dabei an, wie der in der Vorhalle spazieren ging, der Reihe nach gingen mit ihm viele Schüler. Diese schienen zum Großteil Fremde zu sein (sie zieht Protagoras aus allen Städten nach sich, indem er sie bezaubert mit seiner Stimme wie Orpheus); es gab aber auch manche Einheimische in dem Chor. An diesem Chor freute mich besonders zu beobachten, wie fein sie sich hüteten, Protagoras jemals hinderlich zu sein; wenn er persönlich umschwenkte und seine Begleiter, teilten sich diese Zuhörer in Reih und Glied hierhin und dahin, und zwar machten sie im Kreis kehrt und reihten sich schön brav immer wieder hinten ein.*[14] Auch wenn Platon mit der Schilderung dieser höchst possierlichen Philosophenprozession Protagoras und seine Anhänger karikierte, wurde Protagoras doch für manche seiner Lehren sehr berühmt und trug, nachdem Anaxagoras den Boden dafür bereitet hatte, durch seine Freundschaft mit Perikles wesentlich dazu bei, dass Athen allmählich zum Mittelpunkt der Philosophie wurde. Protagoras soll dort aus seinen Schriften vorgelesen haben, so auch aus seinem Traktat *Über die Götter*, mit dem er den Widerstand der traditionalistisch-konservativen Kräfte provozierte. Gegen Ende seines Lebens musste er daher noch die Anklage wegen Asebie (Gottlo-

---

14 Platon, Prot. 314e–315b.

sigkeit) hinnehmen und mitansehen, wie seine Schriften öffentlich auf der Agorá verbrannt wurden. Der Überlieferung nach entzog er sich der Verurteilung durch Flucht und soll im Alter von siebzig Jahren auf der Überfahrt nach Sizilien ums Leben gekommen sein.

2.1 Agnostizismus

Über die Götter allerdings habe ich keine Möglichkeit etwas zu wissen, weder dass sie sind, noch dass sie nicht sind, noch wie sie etwa an Gestalt sind; denn vieles gibt es, was das Wissen behindert: die Nichtwahrnehmbarkeit und weil das Leben des Menschen kurz ist.[15] Dieses aus der Schrift *Über die Götter* überlieferte Fragment gab wahrscheinlich den Anstoß zu der Asebieklage, wenn auch dabei ungeklärt bleibt, wie sich der Atheismus-Vorwurf mit der vorliegenden Aussage vereinbaren lässt. Denn hier übt sich Protagoras bloß in der Urteilsenthaltung (der *epoché*, wie sie später von den Skeptikern praktiziert wurde), indem er auf die sophistische These verweist, nach der über jeden Gegenstand zwei einander widersprechende Urteile gefällt werden können. Da man also nicht wissen könne, was wahr sei, könne man die Existenz von Göttern anerkennen oder auch nicht, und zudem erinnert die Formulierung *wie sie etwa an Gestalt sind* an die bereits von Xenophanes im 6. Jh. v. Chr. geübte Kritik an den anthropomorph vorgestellten homerischen Göttern. Und schließlich sei es für die Menschen schon allein deshalb unmöglich, Kenntnis vom Wesen der Götter zu haben, weil die Kürze des Lebens es verhindere, sich ein solches Wissen anzueignen. Hier kommt also lediglich die Haltung des Agnostizismus[16] zum Ausdruck, mit dem die Lehre von der Unerkennbarkeit des wahren Seins bzw. der Transzendenz des Göttlichen bezeichnet wird.

2.2 Der „Homo-mensura-Satz"

Berühmt geworden ist Protagoras vor allem für den sog. *Homo-mensura*-Satz: *Aller Dinge Maß ist der Mensch, der seienden, dass (wie) sie sind,*

---

15 DK 80 B 4; vgl. DL IX 51; Cicero, *De natura deorum* I 23.
16 Der Terminus setzt sich zusammen aus dem Präfix *a-* (*privativum*), der griechischen Verneinungssilbe, dem Adjektiv *gnostiké* (*dýnamis*), das Erkenntnisvermögen bedeutet, und dem Suffix *-ismus*, das für eine Tätigkeit oder deren Ergebnis verwendet wird oder auch für eine Lehrmeinung bzw. Theorie. (→ **F 19: Etymologie von Agnostizismus**)

und der nicht seienden, dass (wie) sie nicht sind.[17] Diese Aussage soll den Anfang einer Schrift gebildet haben, deren Titel Platon mit *alétheia* („Wahrheit"), Sextus Empiricus mit *katabállontes lógoi* („niederwerfende Reden") angibt. Auf den ersten Blick erscheint sie als reinster Ausdruck eines relativistischen Subjektivismus. Es ist jedoch geboten, bei der Interpretation des Satzes sowohl auf das textliche Umfeld, in dem der Satz überliefert ist, als auch auf die genaue Bedeutung der einzelnen Wörter zu achten, denn „seit gut 150 Jahren wird an ihm interpretiert, ohne dass Übereinstimmung der Interpreten, bzw. ein adäquates Verständnis erreicht worden wäre".[18]

Platon, dem wir die Erhaltung dieses Satzes verdanken, stellt ihn in seinem Dialog *Theaitetos* in den Begründungszusammenhang von Wissen *(epistéme)* und Wahrnehmung *(aísthesis)* und verleiht ihm dadurch erkenntnistheoretische Relevanz. Theaitetos antwortet auf die Frage des Sokrates, was denn „Wissen" sei: *Mir scheint, dass der, der etwas weiß, dies wahrnimmt, was er weiß, und so wie es jetzt wenigstens scheint, ist Wissen nichts anderes als Wahrnehmung.*[19] Sokrates repliziert darauf, indem er festhält, dass bereits *Protagoras in einer etwas anderen Weise dasselbe ausgedrückt hat*[20], und zitiert ihn anschließend. Jedenfalls wollte Platon die These „Wissen = Wahrnehmung" bekämpfen, denn seiner Theorie zufolge kann es – wie schon bei Parmenides – Wissen nur von dem einen ewigen, allein durch das Denken erfassbaren Seienden, den Ideen, geben. Daher unterstellt er Protagoras – auch wenn er zugibt, dass er dies *auf eine etwas andere Weise* gesagt hat – die Sichtweise der *dóxa*, der subjektiven Meinung, des reinen Sensualismus, und den Erkenntnisstatus des Scheins, wenn er die semantische Ambivalenz der Phrase *phaínetai moi* für seinen Zweck ausnützt: Diese kann man mit „es erscheint mir; es tritt für mich in Erscheinung" oder eben auch mit „es scheint mir; ich meine" übersetzen. Eine weitere Lenkung in die von ihm gewünschte Richtung nahm Platon hinsichtlich des Wortes *métron* („Maß") vor, denn an einer anderen Stelle lässt er Sokrates sagen: *Ich bin nach Protagoras der Richter über das, was für mich ist, dass es ist, und über das, was nicht ist, dass es nicht ist.*[21] Dies würde

---

17 Platon, Theait. 152a.
18 J. Dalfen, „Aller Dinge Maß ist Mensch ..." Was Protagoras gemeint und Platon daraus gemacht hat. In: M. van Ackeren/J. Müller (Hg.), Antike Philosophie verstehen. Darmstadt 2006, S. 87.
19 Platon, Theait. 151e.
20 Ebd. 152a.
21 Ebd. 160c.

nahelegen, dass der Mensch nicht nur das Maß der Dinge ist, sondern auch deren Beurteiler, d. h., dass er als Subjekt das jeweils Wahrgenommene misst (was jedoch die völlig unsinnige Schlussfolgerung zuließe, dass ein Maß messen kann). So findet sich auch später die Präzisierung Platons, dass *der Mensch das kritérion* („Kriterium, Beurteilungsmaßstab") *in sich trägt, indem er die Dinge für das hält, als was er sie empfindet, und sie somit für ihn selber für wahr und seiend hält.*[22] Dazu passt, dass Platon Protagoras selbst in einer fiktiven Rede feststellen lässt: *Man kann weder Nichtseiendes meinen noch etwas anderes außer dem, was man erlebt, und dieses ist immer wahr.*

Gegenüber den früheren Naturphilosophen, die das Wesen der Wirklichkeit für prinzipiell erkennbar hielten, vertritt Protagoras nun eine neue, grundsätzlich skeptische Auffassung von Wahrheit: Das sophistische Maß der Wahrheit ist allein der Mensch in seiner Beziehung zu den Dingen, in seinem Fürwahrhalten. Mit der Differenzierung zwischen den Erscheinungen und dem, was hinter den Erscheinungen steht, wird hier erstmals das Problem aufgeworfen, das sich in der späteren Philosophiegeschichte als das Grundthema der Erkenntnistheorie schlechthin erweisen wird, nämlich die Frage, ob wir überhaupt imstande sind, die Wirklichkeit, wie sie an sich ist, zu erkennen, bzw. innerhalb welcher Grenzen und Möglichkeiten wir dazu befähigt sind.

Nach kritischer Prüfung all dieser Befunde lässt sich auch durch die platonische Darstellung hindurch doch einiges von dem erkennen, was Protagoras wohl mit seinem *Homo-mensura*-Satz gemeint hat. Die Dinge der Außenwelt treten in Erscheinung und in der Weise, in der sie sich als *phainómena* („das Erscheinende"[23]) zeigen, „sind" sie für den, dem sie erscheinen. Sie wirken auf den Menschen ein und erzeugen als *páthos* („Erleiden") eine *aísthesis* („Wahrnehmung"); dabei sind sie schon immer durch die Perspektivität des jeweiligen subjektiven Urteils mitbestimmt. Der Mensch hat nun ein *métron/kritérion* („Beurteilungsmaßstab") in sich, an dem die Qualitäten der Dinge geprüft werden, wobei unter dem Begriff „Dinge" (*chrémata*) nicht nur konkrete Gegenstände und Objekte zu verstehen sind, sondern beispielsweise auch Tugenden (*dikaiosýne*: „Gerechtigkeit"; *sophrosýne*: „Beson-

---

22 Ebd. 178b.
23 Griech. *phainómena* ist die Partizipform zu *phainesthai* („sich zeigen, erscheinen").

nenheit"; *andreía*: „Tapferkeit"), kurz: „Dinge mit einer Beziehung zu uns, Dinge, in die wir involviert und mit denen wir befasst sind."[24]

Dabei ist zu sehen, dass in der Formel *Maß der seienden Dinge, dass (wie) sie sind* unter Berücksichtigung der Ambiguität der griechischen Konjunktion *hos* (ὡς: „dass" oder „wie") eben nicht nur deren bloße Existenz impliziert ist, sondern zugleich auch deren qualitative Beschaffenheit, dass sie uns als so geartete Dinge in einer jeweils bestimmten Modalität erscheinen. Schließlich sagt auch die Wortstellung etwas aus: *Alle Dinge* an exponierter Stelle am Satzanfang weist auf die Relevanz hin, die sie in ihrer Erscheinung als *phainómena* für den Menschen haben, der hier nicht die Satzfunktion des Subjekts, sondern die eines Prädikatsnomens hat. Das heißt, nicht er selbst misst die Dinge, sondern er ist der Maßstab, an dem diese gemessen werden.

Der dem Protagoras seit Platon oftmals als gefährlich und verderblich ausgelegte extreme Subjektivismus muss wohl unter bestimmten Aspekten relativiert werden, zumal von ihm auch folgender Ausspruch überliefert wird: *Bei den eben genannten Begriffen jedoch, dem Gerechten und Ungerechten, Heiligen und Unheiligen, macht man sich bereitwillig dafür stark, dass hiervon nichts von Natur aus ist und ein eigenes Wesen hat, sondern dass die gemeinsame Meinung dann wahr wird, wenn man sie eben hat und solange man sie hat.*[25] Dieser Aussage ist zu entnehmen, dass es für ihn durchaus eine konventionalistische, intersubjektiv auf eine bestimmte Gesellschaftsgruppe bezogene Wahrheit gibt, auch wenn diese freilich nicht den absoluten Wahrheitscharakter der platonischen Ideen hat. Doch unter Berufung auf den Konsens der Urteilenden können Normen und Gesetze – zumindest für eine bestimmte Zeit – auf Grund einer allgemein akzeptierten Meinung ihre Gültigkeit haben und dürfen daher keineswegs nur subjektiv interpretiert werden. Auch wenn es für Protagoras keine absolute Geltung der Gesetze geben kann, formuliert er doch eine Theorie der Entwicklung der menschlichen Gesellschaft, in der die Menschen zu sittlichem Bewusstsein und Rechtsempfinden geführt werden. (→ **F 20: Protagoras)**

---

24 Dalfen, „Aller Dinge Maß ist Mensch …", S. 97.
25 Platon, Theait. 172b.

2.3 Der Mythos des Protagoras

Dass ein funktionierendes Zusammenleben nicht denkbar ist ohne die Teilhabe aller an *aidós* (αἰδώς: „Scham") und *díke* (δίκη: „Recht"), zeigt der berühmte Mythos von Prometheus und Epimetheus, den Protagoras im gleichnamigen platonischen Dialog erzählt.[26] Charakteristisch für die sophistische Denkart ist, dass hier eine naturphilosophische Grundfrage in den Bereich des sozialen Zusammenlebens der Menschen übertragen wurde: die Suche nach der *arché* als Frage nach dem Ursprung des menschlichen Zusammenlebens und das damit verbundene Interesse für die politische Ordnung und Stabilität. Der Mythos erzählt die Geschichte vom Bruderpaar Prometheus und Epimetheus[27], die im Auftrag der Götter die Lebewesen mit allem Lebensnotwendigen ausstatten sollten. Epimetheus, der die Zuteilung alleine vornehmen wollte, wies den einzelnen Tieren jeweils spezifische Eigenschaften und Strategien zu, um unter diesen ein ausgewogenes Gleichgewicht herzustellen und gleichzeitig ihr Überleben zu sichern. Da er aber nicht bedacht hatte, etwas für das noch unausgestattete Menschengeschlecht übrig zu lassen, blieb der Mensch nun als einziger nackt, unbeschuht, unbedeckt und unbewaffnet übrig.

Hier findet sich ein Gedanke, den rund 2500 Jahre nach Platon der Kulturanthropologe Arnold Gehlen mit seiner These vom „Mängelwesen Mensch"[28] aufgreift: Mit unserer biologischen Ausstattung können wir in der Natur nicht überleben, denn uns fehlen jene natürlichen Hilfsmittel, mit denen sich die Tiere am Leben erhalten können. Um nun die Unbesonnenheit des Bruders wettzumachen und den Menschen eine Überlebenschance zu geben, stiehlt Prometheus aus den Behausungen der Götter die *Weisheit der mit dem Feuer verbundenen Kunst*, die „technische Intelligenz" (*éntechnon sophían*) des Hephaistos und der Athene, die ihn zur Herstellung von Geräten und Waffen befähigt. Diesen Raub wird Prometheus später schwer büßen müssen, doch Platon setzt im Vergleich zur früheren Behandlung des Prometheus-Motivs durch Hesiod das Frevlerische dieser Tat deutlich in den Hintergrund.[29] Die Menschen konnten nun zwar

---

26 Vgl. Platon, Prot. 320c–322d.
27 Prometheus und Epimetheus sind sprechende Namen: *Pro-metheus* ~ „der es schon im Vorhinein weiß"; *Epi-metheus* ~ „der erst im Nachhinein denkt".
28 Vgl. A. Gehlen, Der Mensch. Seine Natur und Stellung in der Welt. Wiesbaden 1978, S. 33f.
29 Vgl. Hesiod, Theogonie 507–617.

mit Hilfe der technischen Ausrüstung ihre natürlichen Schwächen in der äußeren Natur kompensieren, waren aber noch nicht imstande, im sozialen Miteinander ohne Ungerechtigkeiten, Beleidigungen und Übergriffe friedlich zu koexistieren, und liefen Gefahr, einander durch Kriege selbst zu zerstören. Hier ist erstmals der Gedanke formuliert, der dann in der Neuzeit mit Thomas Hobbes (1588–1679) und seinem berühmt gewordenen *homo homini lupus* äußerst populär wurde. So sandte der besorgte Zeus den Götterboten Hermes zu den Menschen, als Überbringer von *aidós*, der Fähigkeit, einander zu respektieren, und *díke*, dem Sinn für Gerechtigkeit, die die Grundlagen für sittliches Verhalten und politische Ordnung bilden sollten. Protagoras will hier begründen, warum die technische Intelligenz zwar eine notwendige, aber erst die politische Befähigung eine hinreichende Überlebensbedingung für das „Mängelwesen Mensch" ist. *Aidós* als Zurückhaltung („Tötungshemmung"), Schamgefühl und Achtung des anderen und *díke* im ursprünglichen Sinne als „das Gezeigte" (*deíknymi*: „zeigen"), die Regel, das Recht, der Brauch, bedingen einander insofern, als *aidós* den Menschen motiviert, *díke* zu respektieren, und *díke* nur in dem Maße Geltung haben kann, in welchem jeder *aidós* empfindet. Dabei spielt auch der Gedanke eine Rolle, dass sich das Recht wie die Technik im Laufe der Zeit entwickelt haben und es daher wohl auch notwendig erscheint, sich um die ständige Anpassung der Rechtsnormen an die sich wandelnden gesellschaftlichen Bedingungen zu bemühen.

Dass der Mythos auch zugleich der Staatsform der Demokratie den Vorzug gibt, zeigt sich an der Anweisung des Zeus, in welcher Art und Weise Schamgefühl und Recht an die Menschen zu verteilen seien: *Alle sollen teilhaben. Denn Städte könnten nicht entstehen, wenn nur wenige an ihnen teilhätten wie an anderen Befähigungen.*[30] Politik, so Protagoras, ist nicht fachmännische Kunst und Sache einzelner Experten, sie geht uns alle an, und deshalb muss an alle *aidós* und *díke* gleichermaßen verteilt werden. Dies trifft sich auch mit dem von Protagoras propagierten Ideal der *euboulía*, denn die „Wohlberatenheit" setzt mündige Bürger voraus, die nicht von anderen abhängig, sondern selbst entscheidungsfähig sind und sich ein eigenes Urteil bilden können. Erst unter diesen Voraussetzungen werden Entstehung und Erhalt der Polis möglich und seit jeher ist das Entstehen von Zivilisation an Sittlichkeit und Rechtsempfinden gebunden.

---

30 Platon, Prot. 322d.

Wenn dieser von Platon referierte Kulturentstehungsmythos, der im Laufe der Geschichte viele Deutungen erfahren hat, eine echte Ansicht des Protagoras wiedergibt, so enthält diese neben ihrer anthropologischen Relevanz zweifellos einen der wichtigsten Ansätze in der Entwicklung der Geschichte des politischen Denkens. Dessen bedeutende Aussagekraft wird von Henning Ottmann mit folgenden Worten gerühmt: „Man weiß nicht, was man an diesem Mythos mehr bewundern soll, seine vorzügliche Anthropologie oder seine Lehre von der Politik. Der Mensch ist von Natur aus ein Kulturwesen. Diese Einsicht der neueren philosophischen Anthropologie wird in schöner Form vorweggenommen. Wie kann man besser erzählen, dass der Mensch anders als die Tiere nicht von den Zähnen und Klauen, sondern von Wissenschaft und Kunst lebt, von der Kultur, die er für sein Leben zu finden und zu erfinden hat! Wie kann man schöner erzählen, was der Sinn der politischen Kunst ist! So wie die Kultur den Menschen davor bewahrt, Opfer der Natur zu werden, so bewahrt ihn die politische Kunst vor sich selbst, lässt ihn leben, seinen Aggressionen und seiner Neigung zur Zwietracht zum Trotz."[31]

3 Gorgias

Gorgias aus Leontinoi (ca. 485–375 v. Chr.) zählte wie Protagoras zur ersten Generation der Sophisten und machte sich in der Geschichte der Rhetorik als einer der erfolgreichsten Redelehrer seiner Zeit einen Namen. Als er 427 v. Chr. als Haupt einer Gesandtschaft seiner Heimatstadt nach Athen kam, um dort Schutz vor Syrakus zu erbitten, war er bereits etwa sechzig Jahre alt. Doch scheint sein Auftritt größten Eindruck auf die Athener gemacht zu haben, und es gelang ihm, mit seiner außerordentlichen rhetorischen Begabung rasch Karriere zu machen. Sein mit besonderen Stilmitteln („gorgianische Figuren") geschmückter Redestil war allerorts gefragt, und so soll er sich mit seinen zahlreichen rhetorischen Lehrveranstaltungen alsbald ein Vermögen erworben haben. Seine Werke sind nur bruchstückhaft überliefert, neben seinen Reden und Lehrschriften verfasste er auch rhetorisch perfektionierte Musterstücke, von denen zwei erhalten sind: die *Verteidigung des Palamedes* als Apologie eines zu Unrecht Angeklagten

---

31 H. Ottmann, Geschichte des politischen Denkens. Die Griechen. Von Homer bis Sokrates. Bd. 1/1, Stuttgart 2001, S. 221.

und das *Loblied auf Helena* mit dem Versuch, diese von ihrer Schuld zu befreien. Dabei handelte es sich um rhetorische Schulübungen, mit denen er an schier aussichtslosen Fällen die universelle Macht der Rede zu demonstrieren versuchte.

3.1 Die Macht der Rhetorik

Schon an der Themenwahl dieser Musterreden ist die Methode ersichtlich, die von den Sophisten in ihrem Rhetorikunterricht angewendet wurde: Um zu demonstrieren, dass es *über jede Sache zwei einander entgegengesetzte Aussagen (Meinungen) gibt*[32], soll zu einem vorgelegten Prozessfall zunächst eine Anklage- und dann eine Verteidigungsrede gehalten werden. Nach dem Motto *ton hétto lógon kreítto poieín* (τόν ἥττω λόγον κρείττω ποιεῖν: „die schwächere Meinung zur stärkeren zu machen")[33] oder *den Ernst der Gegner durch Gelächter zunichte machen, ihr Gelächter durch Ernst*[34] schlüpft der Lehrer in der Praxis zumeist in die Rolle des *advocatus diaboli*, d. h., er versucht unter Aufbietung all seiner rhetorischen Künste, die von Vornherein schwächere Position möglichst gut zu begründen, um so den Schüler zum bestmöglichen Entwurf einer Gegenthese herauszufordern.

Dies war einer der wichtigsten Ansatzpunkte für die spätere Kritik, da man den Sophisten unterstellte, den Standpunkt totaler Beliebigkeit ohne Rücksicht auf tatsächliche Begründbarkeit eingenommen zu haben. Doch darf dabei nicht übersehen werden, dass auch heute noch ein guter Rechtsanwalt dafür bezahlt wird, dass er mit möglichst überzeugenden Argumenten die Rechtsansprüche seines Klienten durchsetzt oder etwa einen offenkundigen Rechtsbrecher verteidigt. Das, was man den Sophisten in der Handhabe der Rhetorik wohl am ehesten vorwerfen kann, ist der Umstand, dass sie im *lógos* nicht so sehr die „Begründung" und das „vernünftige Argument" gesehen haben als vielmehr eine von der Bindung an die Sache losgelöste Rede, die auf Grund ihrer Klangwirkung und ihres Rhythmus unter Verwendung geeigneter Stilmittel und geschickter Ausnützung des fruchtbaren Augenblicks (*kairós*) zum irrationalen „psychagogischen Zaubermittel"[35] werden konnte: *Das Wort ist ein großer Herrscher: mit dem geringsten und unscheinbarsten Körper versehen, vollbringt es die gött-*

---

32 DL IX 51.
33 Aristoteles, Rhet. II 24, 1402a23.
34 Ebd. III 18, 1419b3.
35 Vgl. A. Lesky, Geschichte der griechischen Literatur. München ³1993, S. 399.

lichsten Werke. Denn es kann Furcht beenden, Trauer beseitigen, Freude hervorrufen und Mitleid erwecken.[36] Auch wenn Gorgias offenbar überzeugt davon war, dass die Macht der Rhetorik schier grenzenlos sei und dass einer, der die Technik der Rede beherrscht und sie gekonnt einzusetzen versteht, schlechthin jedes Ziel erreichen könne, muss man anerkennen, dass mit dem Auftreten der Sophisten die Sprache, die bislang weitgehend unreflektiert verwendet wurde, nun selbst zum Gegenstand analytischer Untersuchungen wurde und ebenso die spätere Entwicklung der Logik bei Aristoteles ohne die kunstvoll ausgearbeiteten sophistischen Argumentationsformen wohl nicht denkbar wäre.

→ Reflex. an der Sprache

3.2   Das „Nichtseiende"

Die Einsicht in die Autonomie der Sprache machte sich Gorgias auch in seiner Kritik an der Seinsphilosophie der Eleaten zunutze, die, ohne dies beabsichtigt zu haben, als Erste auf das Verhältnis von Sprache und Wirklichkeit aufmerksam machten. In seiner Schrift *Über das Nichtseiende* möchte Gorgias aufzeigen, dass die parmenideische Lehre mit ihrer metaphysischen Annahme einer wahren Wirklichkeit zu absurden Konsequenzen führen müsse, und versucht dabei, die Eleaten mit ihren eigenen Waffen zu schlagen, indem er in Bezug auf die Metaphysik mit ähnlich dialektischer Argumentationsweise vorgeht wie Zenon hinsichtlich der Lehre von der Bewegung der Körper. Dabei spielt auch die seit Parmenides diskutierte Problematik eine Rolle, inwieweit „ist" als Existenzbehauptung gelten kann oder ob das Wort als bloße Kopula jede darüber hinausgehende Bedeutung verliert. So dreht Gorgias die parmenideische These in ihr Gegenteil um und behauptet: Nichts existiert. Wenn etwas existierte, wäre es für den Menschen nicht erkennbar. Wenn es erkennbar wäre, so wäre es doch dem Nächsten nicht mitteilbar.[37] Mit scharfsinniger Argumentationstechnik holt er in jedem der drei Punkte zum Gegenbeweis gegen Parmenides aus, auch wenn im Grunde die dritte These alleine für sein Anliegen ausreichend wäre, die eleatische Ontologie zu diskreditieren und im Gegensatz dazu seinen Standpunkt des radikalen erkenntnistheoretischen Skeptizismus zu rechtfertigen. (→ **F 21: Gorgias**)

---

36   DK 82 B 11 (Loblied auf Helena).
37   Vgl. DK 82 B 3.

Die letzte Schlussfolgerung in diesem Dreischritt ergibt sich daraus, dass selbst unter der Voraussetzung des Metaphysikers, es gebe eine Erkenntnis des wahren Seins, diese unbrauchbar wäre, da die Wörter, die uns für deren Mitteilung zur Verfügung stehen, keine Ähnlichkeit haben mit dem, was sie bezeichnen sollen. Die Ontologie des Parmenides offenbart sich in dichterischer Einkleidung in der Rede der namenlosen Göttin; wenn das Seiende nicht ausgesprochen werden kann und andererseits unsere sprachlichen Zeichen mit dem Seienden nichts gemein haben, so ist der *lógos* keineswegs mehr an das Seiende gebunden, sondern lediglich eine Ausdrucksform der *dóxa*, und somit „der freien Gestaltung, der Willkür und Beliebigkeit preisgegeben. Er ist dann nicht mehr Gegenstand der Philosophie, sondern ausschließlich der Rhetorik."[38] Zwar wirft Gorgias' Schrift *Über das Nichtseiende* die Frage auf, inwieweit es sich auch hierbei um eine bloß rhetorische Übung handelt, womöglich noch dazu mit dem Ziel, die Zuhörer zu erheitern, doch ist hinter aller dialektischer Spielerei wohl die ernstzunehmende Absicht zu erkennen, die ältere spekulative Philosophie zu überwinden und deren metaphysische Annahme zu widerlegen, dass die Struktur des vernünftigen Denkens mit der Struktur der Wirklichkeit selbst identisch sei.

4 Weitere ausgewählte Sophisten

Im folgenden Kapitel werden in thematischer Gliederung die Positionen weiterer bekannter Sophisten skizziert.

4.1 Angriffe gegen die Religion

Religionskritik ist eines der zentralen Themen der Sophistik, obgleich wir schon in der frühesten griechischen Literatur, namentlich bei Hesiod in seiner Explikation der *Dike* als ordnender Macht im Kosmos, Kritik am willkürlichen Walten der homerischen Götter finden können. Xenophanes geht dann noch einen Schritt weiter und attackiert den anthropomorphen Polytheismus, indem er ihm die Idee eines einzigen, gestaltlosen Gottes entgegensetzt.[39] Den Sophisten geht es nun weniger darum, dass sich die Menschen falsche Vorstel-

---

38 F. Ricken, Philosophie der Antike. Stuttgart ⁴2007, S. 63.
39 S. II. 1. Teil, Kap. 9.1.2, S. 55.

lungen vom Göttlichen machen, als vielmehr um die Beweisführung, dass es gar keine Gründe für einen Götterglauben bzw. die Annahme der Existenz von Göttern geben könne und es sich dabei um reine Fiktionen der Menschen handle.

Prodikos, ein jüngerer Zeitgenosse Demokrits und vermutlich Gorgias' und Protagoras' Schüler, der sich in seiner Schrift *Horen* (*hórai*: „Jahreszeiten, Lebensalter", auch „Fruchtbarkeitsgöttinnen") mit den Entstehungsgründen von Religion auseinandersetzt, sieht im Götterglauben Verbindungen zu Kulten und Mysterien im Bereich der Landwirtschaft, in denen die Menschen ihre Hoffnungen, Sorgen und Ängste in (irrationalen) Gefühlsbeziehungen zu höheren Mächten ausdrückten: Religion als Resultat menschlicher Nützlichkeitserwägungen, aber auch als Ausdruck von zufriedener Dankbarkeit der Menschen, die schon seit der Urzeit segensreiche Naturkräfte wie Sonne, Mond, Flüsse und Quellen vergöttlicht haben. Das Glanzstück der *Horen* stellt die von Xenophon[40] überlieferte Parabel von *Herakles am Scheideweg* dar, eine allegorische[41] Erzählung für die Wahl zwischen verschiedenen Lebenswegen. Herakles, der vor die Entscheidung gestellt ist, entweder sein Leben tugendhaft zu führen oder sich der Sinnenlust hinzugeben (*hedoné*: „Lust" = *kakía*: „Laster, Schlechtigkeit"), wählt trotz der lockenden Versprechungen den viel beschwerlicheren Pfad der Tugend (*areté*), um am Ende das in Aussicht gestellte Ziel der Glückseligkeit (*eudaimonía*) zu erreichen. Die Wirkung dieser Geschichte war gewaltig und das Motiv des „Scheidewegs" ist zur geläufigen Metapher für moralische Entscheidungen geworden.

Kritias, der ehrgeizige, rücksichtslose und brutale Onkel Platons mütterlicherseits, der als einer der dreißig Tyrannen in Athen 403 v. Chr. im Kampf gegen die Demokraten den Tod fand, war sicher eine der schillerndsten Figuren jener Zeit. In ihm manifestierte sich ein Menschentyp, der sophistische Theorien mit ruchloser Machtgier zum eigenen Vorteil in die Praxis umsetzen wollte, wobei Vorstellungen einer oligarchischen Herrenmoral mit einem spartanisch geprägten Staatsideal zusammenwirkten.[42]

---

40 Vgl. Xenophon, *Memorabilia* II 1, 22–34.
41 Eine Allegorie ist eine sinnbildliche Erzählung und leitet sich von griech. *állo* („anderes") und *agoreúein* („sagen") ab.
42 A. Lesky, Geschichte der griechischen Literatur, S. 406: „In seiner Persönlichkeit vereinigen sich alle Impulse der sophistischen Bewegung, deren Sturm und Drang-Zeit mit seinem dramatischen Ende symbolhaft ihren Abschluss findet."

Das berühmteste Fragment, das wir von Kritias besitzen, ist der Mythos von der Entstehung des *nómos* und der Religion[43], den er dem Sisyphos im gleichnamigen Satyrspiel in den Mund legt. Darin werden die Entstehungsgründe für den Götterglauben im Rahmen einer allgemeinen Theorie der Kulturentstehung gesucht, wobei ein primitiver „Naturzustand" vorausgesetzt wird, in dem das Recht des Stärkeren galt und die Menschen Gefahr liefen, einander umzubringen. Daher wurden Gesetze eingeführt, um Übergriffe und Gewalttaten einzuschränken, doch da diese offenbar nicht genügten, um Ordnung und Sicherheit zu gewährleisten, wurde die Religion als Kontrollinstrument für all jene Bereiche institutionalisiert, in denen die Sanktionen keine ausreichende Wirkung hatten: *Da scheint mir zuerst ein verständiger und weiser Mann die Furcht der Menschen vor den Göttern erfunden zu haben, damit die Schlechten Furcht hätten, auch wenn sie etwas heimlich täten oder sprächen oder dächten.* (v. 11–15) Religion wird demnach als Erfindung eines schlauen Kopfes erklärt, die als fromme Lüge und gleichzeitig wirksames politisches Instrument einzig und allein dazu bestimmt war, die Untertanen auch dort, wo die staatlichen Ordnungskräfte nicht präsent sein konnten, durch die Furcht vor allwissenden Göttern zu Gehorsam und Gesetzestreue zu veranlassen.

4.2   Kritik an der konventionellen Moral

Rechtsphilosophische Überlegungen spielen bei vielen Sophisten eine entscheidende Rolle, auch wenn die Positionen der einzelnen Vertreter stark voneinander abweichen. Naturrechtliche und rechtspositivistische Auffassungen konkurrieren miteinander, indem von manchen ein in der Natur begründetes, daher von der staatlichen Gesetzgebung unabhängiges und dieser übergeordnetes Recht postuliert wird, während andere den Gerechtigkeitsbegriff relativieren und auf die jeweilige staatliche Rechtsordnung beziehen. Auch hinsichtlich der staatlichen Gemeinschaft wird die Frage diskutiert, ob sie den Menschen von Natur aus gegeben sei oder erst durch soziale Übereinkunft und Rechtsverträge zustande komme.

Die erste Ansicht vertritt ein unbekannter Autor, dessen Fragmente im Nachlass des Neuplatonikers Iamblichos gefunden wurden, weshalb man ihm den Namen **Anonymus Iamblichi** gab. Darin erteilt der Anonymus dem Recht des Stärkeren eine Absage und kritisiert

---

43 Vgl. DK 88 B 25.

die Auffassung, dass der *nómos* nur eine Fessel der Starken und eine Waffe der Schwachen sei. Hingegen seien die Menschen aufeinander angewiesen und wären von Natur aus nicht imstande, alleine zu existieren, wenn es keine entsprechenden Regeln für ihr Zusammenleben gäbe, folglich sei das Gesetz eine naturgemäße Notwendigkeit. In dieser Sozialtheorie sind bereits moderne Ansätze erkennbar, wenn die *eunomía*, die „gute Ordnung", im Gegensatz zur „schlechten" (*a-nomía*: „Gemeinschaft, in der keine Ordnung herrscht") als Voraussetzung für ein gedeihliches Wirtschaftsleben gesehen wird. Denn diese schafft Vertrauen *(pístis)* der Menschen untereinander und somit die Basis für die im Handel und Zahlungsverkehr notwendige Kreditwürdigkeit. So können auch Ärmere durch entsprechende Umverteilung des Geldes am Wohlstand teilhaben, was nicht nur zum florierenden Geschäftsleben beiträgt, sondern auch Vorteile für das private Leben bringt, das man gut abgesichert und ohne Verstrickung in Kräfte raubende Parteienkämpfe in aller Ruhe genießen kann. In diesem Streben, den Profit aller zu maximieren, kommt bereits deutlich die Sichtweise des Utilitarismus zum Ausdruck, und so wurde der Anonymus Iamblichi wohl zu Recht wegen seiner fortschrittlichen Gedanken gerühmt: „Aus seinen Gedanken lässt sich erkennen, was den Wert einer voll ausgereiften Sozialtheorie ausmacht: Erfahrung, mit Vernunft verwertet; Ordnung, mit Maß gegründet und gehalten; Freiheit, mit sozialer Fürsorge für die wirtschaftlich Schwachen verbunden."[44]

Die zweite, der naturrechtlichen Auffassung widersprechende Ansicht findet sich bei **Lykophron**, von dem wir nur einige wenige Zitate besitzen. Er war der Meinung, die Rechtsordnung einer Gesellschaft beruhe auf einem Vertrag und Gesetze, die von diesem Vertrag abhängen, können daher nur jeweils konventionelle Geltung haben. Wenn auch für Aristoteles[45] diese allein noch keinen Staat konstituieren, muss doch gesehen werden, dass die Theorie eines Sozialkontrakts im Spätmittelalter und in der Neuzeit (vgl. Jean-Jacques Rousseau, *Contrat social*, 1762) wieder vertreten wurde.

Durch einen zu Beginn des 20. Jh. gefundenen Papyrus ist uns eine umfangreiche Schrift mit dem Titel *Alétheia* („Wahrheit") eines Sophisten namens **Antiphon** überliefert, die im ersten Buch Fragen der Naturphilosophie im Sinne der ionischen Denker behandelt und sich im zweiten intensiv mit der *nómos-phýsis*-Problematik auseinan-

---

44 E. Wolf, Griechisches Rechtsdenken. Bd. 2: Rechtsphilosophie und Rechtsdichtung im Zeitalter der Sophistik. Frankfurt 1952, S. 148.
45 Vgl. Aristoteles, Pol. III 9, 1280b10.

dersetzt. Schon der Titel weist darauf hin, dass der Verfasser offenbar darum bemüht war, durch die Aufdeckung neuer Wahrheiten auch der Ethik ein angemessenes Fundament zu geben, um auf diese Weise zu einer verbindlicheren Begründung von Moral und Recht zu gelangen. Die staatlichen Gesetze sind bei ihm nur insoweit zu respektieren, als sie nicht im Widerspruch zu *den Geboten der phýsis* stehen, andernfalls würden sie eine unzumutbare Beeinträchtigung der menschlichen Natur darstellen.[46] Durch die Gegenüberstellung von gewachsenen und vereinbarten Gesetzen, von normativen Gegebenheiten der Natur und gesetzten Regeln der Gemeinschaften, wird der Handlungsmaßstab des Menschen begründet: Es ist das *symphéron* („das Nützliche, Zuträgliche"), ein aus der Medizin übernommener Begriff, der auf das Wohl jedes Einzelnen abzielt. Doch die von Antiphon angestrebte konsequente Verwirklichung eines universalen, für alle gleichermaßen geltenden Naturrechts führte noch zu einer anderen, geradezu revolutionären Schlussfolgerung, der Verkündung der Gleichheit aller Menschen: *(...) die Sitten unserer Väter kennen und achten wir, doch diejenigen derer, die fern von uns wohnen, kennen wir weder noch achten wir sie. Hierin haben wir also zueinander das Verhalten von Barbaren angenommen, sind wir doch jedenfalls von Natur in allen Beziehungen gleich geschaffen, Barbaren wie Hellenen.*[47]

Auch **Hippias** setzte dem jederzeit veränderlichen und oftmals naturwidrigen Gesetz ein für alle geltendes unveränderliches Naturrecht gegenüber: *Ich bin der Meinung, dass wir alle stammverwandt, zusammengehörig und Bürger eines Reiches sind, nicht nach Sitte zwar, aber von Natur. Denn gleich und gleich ist von Natur stammverwandt; die Sitte aber, die die Menschen tyrannisiert, setzt mit Gewalt vieles Naturwidrige durch.*[48] Dies gibt auch der berühmte Satz des **Alkidamas**, eines Schülers des Gorgias, wieder: *Gott ließ alle Menschen frei und keinen machte die Natur zum Sklaven.*[49]

Der Rückgriff auf die Natur erwies sich jedoch äußerst ambivalent und so schienen neben den Konsequenzen eines Antiphon oder Hippias auch gänzlich andere Schlussfolgerungen möglich, so von **Kallikles**, der im platonischen *Gorgias* als radikaler Verfechter der These vom Recht des Stärkeren auftritt: *(...) diese Männer handeln nach der Natur und, beim Zeus, nach dem Gesetz der Natur, aber freilich nicht nach*

---

46 Vgl. DK 87 B 44 B.
47 DK 87 B 44 A.
48 Platon, Prot. 337cd.
49 Schol. zu Arist. Rhet. I 13, 1373b18.

jenem von uns willkürlich aufgestellten Gesetz, auf Grund dessen wir auf die Besten und Kraftvollsten unter uns gleich von Jugend auf die Hand legen, und sie wie Löwen zu zähmen und zu sänftigen suchen, um sie unterwürfig zu machen, unter dem Vorgeben, es müsste Gleichheit herrschen und diese sei das Schöne und Gerechte. Aber lasst nur den rechten Mann erstehen, eine wirkliche Kraftnatur; der schüttelt all das ab, zerreißt die Fesseln und macht sich frei, tritt all unsere Paragraphen, unsere Zähmungs- und Besänftigungsmittel und den ganzen Schwall widernatürlicher Gesetze mit Füßen und steigt so vom Sklaven empor zum glänzenden Herrn über uns: da leuchtet denn das Recht der Natur aufs Hellste hervor.[50] Eine solche, auf zynischem Machtkalkül basierende Ethik bedeutet in letzter Konsequenz, dass einige von Natur aus zur Durchsetzung ihrer Interessen befähigt sind und somit das Recht haben, ohne Rücksicht auf die anderen ihre Wünsche voll auszuleben.

Das Bild des kraftvollen Löwen übt später große Wirkung auf Nietzsche aus und inspiriert ihn zu seinem Porträt der „blonden Bestie" in seinem Werk *Zur Genealogie der Moral* (1887). Gegen diese Auffassung gibt es jedoch einen massiven Einwand: Die Vertreter des Naturrechts glauben, aus deskriptiven Sätzen, d. h. aus Beschreibungen des Naturzustandes, normative Sätze ableiten zu können, also aus „Ist-Sätzen" „Soll-Sätze" zu folgern (sog. „naturalistischer Fehlschluss"). Ein solcher Schluss führt aber zu unhaltbaren Konsequenzen, denn es ist nicht gerechtfertigt, sich immer nur dann, wenn es einem gelegen kommt, bei der Begründung moralischer Regeln auf die Natur zu berufen, wo dies aber nicht gelingt, andere Erklärungen sittlicher Normen heranzuziehen.

Besonderes Interesse verdient die Rechtsauffassung des **Thrasymachos**, die uns allerdings fast ausschließlich durch Platon im ersten Buch seiner *Politeia*[51] vermittelt wird. Platon spricht das Verhältnis von Recht und Macht an, indem er dem Sophisten eine Gegenposition zu seiner Lehre von Gerechtigkeit in den Mund legt. Thrasymachos soll die These vertreten haben, dass das Gerechte *nichts anderes als das dem Stärkeren Förderliche (symphéron)*[52] sei und dass jede Regierung die Gesetze erlasse, die für sie gerade vorteilhaft sind. Diese Interpretation ist seit jeher umstritten, wahrscheinlich ist jedoch, dass Thrasymachos nicht so sehr für eine schrankenlose und keinen moralischen Verpflichtungen unterworfene Machtausübung der Regierenden plä-

---

50 Platon, Gorg. 483 cd.
51 Vgl. Platon, Pol. 338aff.
52 Ebd. 338b.

dierte, sondern vielmehr als scharfer Beobachter empirisch-soziologische Einsichten formulierte. Möglicherweise hatte er sogar eine Idealvorstellung von Gerechtigkeit, musste aber resignierend erkennen, dass die reale Situation immer so beschaffen ist, dass die Gesetze den jeweiligen Machthabern dienen und jede Machtausübung notwendigerweise zu einem Ungleichgewicht führt, das aus den Vorteilen der Herrschenden und den Nachteilen derer, die beherrscht werden, resultiert. Der Historiker Thukydides greift diese These auf, indem er feststellt, *dass im menschlichen Verhältnis Recht gilt bei Gleichheit der Kräfte, doch das Mögliche der Überlegene durchsetzt, der Schwache hinnimmt.*[53]

4.3 Ein Modell einer praktischen Philosophie: Isokrates

Eine weit über die Antike hinausreichende Wirkung entfaltete die Rhetorikschule des Isokrates, eines der bedeutendsten Redner des 5./4. Jh. v. Chr. Mit seinem Anspruch der Vermittlung einer umfassenden rhetorischen und praxisorientierten Ausbildung für eine möglichst gelungene Selbstverwirklichung im politisch-öffentlichen Leben brachte er das sophistische Erziehungsprogramm schlechthin zur Vollendung. Er war Schüler des Gorgias und entstammte einer wohlhabenden Familie, die es ihm ermöglichte, eine solide Bildung zu erwerben. Als die Familie infolge des Peloponnesischen Krieges verarmte, kamen ihm die Kenntnisse in Rhetorik und Rechtspraxis bald zugute, denn er konnte als Logograph, als Verfasser von Gerichtsreden für andere, sein Geld verdienen. Etwa um 390 v. Chr. gründete er in Athen eine Schule, in der er mehr als ein halbes Jahrhundert die Kunst der politischen Rede lehrte. Viele seiner damals verfassten und vorgetragenen Reden haben epideiktischen (aufzeigenden) Charakter, d. h., sie weisen auf die Verdienste der Stadt Athen und zugleich auf die Überzeugungskraft der Rhetorik hin, enthalten aber auch persönliche Bekenntnisse seiner eigenen *philosophía*, die er als Fähigkeit, seriöse politische Thematik in stilistisch-rhetorisch geschulter Rede vorzutragen, definierte. Indem er sich von übertriebenen Wahrheitsansprüchen fernhielt, erteilte er der Konzeption der platonischen Akademie eine deutliche Absage.

Rhetorik und Philosophie galten bis zum Ende der Spätantike als Grundpfeiler der höheren Bildung, blieben jedoch stets in einem

---

53 Thukydides, Der Peloponnesische Krieg V 89.

Konkurrenzverhältnis zueinander, weil sie auf ganz verschiedene Lebensformen ausgerichtet waren. Platon und Isokrates nahmen als Exponenten dieser beiden Disziplinen vielfach literarisch, wenn auch bis auf eine Ausnahme ohne namentliche Nennung, in kritischer Auseinandersetzung aufeinander Bezug. Die Kontroverse gründete im Wesentlichen auf der unterschiedlichen Beurteilung von Wissen *(epistéme)* und Meinung *(dóxa)*. Während Platon nach theoretischem Wissen strebt, geht es Isokrates darum, sich jeweils auf Grund von Erfahrung *(empeiría)* und im Erkennen des *kairós* („rechter Ort, günstiger Zeitpunkt, Vorteil, Nutzen") eine treffsichere Meinung zu bilden. Gemäß dem alten sophistischen Ideal der *euboulía* soll die rhetorische Ausbildung den Menschen zur Tüchtigkeit und Klugheit leiten und ihn befähigen, ein erfolgreiches Leben zu führen. Isokrates übt aber auch Kritik an jenen Rhetoriklehrern, die in maßloser Selbstüberschätzung perfekte Ausbildung versprechen und dabei Talent und Fleiß des jeweiligen Schülers außer Acht lassen. Sein pädagogisches Programm im Sinne einer gemäßigten Sophistik umfasst neben der rhetorischen Bildung auch die Vermittlung von Moralvorstellungen. Isokrates ist im Gegensatz zu Platon davon überzeugt, dass gute Reden, die Lob und Anerkennung verdienen, auch positive Rückwirkung auf den Charakter des Redners haben.

So sieht Werner Jaeger in Isokrates den eigentlichen „Vater der humanistischen Bildung"; die von ihm geforderte Ausbildung könne durchaus in die moderne Zeit passen: „Das Studium bei Isokrates ist so organisiert, dass man meinen könnte, ein Bildungsfunktionär oder Universitätsreformer unserer Tage hätte es konzipiert: Es ist ebenso praxisorientiert wie allgemein bildend, gebührenpflichtig und auf drei bis vier Jahre beschränkt; so lange dauern die Kurse, dann werden die Schüler nach Hause entlassen. Und es beweist seine Effizienz durch den Erfolg seiner Absolventen. Aus der Schule des Isokrates, heißt es bei Cicero (De oratore II 94), seien ‚wie aus dem trojanischen Pferd wahre Fürsten hervorgegangen', Historiker, Pädagogen, Redner, Politiker in großer Zahl."[54] Mit diesem Bildungsbegriff begründete Isokrates seine weitreichende Wirkung, die in Ciceros Entwurf eines gebildeten Redners und noch später in den Idealvorstellungen des Erasmus von Rotterdam vom Wert formaler Bildung ihren Niederschlag gefunden hat.

---

54 W. Jaeger, Paideia. Die Formung des griechischen Menschen. Berlin/New York 1989, S. 105.

II. 2. Teil: Die Sophisten

4.4 Die Problematik der sophistischen Moralphilosophie

Gemäß der Lehre des Protagoras, der zufolge zu jedem Brauch oder jeder Ansicht eine Gegenthese angeführt werden kann, wurde um 400 v. Chr. in dem Essay **Dissoí logoi** („zweierlei Reden, doppelte Argumente"), dessen Verfasser unbekannt geblieben ist, in populärphilosophischer Art und Weise der Versuch unternommen, in einer Pro-und-contra-Diskussion zwei jeweils gegensätzliche Standpunkte zu verteidigen. Anhand von empirischem Material wurden unterschiedliche Auffassungen vom Guten und Schlechten, Schicklichen und Schimpflichen, Gerechten und Ungerechten usw. in verschiedenen kulturellen Kontexten einander gegenübergestellt, wohl um die Idee einer nur begrenzten Reichweite und Gültigkeit der Sitten zu unterstreichen. Wenn sich die Abhandlung auch nicht auf hohem intellektuellen Niveau bewegt – der gedrängte und flüchtige Stil, der unregelmäßige Aufbau, der mangelhafte Sinnzusammenhang und letztlich die Unvollständigkeit weisen eher darauf hin, dass die Schrift vermutlich nicht zur Veröffentlichung bestimmt war –, so lässt sich andererseits gerade in dieser Art der Darstellung und der Fokussierung auf ethnograhische Eigenheiten ein signifikanter Indikator für die damals sehr intensiv verhandelten kulturreflexiven Betrachtungen erkennen. Jedenfalls war es ein unbestrittenes Verdienst der Sophisten, dass durch ihre kritischen Reflexionen die alte und bislang ungefragt tradierte Wertordnung keine umfassende Geltung mehr hatte und angesichts der Vielheit unterschiedlicher und oft widersprüchlicher religiöser und kultureller Systeme neue Sichtweisen eröffnet wurden.

5 Schlussbetrachtungen

Die eminente philosophiegeschichtliche Bedeutung der Sophistik liegt auf der Hand. Wenn sich auch in Bezug auf den Inhalt ihrer Lehren keineswegs Übereinstimmung erzielen lässt, war den Sophisten doch in formaler Hinsicht eine kritische Grundhaltung gemeinsam, die den Vergleich mit der Aufklärung des 18. Jh. nahelegt. Durch die von ihnen entwickelten Argumentationsmöglichkeiten wurde der Weg zu einer reflexiven Denkweise eröffnet und eine Rückkehr zu der vergleichsweise „naiven" Einstellung der früheren Naturphilosophen war so gut wie ausgeschlossen. Ähnlich wie in der Aufklärung waren politische und soziale Umwälzungen ausschlaggebend für die Neuorientierung und Hinwendung zu bislang noch nicht untersuchten

Wissensgebieten. Die Sophisten unterzogen die Spekulationen der Vorsokratiker und die tradierten Auffassungen von Religion, Moral und Recht nicht nur einer eingehenden Prüfung, sondern stellten sie mehrheitlich sogar in Frage.

Entscheidend war vor allem die Tatsache, dass nach der naturphilosophischen Periode nun der Mensch in den Mittelpunkt des Interesses trat. Durch den *Homo-mensura*-Satz des Protagoras wurde das Erkenntnisproblem vertieft, und auch wenn der Subjektivismus dem Relativismus und Skeptizismus Tür und Tor öffnete und jeweils konträr beanspruchte „Wahrheiten" gegeneinander ausgespielt und in manchen Fällen bis zu einer gänzlich relativistischen oder sogar nihilistischen Beliebigkeit zersetzt wurden, so schlägt hier die Geburtsstunde der argumentativen Vernunft, einer der folgenreichsten Leistungen der Philosophie überhaupt. Dabei legten die Sophisten auch gleichzeitig die Grundsteine der Dialektik und Logik und durch die Erforschung der Wirkungen ihrer Redekunst auf die Zuhörer auch die der Psychologie der Affekte. Und sie betraten als Erste die Metaebene der Rhetorik, indem sie die Bedingungen sprachlichen Handelns analysierten und dabei die Gesetze persuasiver (lat. *persuadere*: „überreden, überzeugen") Kommunikation ergründeten, eine nicht nur historisch bedeutsame Entdeckung, denn diese Erkenntnisse haben in der rhetorischen Tradition bis heute ihre Gültigkeit. Schließlich darf nicht übersehen werden, dass gerade der sophistische Relativismus, der alles bezweifelte und in Frage stellte, den Boden bereitete für die scharfe und notwendig erscheinende Gegenreaktion in Gestalt des (platonischen) Sokrates, denn gerade an der Skepsis der Sophisten, definitives Wissen erlangen zu können, entzündete sich der Widerspruchsgeist in den Diskussionen der platonischen Dialoge mit ihren Fragen nach erkenntnistheoretischen und metaphysischen Begriffen und moralischen Zielvorstellungen.

III. Die klassische Periode

„Die antike Philosophie repräsentiert, außer dass sie Anfang und Grundlegung ist, eine bestimmte ‚klassische' – das heißt: in sich vollendete und vorbildliche – Ausprägung der Philosophie, die als eine eigene Gestalt neben der der Neuzeit steht."[1] Die sog. klassische Periode der antiken Philosophie ist im Wesentlichen von dem großen Dreigestirn Sokrates–Platon–Aristoteles geprägt, wenn sich auch für jeden Einzelnen von ihnen eine aus den jeweiligen Lebensumständen resultierende gänzlich andere Wirkung auf die Nachwelt ergibt.

III. 1. Teil: Die sokratische Philosophie

1 Der „Mythos Sokrates"

„Leben, Überlieferung, Gestalt" sind drei durchaus nicht unumstrittene und mitunter provozierende Aspekte des berühmten Sokrates, der wie kaum ein anderer Philosoph über die Jahrhunderte hinweg reges Interesse auf sich zu ziehen vermochte. Wie die Tätigkeit der Sophisten ist auch sein Wirken eine Antwort auf die gewaltige politische und moralische Krise, in der sich Athen in und nach der Zeit

---

1 H. Niehues-Pröbsting, Die antike Philosophie. Schrift, Schule, Lebensform. Frankfurt/Main 2004, S. 14.

der Peloponnesischen Kriege befand, doch stellte Sokrates die Frage nach verbindlichen ethischen Normen in einer radikal neuen Sichtweise. Nach einem viel zitierten Satz Ciceros ist er es, der *als Erster die Philosophie vom Himmel herunter gerufen, sie in den Städten angesiedelt, sie sogar in die Häuser hineingeführt und sie* (i. e. die Menschen) *gezwungen hat, nach dem Leben, den Sitten und dem Guten und Schlechten zu forschen.*[1] Mit Sokrates wurde die Philosophie hauptsächlich als praktische Angelegenheit betrachtet, die den einzelnen Menschen nicht nur in seinem individuellen Lebensvollzug betrifft, sondern auch als Bürger der Polis als einer kultisch, moralisch und ökonomisch eingerichteten Gemeinschaft. Sie lässt sich ganz konkret auf die alltäglichen Probleme im zwischenmenschlichen Bereich ein, statt diese, wie es noch Parmenides tat, nur als Irrwege der Sterblichen abzuwerten. Sokrates war der Letzte, der Philosoph *und* Bürger in einer Person sein wollte. Aber ausgerechnet ihn verurteilte die Polis 399 v. Chr. zum Tode, und damit wurde zugleich der Bruch zwischen Philosophie und Politik besiegelt – auch die späteren Vermittlungsversuche Platons konnten daran nichts ändern.

Die Gestalt des Sokrates wird für uns jedenfalls immer eine der rätselhaftesten der antiken Philosophiegeschichte bleiben, nicht zuletzt schon deshalb, weil von ihm selbst keine einzige Zeile überliefert ist und wir auf die Darstellungen seiner Schüler, Freunde und Gegner angewiesen sind, seien es Erinnerungen an persönliche Begegnungen oder auch Kenntnisse aus zweiter Hand. Sehr wahrscheinlich haben diese teilweise sehr widersprüchlichen Zeugnisse dazu beigetragen, dass sich im Laufe der Jahrhunderte der „Mythos Sokrates" bilden konnte, der uns mit seinen zahlreichen Interpretations- und Deutungsmöglichkeiten bis heute beschäftigt.

1.1   Die Frage nach dem historischen Sokrates

Über Sokrates' Leben sind uns einige verlässliche Daten überliefert. Er wurde um 470 v. Chr. in Athen geboren, seine Jugendjahre fielen somit in die Blütezeit Athens nach den Perserkriegen. Als eindeutig gesichertes geschichtliches Faktum gilt seine Verurteilung zum Tode im Jahre 399 v. Chr. Drei Athener Bürger, der mittelmäßige Dichter Meletos, der mächtige Politiker Anytos und ein unbekannter Redner namens Lykon, hatten gegen ihn eine Anklage wegen Asebie (Gott-

---

1   Cicero, *Tusculanae disputationes* V 10.

losigkeit) und Verführung der Jugend eingereicht. Über die genauen Hintergründe der Anklage wurde viel spekuliert, fest steht aber wohl, dass es das gemeinsame Ziel der Ankläger war, einen für viele Mitbürger unbequemen Zeitgenossen aus dem Weg zu schaffen.

Sokrates stammte aus sehr einfachen Verhältnissen. Sein Vater Sophroniskos war Steinmetz, die Mutter Phainarete eine angesehene Hebamme[2], was für seine eigene Art des Philosophierens noch bedeutsam werden sollte. Ebenso erlangte seine Frau Xanthippe einen hohen Bekanntheitsgrad, jedoch in eher unrühmlicher Weise auf Grund der über sie überlieferten vorwiegend negativ gefärbten Anekdoten, infolge derer ihr Name sprichwörtlich wurde. Mit ihr soll Sokrates drei Söhne gehabt haben, wobei die zwei Letztgeborenen zum Zeitpunkt seiner Verurteilung noch kleine Kinder waren.[3] Über seine soziale Lage und Vermögensverhältnisse lassen sich keine klaren Aussagen treffen, doch war er offensichtlich zumindest anfänglich nicht arm, da er sich die Ausrüstung eines Schwerbewaffneten (Hopliten) leisten konnte, die immerhin Panzer, Helm, Beinschienen, Schwert, Lanze und Schild umfasste. Während der Peloponnesischen Kriege nahm er an drei Feldzügen teil und erwies sich dabei als außerordentlich tapferer und pflichtbewusster Soldat. In den blutigen Kämpfen bei der Belagerung und anschließenden Einnahme der Stadt Potideia (432–429 v. Chr.), im Feldzug gegen die Böotier, in dem die Athener auf dem Rückzug bei Delion eine bittere Niederlage hinnehmen mussten (424 v. Chr.)[4], und in der Schlacht um Amphipolis (422 v. Chr.) zeichnete er sich als Hoplit vor anderen aus und bei Potideia rettete er sogar dem verwundeten Alkibiades das Leben.

Aufschlussreich für seinen Charakter sind aber vor allem zwei couragierte Akte des politischen Widerstandes. Im Jahre 406 v. Chr., in dem Sokrates der Ratsversammlung *(boulé)* angehörte, wurde der sog. Arginusenprozess verhandelt. Man warf einigen Admiralen, die die athenische Flotte in der Schlacht bei den Arginusen befehligt hatten, vor, es unterlassen zu haben, die zahlreichen schiffbrüchigen Athener aus dem stürmischen Meer zu bergen. Bei der Anklage kam es zu zwei

---

2 Vgl. Platon, Theait. 149a.
3 Vgl. ders., Phaid. 60a, 116b.
4 Die Teilnahme an der Schlacht bei Delion veranlasste Bert Brecht zu einer seiner Kalendergeschichten, *Der verwundete Sokrates*, in der er allerdings dessen nicht gerade heldenhaftes Verhalten thematisierte. Nachdem sich Sokrates am Fuß mit einem Dorn verletzt hatte, begann er so laut zu schreien, dass die Feinde die Flucht ergriffen.

gravierenden Verstößen gegen die bestehenden Gesetze, und Sokrates widersetzte sich damals dem Beschluss der Volksversammlung, indem er erklärte, dass er keinesfalls gegen geltende Gesetze verstoße und daher der Verurteilung nicht zustimme.[5] Auch den dreißig Tyrannen, die 404/3 v. Chr. ihre Schreckensherrschaft ausübten, verweigerte er seinen Gehorsam. Um ihr Regime zu sichern, versuchten diese, möglichst viele Bürger in ihre üblen Machenschaften zu verstricken, und so befahlen sie Sokrates, einen Mann namens Leon, dem allem Anschein nach nicht das geringste Fehlverhalten nachgewiesen werden konnte, zu verhaften und von der Insel Salamis nach Athen zur Hinrichtung zu bringen. Sokrates jedoch ging nach Hause, während andere die Verhaftung vollstreckten.

1.2 Quellenlage

Die uns zur Verfügung stehenden Quellen ergeben keineswegs ein kohärentes Bild von Sokrates, und außerdem ist unklar, ob die einzelnen Autoren überhaupt darauf abzielten, authentische Berichte von seinem Leben und Wirken zu verfassen: Möglicherweise ist „der Sokrates, von dem sie (i. e. die Sokrates-Literatur) spricht, (…) ein anderer, (…) eine Dichtung, geformt durch die Hand vieler Dichter mit der Freiheit, wie sie eben dem Dichter zusteht".[6] Es ist anzunehmen, dass Platon, Xenophon und andere Sokrates-Schüler nicht in erster Linie beabsichtigten, ein historisch getreues Bild des Philosophen zu entwerfen, sondern vielmehr ihre Begegnungen mit diesem unter dem Gesichtspunkt der persönlichen Prägung und Beeinflussung der eigenen Gedanken darstellten.

In der ältesten Quelle, die wir besitzen, in der Komödie *Die Wolken* (423 v. Chr.), liefert **Aristophanes** (geb. ca. 445 v. Chr.) ein krasses Gegenbild zum Sokrates der platonischen Dialoge, indem er ein in polemischer Karikatur gezeichnetes Porträt eines professionellen Sophisten vorstellt. Wenn auch sein Verhältnis zu dem Philosophen nach der Überlieferung Platons nicht eindeutig zu klären ist – in der *Apologie* wird seine Komödie für die Verurteilung des Sokrates mitverantwortlich gemacht, im *Symposion* lässt ihn Platon hingegen als seinen Freund auftreten –, ist Aristophanes wohl eher zu seinen Kritikern zu zählen, hat er sich doch auch mehrfach in seinen Werken über

---

5   Vgl. Platon, Apol. 32a–c.
6   O. Gigon, Sokrates. Sein Bild in Dichtung und Geschichte. Bern 1979, S. 13.

ihn lustig gemacht. Jedenfalls verspottet er ihn in seiner Komödie auf die übelste Art. Aufs Korn genommen wird hier vor allem die neumodische Manier der Sophisten, tatsächliche Gegebenheiten, sofern es dem persönlichen Nutzen dient, zu leugnen oder zu ignorieren bzw. gegebenenfalls sogar mit rhetorischen Tricks in ihr Gegenteil umzudeuten. So repräsentieren in seinem Stück die Wolken, die als Chor auftreten, das relativierende und substanzlose Gerede und werden zugleich als neue Götter eingeführt.[7] Doch bei allem Komödiantischen birgt Aristophanes' Spott wohl auch ein Körnchen Wahrheit. In der Tat akzeptierte Sokrates nicht mehr ohne weiteres die alten Götter, und wenn er in der Art der Naturphilosophen argumentierte, die ja versucht hatten, die antike Götterwelt zu entmythologisieren und an ihre Stelle naturgesetzliche Erklärungsmodelle zu setzen, so könnte dies seine Verurteilung wegen Gottlosigkeit plausibler erscheinen lassen. Sokrates selbst bezieht sich in der platonischen *Apologie* auf die von Aristophanes vorgebrachten Vorwürfe: *Habt ihr das doch auch selber in der Komödie des Aristophanes gesehen, wo irgendein Sokrates sich herumtreibt, der vorgibt, in den Wolken zu wandeln, und viel anderes Geschwätz schwatzt, wovon ich auch nicht das Allermindeste verstehe.*[8]

Die anderen Quellen vermitteln uns allerdings einen völlig anderen Eindruck von Sokrates. Da ist zunächst der Historiker **Xenophon** (ca. 430–354 v. Chr.) zu nennen, der sich als erfolgreicher Militärstratege einen Namen gemacht hat.[9] Zur Zeit der Verurteilung des Sokrates war Xenophon weit von seiner Heimat entfernt, und so schrieb er erst nach seiner Rückkehr auf einem Landgut in der Peloponnes seine Erinnerungen an Sokrates (*Apomnemoneúmata*, lat. *Memorabilia*) und die *Apología* (deren Echtheit immer wieder angezweifelt wurde), eine fiktive Verteidigungsrede des Sokrates mit diversen Rahmengesprächen und Berichten über sein Verhalten vor Gericht. Er beschreibt seinen Lehrer als einen eher biederen und farblosen Zeitgenossen, verteidigt ihn aber als loyalen und tugendhaften Bürger seiner Heimatstadt und hebt dabei hervor, dass er als Lehrer praktischer Lebens-

---

7   Vgl. Aristophanes, Die Wolken 247–393.
8   Platon, Apol. 18d.
9   Er nahm als junger Söldner am Kriegszug des Kyros gegen Artaxerxes teil. Nachdem das Heer des Kyros eine vernichtende Niederlage hatte hinnehmen müssen und die zehn Feldherren der Griechen von den Persern ermordet worden waren, übernahm Xenophon die Führung und es gelang ihm, das griechische Söldnerkontingent („die Zehntausend") zu retten und unter großen Gefahren durch Armenien ans Schwarze Meer zu führen. Diese Heimkehr hat er in seinem berühmten Augenzeugenbericht *Anábasis* festgehalten.

weisheiten und Ratgeber in Erziehungsfragen seinen Anhängern und Freunden stets nützlich gewesen sei.

Die Informationen, die uns **Aristoteles** in seiner *Metaphysik* und *Eudemischen Ethik* über Sokrates gibt, haben nur beschränkte Aussagekraft, denn sie können sich nicht mehr auf persönliche Bekanntschaft mit dem Philosophen berufen. Vielmehr sind sie dem vertrauten Umgang des jungen Aristoteles mit den Mitgliedern der platonischen Akademie zuzuschreiben. Von Bedeutung für die spätere philosophische Tradition ist dabei sein Interesse an der Leistung des Sokrates hinsichtlich Logik und Wissenschaftstheorie: *Nun beschäftigte sich damals Sokrates mit den sittlichen Tugenden und suchte zuerst über diese Allgemeinbegriffe aufzustellen; denn unter den Physikern hatte Demokrit diesen Gegenstand gerade nur berührt (…). Jener aber fragte mit gutem Grund nach dem, was etwas ist (to tí estin). Denn er suchte Syllogismen (Schlüsse) herzustellen, das Prinzip der Schlüsse aber ist das Was. (…) Zweierlei kann man nämlich mit Recht dem Sokrates zuschreiben: die Induktionsbeweise und die allgemeinen Definitionen; denn diese beiden gehen auf das Prinzip der Wissenschaft.*[10]

Das bedeutsamste und wohl auch authentischste Zeugnis für Sokrates' Leben und Denken stammt von seinem prominentesten Schüler **Platon**. Dieser verfasste zahlreiche Dialoge, in denen Sokrates unter anderen mit den Sophisten diskutiert und durch geschicktes Fragen seine Gesprächspartner in die Enge treibt, indem er deren Scheinwissen – oftmals mit einer gehörigen Portion Ironie – aufdeckt. Diese Darstellungen bestechen durch lebendige Dramaturgie, tiefschürfende Gedanken und zugleich witzigen Charme, kurz, sie spiegeln die grandiose Sprachkunst des Autors wider und zählen bis heute zu den unangefochtenen Meisterwerken der Weltliteratur. Allerdings werfen auch sie die Frage auf, inwieweit die frühen platonischen Dialoge als Zeugnisse für die Philosophie des historischen Sokrates herangezogen werden können. Fest steht, dass uns Sokrates im Wesentlichen als platonischer Sokrates bekannt ist. „Durch Platon hat die Gestalt des Sokrates philosophisch kaum überschätzbare Bedeutung gewonnen. Denn die Wirkungsgeschichte des Sokrates ist die Wirkungsgeschichte Platons – und auch die Zeugnisse des Aristoteles gehören zu dieser Wirkungsgeschichte, wo man sie als Ergänzung oder Korrektur platonischer Texte versteht. Sokrates als Philosoph ist der platonische Sokrates, und das liegt nicht nur daran,

---

10 Aristoteles, Met. XIII 4, 1078b17–30.

dass in den platonischen Texten die Gedanken, die man Sokrates zuschreiben kann, in einer Prägnanz hervortreten, wie es bei Xenophon eigentlich nie der Fall ist."[11]

Vier Werke aus Platons früher Schaffenszeit geben uns mit größter Wahrscheinlichkeit sehr authentische Aufschlüsse über Sokrates' Leben und vor allem über die Umstände seines Todes. Im Dialog *Euthyphron* begegnet Sokrates auf dem Weg zum Gericht, wo er die gegen ihn eingebrachte Klage wegen Gottlosigkeit und Jugendverführung zur Kenntnis nehmen will, dem Priester Euthyphron und erörtert mit ihm die Frage, was Frömmigkeit ist. In der *Apología* gibt Platon die drei Reden wieder, mit denen sich Sokrates im Jahre 399 v. Chr. vor den Richtern verteidigte. Hier handelt es sich nicht um die übliche Dialogform, sondern es wird das gesamte, teilweise sehr turbulente Geschehen rund um die Verurteilung allein aus der Perspektive des Redners Sokrates geschildert (Platon erwähnt sich nur als einen der Zuhörer[12]), es wird sozusagen ein Selbstbildnis des Philosophen inszeniert. In der ersten Rede, die den Hauptteil bildet, begründet Sokrates seine Verteidigungsstrategie, geht dann die Anklagepunkte im Einzelnen durch und rechtfertigt schließlich sein Verhalten. Die zweite Rede nimmt Bezug auf das Urteil und provoziert die Richter durch den Antrag auf Speisung im Prytaneíon (Rathaus), eine Auszeichnung, die nur für besondere Verdienste gewährt wurde und nach heutigen Vorstellungen der Verleihung einer Ehrenbürgerschaft entspricht. Die letzte Rede nimmt Stellung zum endgültig gefällten Urteil und enthält die Schlussansprache an die Richter mit einem Ausblick auf das Leben nach dem Tode. Der Dialog *Kriton* begründet Sokrates' Weigerung, mit Hilfe seiner Freunde aus dem Gefängnis zu fliehen, um sich der Vollstreckung des Urteils zu entziehen. Im *Phaidon* schließlich schildert Platon den Todestag des Philosophen, er selbst war nicht anwesend. Darin wollte er kein historisch exaktes Dokument liefern, sondern vielmehr der bewundernswert souveränen Gelassenheit des hochverehrten Meisters ein Denkmal setzen. Er bedient sich der Form des epischen Dialogs, d. h., die Ereignisse werden indirekt geschildert, indem ein Freund des Sokrates, der im Gefängnis anwesend war, einem anderen erzählt, was sich am Todestag zugetragen hat. Dabei stehen vor allem die philosophischen Gespräche über die Unsterblich-

---

11 G. Figal, Sokrates. München ²1998 (Beck'sche Reihe 530), S. 15f.
12 Vgl. Platon, Apol. 33e–34a; 38b.

keit der Seele im Mittelpunkt. Mit dem erschütternden Bericht von seinem Tode nach dem Trank des Schierlingsgiftes schließt das Werk.

Was lässt sich nun über Sokrates' Lebensumstände und die sich daraus ergebenden Gründe seiner Verurteilung mit einiger Sicherheit aussagen? In der Anklageschrift gegen Sokrates wurden folgende Vorwürfe gegen ihn erhoben: *Sokrates frevelt gegen das Gesetz und treibt Unfug, indem er das untersucht, was unter der Erde ist und was am Himmel sich zeigt, und die schlechtere Sache zur besseren macht, zudem auch andere in ebendiesen Dingen unterweist.*[13] Dazu sind weitere drei Anklagepunkte überliefert: Erstens, dass Sokrates die Götter, die die Stadt verehre, nicht anerkenne; zweitens, dass er andere, neue Götter einführe; und drittens, dass er Unrecht begehe, indem er die Jugend verderbe.[14] Für keine dieser Anschuldigungen lassen sich schlüssige Begründungen nachweisen, man kann aber einigermaßen fest umrissene Vermutungen über die Strategie der Ankläger anstellen, wenn man sich die Punkte im Einzelnen ansieht: Kosmologische Naturspekulationen im Sinne des ersten Teils der Anklage liegen von Sokrates nicht vor, bleibt also der Vorwurf, ein Sophist gewesen zu sein, jedoch mit dem bedeutenden Unterschied, niemals mit seinen Gesprächen Geld verdient zu haben. Für die damalige Athener Gesellschaft gehörte Sokrates wohl zu den Sophisten, und das war zunächst ja nicht unbedingt etwas Anrüchiges. Dass Sokrates von Platon in einen scharfen Gegensatz zu den Sophisten gestellt wurde, geht großteils auf Platons persönliche Ablehnung zurück, auch wenn sich Sokrates in seiner unbeirrbaren Suche nach einem über unmittelbare Nützlichkeitserwägungen hinausgehenden Begründungsmaßstab für sittliches Handeln tatsächlich von ihnen unterschied. Um die Anklage wirklich zu verstehen, müssen jedenfalls die damaligen politischen und gesellschaftlichen Umwälzungen mitberücksichtigt werden. Nach der Niederlage Athens im Peloponnesischen Krieg wurde auf Druck Spartas die demokratische Regierung durch die Herrschaft der dreißig Tyrannen ersetzt. Als es einer Gruppe von Exilanten gelang, die „Dreißig" nach achtmonatiger Gewaltherrschaft zu vertreiben und wieder ein gemäßigt-demokratisches System zu etablieren, waren es genau diese neuen Demokraten, die den Philosophen anklagten und schließlich zum Tode verurteilten. Wenn Sokrates nach übereinstimmenden Zeugnissen Platons und Xenophons auch kein Freund der Demokra-

---

13 Platon, Apol. 19b.
14 Vgl. ebd. 23bc; vgl. Xenophon, *Memorabilia* I 1, 1; DL II 40.

tie war und man ihm überdies ein gewisses Nahverhältnis zu einigen Mitgliedern der Junta (namentlich zu Platons Verwandten Kritias und Charmides) nachweisen konnte, so kann das die Anklage noch nicht hinreichend erklären. Zum einen schlugen die Demokraten einen deutlich liberaleren Kurs ein und eine politisch motivierte Anklage hätte schlecht zu der von ihnen erlassenen Amnestie gepasst, zum anderen war hinlänglich bekannt, dass Sokrates sich sogar einmal mit unbekümmerter Zivilcourage einer Anordnung der „Dreißig" widersetzt hatte (s. S. 120).

Die Gründe für den Prozess sind wohl eher in der allgemeinen Verunsicherung der Athener Gesellschaft um die Mitte des 5. Jh. v. Chr. zu suchen, deren Anfänge sich allerdings schon viel früher bemerkbar machten und die nun durch den kritischen Intellektualismus der Sophisten noch verstärkt wurde. Diese Veränderungen hatten weitreichende Folgen, denn die Sophistik entwurzelte nicht nur die geschlossenen religiös-mythischen Weltbilder, sondern stellte auch den Objektivitätsanspruch der Naturphilosophie in Frage: *Phýsis* und *nómos* wurden relativiert und an ihre Stelle trat ein rein anthropologisch orientiertes Interesse, das der Durchsetzung unmittelbar praktischen Nutzens, vor allem im politischen Bereich, diente.[15] Der Glanz Athens, das im perikleischen Zeitalter einen großartigen wirtschaftlichen und kulturellen Aufschwung erlebt hatte und neben Sparta zu einer führenden Macht aufgestiegen war, verblasste nach der Niederlage im Peloponnesischen Krieg, und die Demokratie war erst seit kurzer Zeit wieder etabliert. Die neue Regierung wurde hauptsächlich von Mitgliedern aristokratischer und konservativer Gruppen gebildet, welche die traditionellen Normen, wie sie vor der sophistischen Bildungsrevolution gegolten hatten, als Garant für das Funktionieren des Staates sahen. Überdies hegte Sparta nie Sympathien für die Sophisten und unter den „Dreißig" war deren rhetorische Lehrtätigkeit in Athen sogar ausdrücklich verboten. An dieser Ablehnung änderte sich auch unter ihren Nachfolgern nicht viel, und so könnte man glauben, dass mit der Eliminierung des Sokrates die gesamte intellektuell-kulturelle Emanzipationsbewegung seit Perikles empfindlich getroffen werden sollte. Letztlich aber waren es drei Männer, hinter denen sich freilich auch viele anonyme Ankläger verbargen, die den Prozess gegen Sokrates anstrengten.

---

15 S. II. 2. Teil, Kap. 1, S. 92f.

Das athenische Gerichtswesen sah vor, dass jeder athenische Bürger in einer öffentlichen Sache als Ankläger auftreten konnte, es gab keine Berufsrichter, keine Berufsverteidiger und keinen Staatsanwalt. Das Volksgericht *(heliaía)* bestand aus 500 bzw. 501 Laienrichtern, die athenische Bürger waren und nach dem Los bestimmt wurden. Diese „Heliasten" urteilten ohne juristische Vorbildung nach freiem Rechtsempfinden. Der Prozess musste innerhalb eines Tages abgeschlossen sein und das Urteil nach seiner Beendigung sofort vollstreckt werden. Hier kurz zusammengefasst der Verlauf des Prozesses:

Zuerst gab es die Rede des Anklägers und darauf die Verteidigungsrede des Angeklagten (*Apologie*: erste Rede des Sokrates). Danach kam es zur ersten Abstimmung über „schuldig oder unschuldig": Der erste Schuldspruch wurde mit 280 zu 220 (221) Stimmen gefällt. Nach der Schuldzuweisung stellte der Ankläger einen Strafantrag (Meletos brachte den Antrag auf Todesstrafe ein) und der Angeklagte konnte mit einem Gegenantrag darauf antworten (*Apologie*: zweite Rede des Sokrates mit Antrag auf lebenslängliche Ausspeisung im Prytaneion). Schließlich kam es zur entscheidenden zweiten Abstimmung der Richter über diese beiden Strafanträge: Die Todesstrafe wurde mit 320 zu 180 (181) Stimmen bestätigt. Zuletzt wurde dem Angeklagten das Recht zugestanden, ein Schlusswort zu verkünden (*Apologie*: dritte Rede des Sokrates).

Meletos war der exponiert agierende Ankläger, Anytos die treibende Kraft im Hintergrund, ihm war die sophistische Bewegung besonders suspekt. Doch seine Ressentiments gegen Sokrates gingen wohl nicht so weit, dass er ihm tatsächlich nach dem Tod trachtete. Er und seine Anhänger wären wahrscheinlich froh gewesen, hätte der Philosoph nach seiner Verurteilung die Möglichkeit genutzt, mit Hilfe seiner Freunde zu fliehen, oder während der Verhandlungen darum gebeten, ins Exil gehen zu dürfen. So hätten die Ankläger – ähnlich wie es früher mit Anaxagoras oder Protagoras geschehen war – an Sokrates ein Exempel statuieren und die ganze Sache der Sophisten desavouieren können. Doch hatten sie nicht mit Sokrates' unbeugsamer Haltung und rigoroser Standhaftigkeit gerechnet: Für Sokrates kam Flucht nie in Frage, denn er fühlte sich, wie wir aus dem *Kriton* erfahren, an einen moralischen Grundsatz gebunden, der eine Neubewertung der menschlichen Existenz enthielt: War vormals das Bedürfnis nach Rache durchaus legitim und ein in der Gesellschaft akzeptierter Wert – einzig das Maßhalten im Ausleben dieses Gefühls stand zur Diskussion –, so heißt es jetzt bei Sokrates: *Also weder erlittenes Unrecht vergelten noch Böses zufügen darf man irgendeinem Menschen, mag man auch noch so schwer von ihm zu leiden haben (...). Denn ich weiß: Nur ganz wenige denken so und werden so denken. Für die Anhänger dieses Glaubens nun und ihre Gegner gibt es kein gegenseitiges Verständnis, sondern unvermeidlich nur gegenseitige Verachtung angesichts ihrer beiderseitigen Grundsätze und Entscheidungen.*[16]

Das sollte aber nicht so verstanden werden, dass Sokrates Selbstmord begehen und sich dadurch zum Märtyrer machen wollte, vielmehr war seine Haltung eine charakterliche und gesinnungsethische Demonstration, indem er gleichsam in einen Dialog mit den personifizierten Gesetzen trat, die er in Analogie zu den Eltern und Vorfahren als Vorgesetzte ansah und denen gegenüber er sich zu achtungsvoller Pietät verpflichtet fühlte. Das entscheidende Motiv für den Tod des wegen Asebie Verurteilten war also paradoxerweise die Frömmigkeit, mit der er auch in der *Apologie* sein Versprechen begründete, an dem vom Gott in Delphi zugewiesenen Platz in der Polis auszuharren: Philosophieren in Athen sei der Auftrag des Apoll, und diesen galt es, weder den Tod noch irgendetwas anderes fürchtend, zu erfüllen.[17] Damit war auch der Vorwurf der Gottlosigkeit weitgehend entkräftet, auch wenn Sokrates' Berufung auf sein *daimónion* (δαιμόνιον: „das Göttliche") ein Anhaltspunkt für die Anklage gewesen zu sein schien, neue Götter eingeführt zu haben. Aber gerade dadurch, dass sich Sokrates in seinen Handlungen auf dieses *daimónion* als einen untrüglichen Instinkt und eine mahnende Stimme des Gewissens verließ, gewann er den nötigen Rückhalt und die intuitive Sicherheit, seiner Sache treu zu bleiben.[18]

Diese Rückbesinnung auf das eigene sittliche Bewusstsein stellte in der Tat einen ungeheuren Fortschritt in der griechischen Entwicklung des sittlichen Bewusstseins dar: Sokrates war der erste Mensch in der abendländischen Philosophiegeschichte, der ganz auf sich gestellt eine autonome Gewissensentscheidung traf, eine Entscheidung, die zu einem wesentlichen Teil seinen Ruhm in der Nachwelt dauerhaft begründet hat. Von welch tief religiöser Zuversicht er letztlich erfüllt gewesen sein muss, bezeugen seine Überlegungen hinsichtlich des bevorstehenden Todes am Ende der *Apologie*. Hier gewinnt die Sprache eine Tiefe, die uns in einzigartiger Weise zu berühren vermag, da sie uns wie aus einer jenseitigen Ferne zu begegnen scheint: *Auch von folgender Seite wollen wir uns klarmachen, wie viel Ursache wir haben, zu*

---

16 Platon, Krit. 49d.
17 Vgl. ders., Apol. 28d–e.
18 Vgl. ebd. 40b.

hoffen, dass der Tod ein Glück sei. Eines von zweien nämlich ist das Tot-Sein: Entweder ist es eine Art Nicht-Sein, sodass der Tote keinerlei Empfindung hat von irgendetwas, oder es ist, wie der Volksmund sagt, eine Art Verpflanzung und Übersiedelung der Seele von hier nach einem anderen Ort. Im ersten Falle nun, wo von Empfindung nicht mehr die Rede ist, sondern von einer Art Schlaf, der so tief ist, dass dem Schlafenden nicht einmal irgendein Traumbild erscheint, wäre der Tod ein wunderbarer Gewinn. (...) Ist aber der Tod gleichsam eine Art Auswanderung von hier nach einem anderen Ort und hat es mit dem, was der Volksmund sagt, seine Richtigkeit, dass dort alle Verstorbenen weilen, was gäbe es dann, ihr Richter, für ein größeres Glück als dieses? Denn findet einer bei seiner Ankunft im Hades, erlöst von diesen so genannten Richtern, die wahren Richter, die dort, wie es heißt, Recht sprechen (...) nebst den anderen Heroen, die ein rechtschaffenes Leben geführt haben, wäre das etwa eine Verschlechterung unserer Aufenthaltsstätte? Oder aber mit Orpheus, Musaios, Hesiod und Homer zu verkehren, wie viel würde mancher von euch dafür geben? Ich jedenfalls wollte gern oftmals des Todes sein, wenn dem so ist (...). Und dann noch die Hauptsache: seine Aufgabe darin zu sehen, dass man die dort Weilenden ausforsche und prüfe wie die Menschen hier auf Erden, wer von ihnen weise sei und wer es zu sein glaube, ohne es doch zu sein. Mit ihnen dort sich zu unterhalten und zu verkehren und sie auszuforschen, welches überschwängliche Glück wäre das. Und so viel wenigstens ist doch ganz sicher: Dort verhängt man nicht wegen solcher Unterredungen die Todesstrafe. (...) Aber nunmehr ist es Zeit, dass wir gehen, ich, um zu sterben, ihr, um zu leben. Wen von uns das bessere Los erwartet, das weiß niemand außer der Gott allein.[19]

1.3 Die sokratischen Methoden

„Sokrates", so sagt Hegel in seiner *Geschichte der Philosophie*, „ist das Bewusstsein aufgegangen, dass das, was ist, vermittelt ist durch das Denken."[20] In der Tat stellt das Wirken des Sokrates eine Zäsur und einen Neuanfang dar, weshalb es durchaus auch sein sachliches Recht hat, wenn die früheren Denker als Vorsokratiker bezeichnet werden. Wer *vor* Sokrates dachte, ist noch ganz anders verfahren: Parmenides beispielsweise artikulierte sein Denken noch in mythischem Kolorit mit der Schilderung einer Auffahrt aus dem Bereich menschlicher Alltäglichkeit in das Reich einer Göttin, ebenso distanzierte sich Heraklit

---

19 Platon, Apol. 40c–41c.
20 G. W. F. Hegel, Werke 18, S. 444.

in seiner Explikation der *Logos*-Lehre bewusst von den unverständigen Menschen[21], und bei Platon heißt es dazu, diese Philosophen hätten ihre Zuhörer wie Kinder behandelt, indem sie ihnen Geschichten erzählten, ohne Rücksicht darauf, ob sie ihnen folgen konnten oder nicht.[22]

Das radikal Neue an Sokrates ist nun, dass das Denken zum Gespräch geworden ist. Er sucht sich seine Gesprächspartner in den verschiedensten Bevölkerungsgruppen und stellt diesen kritische Fragen, die sie zwingen, ihre Gedanken auszudrücken, zu begründen und im Fall begründeten Zweifels auch zu revidieren. Nach dem Zeugnis des Xenophon lebte Sokrates immer in der Öffentlichkeit: *Morgens besuchte er die Wandelhallen und Gymnasien; in den Stunden, da die Agorá (ἀγορά: „Marktplatz", lat. forum) voller Leute war, konnte man ihn dort finden. Den übrigen Teil des Tages hielt er sich immer dort auf, wo er erwarten konnte, die meisten Leute anzutreffen.*[23] Die Philosophie des Sokrates vollzieht sich also „vor Ort", im Zentrum von Athen, auf der Agorá, dem Mittelpunkt des wirtschaftlichen, sozialen und politischen Lebens der Stadt; sie findet nicht abseits, hinter Mauern verborgen und lediglich in „akademischen" Gesprächen unter Gelehrten statt, sondern hat ihren Sitz mitten in der Öffentlichkeit und im Leben der Menschen.[24]

Der wesentliche Unterschied zu den Sophisten besteht nun darin, dass das Ziel der sokratischen Redeführung nicht in der Belehrung der anderen besteht, sondern in deren Befragung: Sokrates stellt eine These, die nicht schon zuvor als erwiesen galt, zur Diskussion, an deren Ende auch üblicherweise kein endgültiges Resultat steht, sondern die Botschaft, in kritischer Prüfung zu besserer Selbsterkenntnis zu gelangen und dadurch befähigt zu werden, besser zu handeln.

Als Belege für die charismatische Ausstrahlung und die einzigartige Wirkung des Sokrates auf seine Zuhörer können zwei berühmte platonische Textstellen herangezogen werden, die mit äußerst originellen Vergleichen beeindrucken. Die erste findet sich im *Symposion*, zu dem der Tragödiendichter Agathon geladen hatte. Unter den Anwesenden sind unter anderen der Komödiendichter Aristophanes, der Politiker Alkibiades und eben Sokrates. Jeder der Teilnehmer hält eine Lobrede auf den Eros. Alkibiades indes hält eine Lobrede

---

21 Vgl. DK 22 B 1.
22 Vgl. Platon, Soph. 242c, 243b.
23 Xenophon, *Memorabilia* I 1,10.
24 Etwas abseits der Agorá lag übrigens, heute archäologisch identifizierbar, das Gefängnis, in dem Sokrates hingerichtet wurde.

auf Sokrates: *Sokrates zu preisen, ihr Männer, werde ich durch Gleichnisse versuchen. (...) Ich behaupte nämlich, am ähnlichsten sei er jenen sitzenden Silenen* (i. e. satyrähnlichen Mischwesen) *in den Werkstätten, welche die Bildhauer mit Syrinx und Flöte in der Hand darstellen, und wenn man sie öffnet, so zeigt sich, dass sie im Inneren Götterbilder enthalten. Und wieder behaupte ich, er gleiche dem Satyr Marsyas* (i. e. einem begnadeten Flötenspieler). *Dass du diesen an Gestalt ähnlich bist, Sokrates, wirst du wohl selbst nicht bestreiten, wie du ihnen aber auch sonst gleichst, höre weiter. (...) Denn mittels Instrumenten bezauberte jener mit der Gewalt seines Mundes die Menschen, und auch jetzt noch, wenn einer nach seiner Weise spielt. (...) Du aber übertriffst jenen nun darin, dass du ohne Instrument mit nackten Worten ganz dasselbe vollbringst.*[25]

Einen wohl noch originelleren Vergleich liefert Platon in seinem *Menon*, wo dieser zu Sokrates sagt: *Sokrates, ich habe schon gehört, ehe ich noch mit dir zusammengekommen bin, dass du nichts kannst, als, da du selbst ratlos bist, auch andere in Ratlosigkeit zu bringen.*[26] Das griechische Wort *aporía* (ἄπορος [á-poros]: „weglos, keinen Weg habend") bedeutet „Ausweglosigkeit, Ratlosigkeit" und hat besonders in den „sokratischen Dialogen" Platons eine wichtige erkenntnistheoretische Funktion: „Platon vergleicht diesen Zustand mit dem unschlüssigen Stillstehen an einer Weggabelung: wer dort hingerate, werde anfangen, sich selbst und die Vorübergehenden so lange zu befragen, bis er den rechten Weg in Erfahrung gebracht habe (Pol. VII, 799c–d)."[27] Menon weiter: *Auch jetzt kommt mir vor, dass du mich verhext und mir Zaubermittel*[28] *gibst und mir deine Sprüche sagst, dass ich voll geworden bin von Verwirrung. Und du scheinst mir, wenn ich mir mal einen Scherz erlauben darf, in jeder Hinsicht, äußerlich und auch sonst, vollkommen einem Zitterrochen, diesem platten Meeresfisch, zu gleichen. Jedes Mal, wenn sich ihm einer nähert und ihn berührt, betäubt er ihn, und ich finde, du hast so etwas mit mir gemacht. Ich bin nämlich wirklich an Mund und Seele betäubt und weiß nicht, was ich dir antworten soll.*[29] Für die faszinierende Persönlichkeit des Sokrates hat Platon hier den Vergleich mit einem Meereszitter-

---

25 Platon, Symp. 215a–c.
26 Ders., Men. 79e–80a.
27 Chr. Horn/Chr. Rapp (Hg.), Wörterbuch der antiken Philosophie. München 2002, S. 54.
28 Der Vergleich der Wirkung sokratischer Rede mit der von Zaubersprüchen *(epodaí)* und Heilkräutern und Giften *(phármaka)* findet sich häufiger: vgl. Platon, Charm. 155c–157a; Theaít. 157d.
29 Platon, Men. 80ab.

rochen gewählt, der jeden „elektrisiert" (~ „seiner Stimme beraubt"), der mit ihm in Kontakt kommt.

Welche sind nun die speziellen Methoden, mit denen Sokrates solchen Erfolg hatte? Das Zentrum der typisch sokratischen Gesprächsführung bildet die „Was ist X"-Frage, der mit Hilfe kritischer Reflexion unternommene Versuch, einen bestimmten Begriff zu fassen und ihn für die menschliche Praxis nutzbar zu machen. Grundsätzlich besteht Unsicherheit oder Uneinigkeit darüber, welche Handlungen als fromm, tapfer, besonnen oder gerecht gelten können: Ist es beispielsweise ein Zeichen von Tapferkeit, vorwärtszustürmen oder zurückzuweichen? Oder kann es fromm sein, den eigenen Vater wegen Totschlags eines Mörders anzuklagen? Um nun Klarheit zu gewinnen, ob z. B. eine bestimmte Handlung oder Verhaltensweise gerecht ist oder nicht, muss ein Konsens erzielt werden über die Kriterien für Gerechtsein. Sokrates ist überzeugt davon, dass diese Erkenntnisse allein auf dem Weg des vernünftigen Denkens *(logismós)* erreichbar sind, und überwindet den Subjektivismus der Sophisten, indem er ein für alle denkenden Menschen in gleicher Weise verbindliches begriffliches Wissen sucht. Die äußere Form dieses Nachdenkens aber ist die argumentierende und nach Begründungen suchende Unterredung, der sog. sokratische Dialog. Dabei macht Sokrates jedoch zugleich auf die Grenzen menschlicher Erkenntnisfähigkeit aufmerksam: Denn glaubt man, eine Teilwahrheit gefunden zu haben, so gibt diese sofort wieder neue Rätsel auf, und gerade die im Verlauf des Dialogs entstehenden Aporien sind es, die verstören, provozieren – und letztlich wiederum die Motivation fördern, sich weiter auf die Suche nach Wissen zu begeben. Dass die Gespräche mit Sokrates so oft als sehr irritierend empfunden wurden, liegt also einerseits an den hartnäckigen und enervierenden „Was ist X"-Fragen und andererseits an einer bestimmten Methode, mit der es ihm trefflich gelingt, andere ihres Scheinwissens zu überführen.

Ein treffliches Beispiel für dieses Verfahren, die sog. Elenktik (ἔλεγχος [élenchos]: „Prüfung, Widerlegung"), findet sich in der *Apologie* in der Auseinandersetzung mit seinem Ankläger Meletos um die Frage der Verführung der Jugend, eines gegen Sokrates offiziell erhobenen Anklagepunktes:[30] In einem elenktischen Kreuzverhör versucht Sokrates hier die Position seines Anklägers Meletos zu erschüttern, der behauptet, er wisse, wer die Jugend verdirbt. Charakteristisch ist

---

30 Ders., Apol. 24d–25b.

dabei sein „Frage-Antwort-Spiel", das er in der Rolle eines Nichtwissenden beginnt. Schon die erste Frage treibt Meletos in die Enge und erzeugt Aporie. Im nächsten Schritt erfolgt die Widerlegung *(élenchos)* und schließlich eine neuerliche Widerlegung mit der vollkommenen Bloßstellung des „Gegners", da dessen Antwort so paradox und absurd ist, dass sie nicht ernst genommen werden kann. Meletos ist der Blamierte und in seinem offenbar gewordenen Nichtwissen ist die Hybris seines Auftretens demaskiert. Dabei wird auch die viel zitierte sokratische Ironie sichtbar, indem Sokrates auf diese besondere Weise seine Überlegenheit ausspielt.

In den Dialogen wird wiederholt gezeigt, dass Sokrates keineswegs belehren wollte und von der Warte des Wissenden aus Antworten verwirft, sondern immer wieder betont, in gemeinsamer Anstrengung mit seinen Gesprächspartnern Annäherungen an Einsichten zu suchen, ohne jemals mit dem Anspruch aufzutreten, diese bereits zu besitzen. Diese gemeinsame Suche besteht darin, dass er durch beständiges Weiterfragen die jeweiligen Antworten auf ihre Haltbarkeit prüft *(elénchein)*. Der andere muss seinen Definitionsversuch, der als zu prüfende These vorliegt, rechtfertigen *(lógon didónai)*. Wenn sich daraufhin zeigt, dass seine These nicht vereinbar ist mit anderen Aussagen, die er in der Sache getroffen hat und die nachweislich in einem logischen Zusammenhang zueinander stehen, hat diese der Prüfung nicht standhalten können und ist somit widerlegt. Das Ziel dieser elenktischen Methode besteht darin, das Scheinwissen des Gegenübers aufzudecken und gleichzeitig die Bereitschaft zu weiterem Lernen zu provozieren und adäquates Wissen zu fördern, um der Wahrheit näherzukommen.

Wenn mehrere Definitionsversuche scheitern und keine schlüssigen Antworten auf die „Was ist X"-Frage gefunden werden kann, bleibt noch das sog. *hypóthesis*-Verfahren, wie es beispielsweise im *Menon*[31] vorgeführt wird, wo es um die Frage nach der Lehrbarkeit der Tugend *(areté)*[32] geht. Dieses Verfahren besteht nun darin, ein vorge-

---

31 Vgl. Platon, Men. 86eff.
32 Griech. *areté* (ἀρετή) heißt wörtl. „das Bestsein" zu *áristos* (ἄριστος: „der Beste"). Dieser Begriff ist sowohl mit dem Wort „Tugend" als auch mit „Tüchtigkeit" nur unzulänglich wiedergegeben. Nach Sokrates/Platon handelt es sich um eine *téchne*, auch gleichzusetzen mit einem handlungsleitenden Wissen, das auf einen bestimmten Lebensbereich bezogen ist (z. B. die Feldherrenkunst oder das Flötenspiel). In diesem funktionalen Sinne wäre es mit „Tüchtigkeit" zu umschreiben. Dabei kommt jedoch der moralische Aspekt, den wir mit „Tugend" wiedergeben, ein wenig zu kurz. Denn auch dieser steckt zweifellos

legtes Problem, das nicht direkt gelöst werden kann, zunächst auf eine Bedingung zurückzuführen, die für eine Antwort erfüllt sein muss. Eine schwierige und unmittelbar nicht zu beantwortende Ausgangsfrage wird zurückgeführt auf eine andere, leichter zu beantwortende Frage, die mit der ersten so verbunden ist, dass eine Beantwortung der zweiten Frage auch die der ersten ermöglicht.

In unserem Fall heißt das, dass die Frage nach der Lehrbarkeit der *areté* mit der *hypóthesis* (ὑπόθεσις: „grundlegende Voraussetzung"), dass *areté* Wissen sei, gelöst werden soll. Sokrates hält zwar daran fest, dass *areté*, wenn sie Wissen ist, auch lehrbar sein muss, doch es kommen Zweifel auf, ob sie tatsächlich Wissen ist[33], denn es könnte auch schon eine „richtige Meinung" gut und nützlich sein[34]. Somit bringt auch die *hypóthesis* keine klare Antwort auf die Frage nach der Lehrbarkeit: Es bleibt zwar nach wie vor der Bedingungszusammenhang bestehen, dass *areté* gelehrt werden kann, wenn sie Wissen ist, jedoch lässt sich kein Beweis für die Richtigkeit der Bedingung erbringen. Andererseits wird durch die Einführung der *hypóthesis* und deren Prüfung ein Feld begrifflicher Möglichkeiten differenziert, durch die man der Beantwortung der „Was ist X"-Frage auf jeden Fall ein Stück näher rücken kann. Hier lässt sich schon sehr gut der Ansatz der Methode des Falsifizierens erkennen, mit der sich Karl Popper gegen das seit Aristoteles tradierte Prinzip der Verifikation stellte und die er bekanntlich für die einzig geeignete hielt, um sich der Wahrheit anzunähern. (→ **F 22: Elenktik**)

Die zweite von Sokrates selbst so bezeichnete Methode der Gesprächsführung ist die sog. Maieutik (τέχνη μαιευτική [téchne maieutiké]: „Hebammenkunst"), eine Technik, mit der andere auf solche Weise zu Erkenntnissen geführt werden, dass sie meinen, diese aus sich selbst heraus gewonnen zu haben. Sokrates sieht sich dabei in einer ähnlichen Rolle wie die Hebamme, weil er bei der „Entbindung" von Gedanken und Thesen behilflich ist.[35] Ein berühmtes Beispiel für diese Methode findet sich wiederum im Dialog *Menon*,

---

im Begriff *areté*. In dieser Hinsicht handelt es sich um eine Vorstellung von Vorzügen, positiv eingeschätzten Haltungen und Charaktereigenschaften, eben „Tugenden".
33 Vgl. Platon, Men. 89d.
34 Vgl. ebd. 97 bc.
35 Vgl. Platon, Theait. 150cd.

wo ein Sklave ohne entsprechende Vorkenntnisse eine geometrische Aufgabe lösen soll.[36]

Diese *téchne maieutiké*, die in engem Zusammenhang mit der platonischen *Anámnesis*-Lehre[37] zu sehen ist, hatte weitreichende Konsequenzen für die Philosophie. Sokrates hat hier einen ganz anderen Weg als den der empirischen Wissenschaften beschritten, der auch seinem Selbstverständnis, kein eigenes sicheres Wissen zu beanspruchen, entspricht. Denn die Aufgabe des Lehrers bestehe nicht darin, dem Schüler bereits fertige Kenntnisse zu übermitteln, sondern ihn zum Nachdenken anzuregen und durch geeignete Fragen auf den Weg der Erkenntnis zu führen, indem die in ihm schlummernden Anlagen zur Entfaltung gebracht werden.

Es ist zweifellos das Verdienst des (platonischen) Sokrates, dass der Dialog unter den literarischen Formen der antiken Philosophie eine besondere Stellung einnimmt, wobei Dialog nicht immer äußerliche Wechselrede heißen muss, es kann auch genügen, dass die „Seele" ein Gespräch mit sich selbst führt.[38] Sokrates macht klar, dass Dialog im eigentlichen Sinne des Wortes[39] nur jenes Gespräch sein kann, in dem eine Sache erörtert wird und die ständige Bereitschaft vorhanden ist, nachzufragen, Gedanken auszuweisen, Einwände zu akzeptieren und im Fall des begründeten Zweifels zu revidieren. Mit der Form des Dialogs erweist sich die sokratische Philosophie als *philo-sophía* im eigentlichen Sinn des Wortes, als ein Streben nach Weisheit. Sie gibt damit einerseits die prätentiöse Haltung der Sophisten auf, die sich als Experten für bestimmte Wissensgebiete betrachten, andererseits ist sie vollkommen frei vom überheblichen Gestus der Verkündigung eines Wissens, das sich allen menschlichen Meinungen gegenüber überlegen gibt. Vielmehr sind es gerade die Menschen, die auf dem Prüfstand stehen, denn die zu prüfenden Thesen enthalten immer auch die persönlichen Überzeugungen, das charakterliche Ethos der am Gespräch Beteiligten. *Ich will*, sagt Sokrates, *eigentlich nur den Satz prüfen, aber es ereignet sich dann wohl, dass dabei auch ich, der Fragende und der Antwortende geprüft werden.*[40]

---

36 Vgl. Platon, Men. 84cff.
37 S. III. 2. Teil, Kap. 4.1, S. 164ff.
38 Vgl. Platon, Theait. 189e–190a.
39 Das dem Wort Dialog zugrunde liegende griech. Verb *dialégesthai* bedeutet in seiner medialen (rückbezüglichen) Form neben „sich unterreden" „sich etwas im Nachdenken auseinanderlegen, überdenken, erwägen".
40 Platon, Prot. 333c.

1.4 Das „Nichtwissen" des Sokrates

Nach dem Zeugnis der platonischen *Apologie* hat Sokrates seine ganze Tätigkeit mit dem Orakelspruch des delphischen Gottes Apoll legitimiert. Er versteht den Orakelspruch, der ihn als den „weisesten" aller Menschen gepriesen hat, als Rätsel und Aufforderung zugleich.[41] So sieht er es als einen Dienst am Gott[42], das Orakel zu widerlegen, und macht sich auf, um das Wissen seiner Mitbürger zu testen und herauszufinden, ob jemand weiser sei als er. Er befragt zunächst die Politiker, doch stellt sich deren Wissen bald als bloßes Scheinwissen heraus. Danach probiert er es bei den Dichtern und schließlich bei den Handwerkern und muss überall die gleiche Erfahrung machen. Dass diese öffentlichen Befragungen den betreffenden Personen oft lästig waren, ist leicht zu verstehen, denn üblicherweise glauben die Menschen, hinreichend genau zu wissen, was gut und schlecht ist und was sie tun oder lassen sollen, zumal sie sich bereits in bestimmten Berufen bewährt haben. Sokrates' Behauptung, dass auch er selbst über keinerlei Wissen verfüge, musste in den Ohren all derer, denen gerade mit seiner entlarvenden Fragetechnik nachgewiesen worden war, dass sie bloß im Besitz eines Scheinwissens wären, unglaubwürdig und unaufrichtig, ja geradezu als provozierende Ironie[43] erscheinen. *Um diesen kleinen Unterschied bin ich also offenbar weiser, als ich eben das, was ich nicht weiß, mir auch nicht einbilde zu wissen.*[44]

Nach der systematischen Destruktion des vermeintlichen Wissens der anderen stellt Sokrates also fest, dass seine *anthropíne sophía* (ἀνθρωπίνη σοφία: „menschliche Weisheit") paradoxerweise gerade auf der Einsicht des eigenen Nichtwissens beruhe, und findet somit das Orakel bestätigt. Mit dieser „menschlichen Weisheit" zog er sich wohl den Hass vieler seiner Mitbürger zu. Doch er hielt unbeugsam an der theologischen Rechtfertigung seines Tuns fest: Der Gott Apoll habe ihm den Auftrag gegeben, sein Leben in den Dienst der Philosophie zu stellen, indem er sich und die anderen prüfe, ohne den Tod

---

41 Vgl. ders., Apol. 21b.
42 Vgl. G. Figal, Sokrates. München ²1998, S. 37: „Das kann man so lesen, als ob die Philosophie sich einfach der Frömmigkeit einordnet und hier bloß eine neue Variante darstellt; aber man kann auch die provozierende Pointe hören, dass Philosophie – und nichts anderes – Dienst für den Gott sei."
43 Griech. *eironeía* (εἰρωνεία) bedeutet „Verstellung, Anschein von Unwissenheit, Scheinheiligkeit"; vgl. dazu Platon, Apol. 38a, Symp. 216c–e.
44 Platon, Apol. 21d. Der viel zitierte, dem Sokrates zugeschriebene Satz *Ich weiß, dass ich nichts weiß* ist eine Verkürzung der akademischen Skepsis.

oder etwas anderes zu fürchten. Zuletzt wird Sokrates vor die Wahl gestellt, die sittliche Forderung weiter zu erfüllen und dafür den Tod in Kauf zu nehmen oder seiner moralischen Verpflichtung untreu zu werden und damit sein Leben zu retten.

Auch hier begründet Sokrates seine Gewissensentscheidung mit seinem *daimónion*. Dieses göttliche Zeichen, das sich stets nur gemeldet habe, wenn er im Begriffe war, Unrecht zu tun, hielt ihn am Tag der Gerichtsverhandlung weder beim Verlassen des Hauses am Morgen noch beim Betreten des Gerichts zurück.[45] Und er argumentiert auch hinsichtlich des Todes mit seinem „Nichtwissen": Die Furcht vor dem Tode sei nichts anderes als sich einzubilden, etwas zu wissen, was tatsächlich niemand wissen kann. Dass es aber schändlich und verwerflich sei, Recht zu verletzen und dem Besseren, sei es ein Mensch oder ein Gott, nicht zu gehorchen, das wisse er. Sokrates beugt sich in Gehorsam gegenüber der Polis, obwohl sie Unrecht an ihm begeht, doch geht es in diesem Prozess um mehr als eine politische Anklage. Es geht um das Verhältnis von Philosophie und Politik, um die Beziehung zwischen der überlieferten Moral der Gesellschaft und der autonomen Gewissensentscheidung des Einzelnen. Sokrates macht vor Gericht klar, dass er nicht schweigen könne und auch niemals aufhören werde zu philosophieren, und wenn ihm das versagt werde, er in letzter Konsequenz auch bereit sei, den Tod hinzunehmen. Dadurch brüskiert er die Richter und alle, die ihn verurteilen, und ermöglicht letztlich die Befreiung des Individuums.

1.5 Abschließende Würdigung und der Einfluss Sokrates' auf die Nachwelt

Zweifellos stellt Sokrates mit seiner Art des Philosophierens einen Wendepunkt und zugleich Neuanfang in der Geschichte der antiken Philosophie dar, deren weitreichende Wirkung auf spätere Philosophen hier nur skizzenhaft beschrieben werden konnte. Die philosophische Entwicklung seiner berühmten Nachfolger wäre ohne ihn wohl nicht denkbar gewesen. Platon rühmt Sokrates am Schluss des *Phaidon* als *den Trefflichsten, Vernünftigsten und Gerechtesten* und hat uns zahlreiche Dialoge hinterlassen, in denen sein Wirken beschrieben wird. Im *Phaidon* lässt er seinen Lehrer auch die Ideenlehre darlegen, jene philosophische Konzeption, die als Platons eigene Entdeckung gilt,

---

45 Vgl. Platon, Apol. 40b.

und gibt hier zu verstehen, dass er damit das zum Ausdruck bringt, was Sokrates eigentlich habe sagen wollen. Nachdem die Philosophen im Mittelalter kein nennenswertes Interesse an Sokrates gezeigt hatten, machte es die rationalistische Auffassung von Religion im Zuge der Aufklärung möglich, Sokrates als Märtyrer dieses Rationalismus angesichts einer brüchig gewordenen Moral zu sehen, der von Fanatikern in den Tod getrieben wurde. In diesem Geist schrieb beispielsweise Voltaire ein Stück über Sokrates' Tod (*Socrate*, 1759). Aber gerade Sokrates' Hinwendung zum Logos, die den Boden bereitet hatte für die Idee der Wissenschaft, die dann Platon und speziell Aristoteles entwickelten, wurde nicht nur positiv bewertet. Hegel fällt noch ein durchaus positives und rühmendes Urteil: Er sieht die geschichtliche Bedeutung des Sokrates darin, dass hier zum ersten Mal in der Geistesgeschichte das Individuum sein eigenes Recht erkennt, durch ihn sei die Freiheit des Einzelnen aufgegangen. Allerdings resultiert Sokrates' Verurteilung nach Hegel aus dem tragischen Zusammenstoß zweier Moralauffassungen, die beide gerechtfertigt und somit notwendige Stufen auf dem dialektischen Entwicklungsprozess sind, in dem der Weltgeist sich selbst bis zu seiner höchsten Vollendung verwirklicht: „Im wahrhaft Tragischen müssen berechtigte, sittliche Mächte von beiden Seiten es sein, die in Kollision kommen; so ist das Schicksal des Sokrates. (...) Es sind hier zwei Mächte, die gegeneinander auftreten. Die eine Macht ist das göttliche Recht, die unbefangene Sitte – Tugend, die Religion, welche identisch mit dem Willen sind –, in seinen Gesetzen frei, edel, sittlich zu leben; wir können es abstrakterweise die objektive Freiheit nennen (...). Das andere Prinzip ist dagegen das ebenso göttliche Recht des Bewusstseins, das Recht des Wissens (der subjektiven Freiheit); das ist die Frucht des Baums der Erkenntnis, d. i. der Vernunft, (...) – das allgemeine Prinzip der Philosophie für alle folgenden Zeiten. Diese zwei Prinzipien sind es, die wir im Leben und in der Philosophie des Sokrates gegeneinander in Kollision treten sehen."[46]

Sören Kierkegaard, der 1841 seine Dissertation *Über den Begriff der Ironie mit ständiger Rücksicht auf Sokrates* vorlegt, versucht zu beweisen, dass die Gestalt des Sokrates nur durch die Negativität der Ironie zu begreifen ist: „Indes, ist die Ironie eine Bestimmung der Subjektivität, so muss sie sich auch da zeigen, wo die Subjektivität zum ersten Mal weltgeschichtlich in Erscheinung tritt. Die *Ironie* ist nämlich *die erste*

---

46 G. W. F. Hegel, Werke 18, S. 447.

und abstrakteste Bestimmung der Subjektivität (Hervorhebung durch Kierkegaard). Dies weist hin auf jenen geschichtlichen Wendepunkt, an dem die Subjektivität zum ersten Mal in Erscheinung trat und damit sind wir denn zu Sokrates gekommen."[47] Das ironische Individuum kann die herkömmliche Moral mit ihrem Objektivitätsanspruch nicht länger ernst nehmen, doch genauso wenig die Moral, die es sich selbst in seiner Subjektivität willkürlich gestellt hat, was schließlich auch zu seinem Untergang führt.

Auch Nietzsche weist Sokrates welthistorische Bedeutung zu, doch gehört er bei ihm ebenso wie Christus und Richard Wagner zu jenen Figuren, zu denen er zeitlebens ein tief ambivalentes Verhältnis hat. In seinen frühen Schriften halten sich Zustimmung und Ablehnung noch die Waage, gegen Ende seines Lebens jedoch sieht er in Sokrates, den er einst als „das Wappenschild über dem Eingangstor der Wissenschaft"[48] und „als das Urbild des theoretischen Optimisten, der in dem Glauben an die Ergründlichkeit der Dinge dem Wissen und der Erkenntnis die Kraft einer Universalmedizin beilegt und in dem Irrtum das Übel an sich begreift"[49], bezeichnet hat, nur mehr den Zerstörer der Tragödie und des dionysischen Lebensgefühls der Griechen und sieht dessen Glauben an die apollinische Kraft des Intellekts als Illusion und als Symptom einer Dekadenz an: „Sokrates als Werkzeug der griechischen Auflösung, als typischer ‚décadent' zum ersten Male erkannt. ‚Vernünftigkeit' gegen Instinkt. Die ‚Vernünftigkeit' um jeden Preis als gefährliche, als leben-untergrabende Gewalt."[50]

Karl Popper hingegen, der sich genauso wie Nietzsche sein ganzes Leben auf Sokrates bezieht, gehört zu seinen größten Bewunderern. Er sieht in Sokrates den Vorläufer seiner wissenschaftstheoretischen Methode der Falsifikation, der zufolge man die prinzipielle Fehlbarkeit allen Wissens anerkennen müsse, da es unmöglich sei, auf dem Gebiet der empirischen Wissenschaften die Wahrheit zu beweisen: „Bezüglich des informativen Gehaltes (...) müssen wir uns mit der intuitiven Vorstellung befassen, dass Sätze oder Theorien umso mehr besagen, ‚je mehr sie verbieten' oder ausschließen. (...) Der informa-

---

47 S. Kierkegaard, Gesammelte Werke und Tagebücher. Hg. von E. Hirsch u. H. Gerdes. Abt. 31 (der Begriff Ironie), Simmerath ²1991.
48 F. Nietzsche, KSA I, S. 99.
49 Ebd. S. 100.
50 F. Nietzsche, KSA VI, S. 309.

tive Gehalt einer Theorie ist die Menge der Sätze, die mit der Theorie unvereinbar sind."[51]

Dem delphischen Spruche *Erkenne dich selbst* folgend verfügt die sokratische Philosophie nicht über ein Wissen im Sinne eines „Habens", sondern ist stets auf der Suche nach Erkenntnissen, sie ist *philo-sophía* im eigentlichen Sinn des Wortes, die sich durch die Einsicht der Begrenztheit menschlicher Erkenntnisfähigkeit ihrer „Unwissenheit" ständig bewusst ist. Sein anderes großes Vermächtnis hat uns Sokrates in einer radikal neuen Moralbegründung menschlicher Praxis hinterlassen – mit seinem vorgelebten Streben nach dem „richtigen Leben" und dem Guten, da er davon überzeugt war, *dass aller Handlungen Ziel das Gute ist, und dass um seinetwillen alles andere getan werden muss.*[52]

2   Die kleineren sokratischen Schulen

Auch wenn Platon zweifellos als der bedeutendste Nachfolger des Sokrates gilt, darf dennoch nicht die Bedeutung der sog. kleineren sokratischen Schulen übersehen werden, namentlich die der Kyniker und der Kyrenaiker, deren Lehren den zwei großen hellenistischen Philosophenschulen, der Stoá und dem Epikureismus, entscheidende Impulse gaben. Außerdem ergibt sich aus dem Echo, das Sokrates bei jenen zeitgenössischen Philosophen fand, die sich auf ihn beriefen, eine wichtige Ergänzung zu der Art und Weise seines Philosophierens.

2.1   Die Kyniker

Die sokratische Überzeugung, dass die Erkenntnis des sittlich Guten die Grundlage der moralischen Praxis bildet, prägte auch das Bild der kynischen Schule, deren Begründer **Antisthenes** (ca. 445–365 v. Chr.) war. Er soll auch in der Sterbestunde des Sokrates anwesend gewesen sein[53] und galt schon in der Antike als der prominenteste Sokratiker. Zu dieser Einschätzung kam auch Karl Popper, der in Antisthenes den einzig würdigen Nachfolger des Sokrates und zugleich einen der letz-

---

51 Karl Popper, Ausgangspunkte. Meine intellektuelle Entwicklung. Hamburg 1979, S. 30.
52 Platon, Gorg. 499e.
53 Vgl. Platon, Phaid. 59b.

ten der „Großen Generation" sah.[54] Literarische Quellen von sarkastisch-polemischem Charakter bezeugen, dass Platon und Antisthenes auf dem Gebiet der Erkenntnistheorie in scharfem Gegensatz zueinander standen. In der folgenden Anekdote kommt diese Gegnerschaft in zugespitzter Form zum Ausdruck: Als Antisthenes Platon kritisierte, indem er sagte: *Ein Pferd sehe ich, Platon, eine Pferdheit dagegen sehe ich nicht,* entgegnete dieser: *Du hast eben nur das Auge, mit dem man ein Pferd sieht, aber das Auge, mit dem man eine Pferdheit erblickt, hast du noch nicht erworben.*[55] Antisthenes vertrat aller Wahrscheinlichkeit nach den Standpunkt des Nominalismus und hielt es im Gegensatz zu Platon nur für möglich, die Beschaffenheit der Dinge (ποῖόν τι ἐστίν [poíon ti estín]: „wie beschaffen etwas ist") durch vergleichendes Betrachten und Namensnennung zu beschreiben, nicht aber das Wesen, „das: Was ist es" (τὸ τί ἐστιν [to ti estin]). Hier liegt der Ursprung des Universalienproblems, des Streits über Realismus und Nominalismus, der das gesamte Mittelalter beherrschte.

Von weitaus größerer Bedeutung wurde jedoch die Ethik des Antisthenes. Wie es schon bei Sokrates der Fall war, gilt auch sein Interesse der sittlichen Vervollkommnung des Menschen, doch konzentriert sich Antisthenes vornehmlich auf den Einzelnen, auf das Individuum in seiner Subjektivität, und sieht den Menschen nicht mehr unbedingt auch gleichzeitig als Bürger und Angehörigen der Polis. Dieser Rückzug aus der Politik wird in der hellenistischen Philosophie ganz zum Durchbruch kommen. Außerdem nimmt Antisthenes auch nicht mehr die fragende und forschende Haltung seines Lehrers ein; nicht mehr der *philó-sophos,* der nach Weisheit strebt, ohne ihrer schon teilhaftig zu sein, ist die Leitfigur, sondern der Weise *(sophós),* der sich in der Praxis bereits bewährt hat und mit einem bestimmten Wissensanspruch auftritt. Die Tugend ist nach Antisthenes ausreichend für das Lebensglück des Menschen, für seine *eudaimonía,* die das höchste Ziel *(télos)* jedes antiken Ethikentwurfs ist.

Im griechischen Wort *eudaimonía* steckt die Zusammensetzung *eu* (εὖ: „gut") und *daimon* (δαίμων: „Gottheit, göttliches Wesen"), dessen Wirken man spürt, ohne es (wie die olympischen Götter) benennen zu können; so kann *daímon* auch „persönlicher göttlicher

---

54 Vgl. K. Popper, Die offene Gesellschaft und ihre Feinde. Bd. 1. München [6]1980, S. 260.
55 *Socraticorum Reliquiae* (hg. von G. Giannantoni, Napoli 1990) II, V A 149; vgl. DL VI 53.

Schutz"⁵⁶ oder „das Geschick" bedeuten. Daher ist die Übersetzung mit „Glück(seligkeit)" nicht ganz treffend, da eine Wiedergabe mit „Glück" einerseits den Aspekt des Zufalls impliziert (griech. jedoch *eutychía*), der Ausdruck „Glückseligkeit" andererseits den nicht zutreffenden Eindruck an einen gleichsam jenseitigen Zustand der Erlösung suggeriert. In der griechischen Antike ist unter „Glück" am ehesten das gute, gelingende Leben zu verstehen, wobei der Begriff im philosophischen Kontext nicht schon eine bestimmte Anweisung zu dessen Verwirklichung präjudiziert, sondern die Wege zur Erreichung dieses Ziels können ganz verschiedene sein.

Darum bedarf es für Antisthenes auch eines Wissens um den Begriff „Tugend" *(areté)*, das zugleich jede Einzeltugend wie etwa Tapferkeit oder Besonnenheit mit einbezieht, und es bedarf vor allem eines starken, zielbewussten Willens, das als gut Erkannte auch konsequent in die Tat umzusetzen. Dieses voluntaristische Moment wurzelt wiederum in der Persönlichkeit des Sokrates, der der Nachwelt ein bewundernswertes Zeugnis seiner Charakterstärke hinterlassen hat. Um die Tugend zu verwirklichen und sich gegen Triebe, Begierden und konventionelle Zwänge zu immunisieren, muss man sich mit *áskesis* (ἄσκησις: „hartes Training, Übung") dem *pónos* (πόνος: „Arbeit, Mühe") unterziehen. Das Ideal der siegreichen Überwindung des *pónos* und die Verkörperung einer sich immer aufs Neue durch die Tat bewährenden *areté* repräsentiert Herakles mit seinem *Dodekathlós*, zwölf schweren und gefährlichen Arbeiten, die er im Dienste des Eurystheus, des Königs von Mykene, verrichten musste. So gelangt der Mensch, der Mühen und Strapazen zu seiner Abhärtung auf sich nimmt, in den Zustand einer zufriedenen *autárkeia* (aus αὐτός [autós]: „selbst" und ἀρκεῖν [arkeín]: „ausreichen" > „Selbstgenügsamkeit, Unabhängigkeit"), indem er erkennt, dass er sich mit der Rückkehr zur Natur größtmögliche Anspruchslosigkeit gegenüber raffinierten und künstlich erzeugten Bedürfnissen erwirbt und sich dadurch ganz auf ein Leben gemäß der Tugend konzentrieren kann. (→ **F 23: Kynische Ethik**)

Obwohl von den zahlreichen Schriften des Antisthenes – rund sechzig Dialogen und Darlegungen *(Logoi)*, deren Titel uns überliefert sind – fast nichts erhalten ist, vermitteln uns zahlreiche doxographische Berichte wie beispielsweise die Darstellungen bei Diogenes Laërtios oder in Xenophons *Sympósion* ein ziemlich umfassendes Bild

---

56 Vgl. z. B. Euripides, Orestes 667.

von seinem Leben. Nach dem Tod des Sokrates soll er im Gymnasion Kynósarges gelehrt haben, nach dessen Namen man seine Anhänger Kyniker nannte. Dabei dürfte auch die Etymologie des Wortes eine Rolle gespielt haben: Griech. *kýon* heißt „Hund", und die öffentlich zur Schau getragene kompromisslose und antizivilisatorische Haltung dieser Philosophen legte es nahe, sie im Sinne ihrer „Bissigkeit" und ihres schamlosen Bettellebens auf der Straße als „Hundephilosophen" zu bezeichnen.

Tatsächlich trug der bekannteste Kyniker, **Diogenes von Sinope** (ca. 400–323 v. Chr.), der durch seine Provokation, seine ironische Bissigkeit und seine treffsichere Schlagfertigkeit den Kynismus erst zur vollen Entfaltung brachte, den Beinamen „Hund". Historisch nicht zweifelsfrei geklärten Berichten zufolge musste er, nachdem sich sein Vater oder/und er der Münzfälschung schuldig gemacht hatte/n, seine Heimatstadt am Schwarzen Meer verlassen und kam nach Athen, wo er bald zum allseits bekannten Kuriosum wurde. Er trieb die Gedanken des Antisthenes auf die Spitze, indem er vor keiner Normverletzung und keiner Bloßstellung bürgerlicher Konventionen zurückschreckte. Seine Lebensweise gab Anlass zu zahlreichen Anekdoten, so soll er in einem „Fass" (wahrscheinlich war es eine extrem kleine Lehmhütte) gelebt haben und einmal am helllichten Tag mit einer Laterne am Markt erschienen sein, um, wie er der neugierigen Menge erklärte, einen Menschen zu suchen.[57] Damit meinte er offensichtlich jemanden, der es versteht, jenseits allen Scheins und der von der Gesellschaft aufgezwungenen Verhaltensregeln glücklich zu leben.

Die berühmteste Anekdote ist sicherlich die Schilderung der Begegnung von Diogenes mit Alexander dem Großen, in der der eigentliche Wortsinn des „Zynischen" besonders deutlich zum Ausdruck kommt. Als der Makedonenkönig und Herrscher über ganz Griechenland vor den in der Sonne dösenden Diogenes trat und ihm einen Wunsch freistellte, sagte dieser nur: *Geh mir aus der Sonne!*[58] In dieser prägnant-schlagfertigen Antwort steckt die ganze Geringschätzung und Verachtung, die die Kyniker den Mächtigen gegenüber empfanden, und zugleich die Verteidigung ihrer persönlichen Freiheit und Unabhängigkeit. Gerade die Tatsache, dass sich Diogenes mit einer allzu bescheidenen Bitte begnügt, kann Alexander nicht anders als Affront verstehen, als eine mit voller Absicht formulierte Beleidigung.

---

57 Vgl. DL VI 41.
58 Vgl. DL VI 38.

Für Diogenes ist noch weit mehr als für Antisthenes der alte Gegensatz von *nómos* und *phýsis* von Bedeutung, der von ihm gleichsam auf die Spitze getrieben wird, indem er eine radikale Umwertung der herkömmlichen Werte verlangt. Er sieht in der Zivilisation viele der Natur zuwiderlaufende Hindernisse auf dem Weg der Selbstverwirklichung des Einzelnen und demonstriert in der Öffentlichkeit – oft mit spöttischem Hohn, schamlosen Provokationen und krassen Tabuverletzungen – seine antizivilisatorische Haltung und kulturfeindliche Ablehnung all der vermeintlichen moralischen Zwänge. Getragen von der Überzeugung der Güte der Natur soll er im Sinne des sprichwörtlichen *Naturalia non sunt turpia* („Natürliches ist nicht schändlich", d. h., natürliche Bedürfnisse und deren Befriedigung sind nichts, dessen man sich schämen müsste) nach dem Zeugnis des Diogenes Laërtios sowohl *die Werke der Getreidegöttin Demeter als auch die der Liebesgöttin Aphrodite*[59] öffentlich verrichtet haben. Demgemäß befürwortete er auch Promiskuität und gemeinsame Kindererziehung und stellte sogar das Inzestverbot in Frage. Doch fühlte er sich ebenso bemüßigt, die von Antisthenes zur Überwindung von triebbedingten Abhängigkeiten empfohlene Begierde- und Bedürfnisaskese in höchst drastischer und origineller Weise zu praktizieren, indem er sich beispielsweise zur Abhärtung im Sommer im heißen Sand wälzte und im Winter wiederum schneebedeckte Säulen umarmte.[60] Auf jeden Fall war das Wirken des Diogenes ganz und gar antitheoretisch, er verkörperte tatsächlich seine Philosophie, er war ein Philosoph der Tat und lebte – wenn auch manchmal ins Groteske gesteigert – eine persönlich-performative Lehre vor, wobei die Bedürfnisminimierung des Kynikers keineswegs dem Ziel jenseitiger Glückserwartung diente, sondern immer nur der praktischen Erlangung subjektiver Zufriedenheit und Unerschütterlichkeit *(ataraxía)* im Diesseits.

Als Platon einmal gefragt wurde, was er von Diogenes halte, soll er geantwortet haben: *Er ist ein verrückt gewordener Sokrates* (Σωκράτης μαινόμενος [Sokrátes mainómenos]).[61] In der Tat repräsentierte Diogenes eine Radikalisierung der sokratischen Lebensform, und daher scheint es folgerichtig zu sein, dass er auch eines der berühmten methodischen Verfahren der Gesprächsführung seines Lehrers weiterentwickelte, die sokratische Ironie. In der kynischen Praxis kehrte der Dialog zu einer seiner Wurzeln zurück, zur Komödie, und wurde zum

---

59 DL VI 69.
60 Vgl. DL VI 23.
61 DL VI 54.

Genre der Satire, die der Kyniker Menippos von Gadara zur Kunstform *(satura Menippea)* ausgestaltete. Durch das Prinzip des *spoudogeloíon* (aus σπουδή [spoudé]: „Ernst, Eifer" und γελοῖον [geloíon]: „witzig, lächerlich"), einer Vermischung von Ernst und Scherz, wurde die ernste Unterredung zur polemisch-sarkastischen Travestie, die wie die Anekdote und die Diatribe[62] zum charakteristischen Repertoire der philosophischen Ausdrucksformen gehörte. In der Anekdote mit ihrer Einfachheit, Kürze und Prägnanz zeigt sich in pointierter Weise das Philosophieverständnis des Kynikers, der der exemplarischen Lebensweise gegenüber der Theorie den Vorzug gibt und entsprechende Handlungen und Verhaltensweisen fordert. Auch die Diatribe als Derivat des Dialogs, die moralphilosophische Rede, die sich in oft volkstümlichem Ton an ein breites Laienpublikum wendet, zeigt die Verbindung von Praxis und Lehre, indem sie durch unterhaltsame Belehrung erziehen will.

Schon bei Sokrates war die Tendenz festzustellen, die Bindung an die eigene Polis unter bestimmten Umständen zu lösen, und diese setzte sich bei den Kynikern in verstärktem Maße fort, wohl auch deshalb, weil zu dieser Zeit die Entwicklung eines Großreichs, in dem die griechischen Stadtstaaten aufgingen, absehbar wurde. In der Tat erlebte Diogenes noch die Entstehung des Makedonenreichs unter Alexander dem Großen. Damit waren tief greifende politische und kulturelle Veränderungen verbunden, die die Menschen veranlassten, ihren Platz in der Gesellschaft neu zu bestimmen. An die Stelle der einzelnen Polis traten neue großstädtische Zentren (z. B. Alexandria), die nicht mehr traditionalistisch geprägt waren, sondern vielmehr Symbiosen verschiedenster Kulturen darstellten. So wurde die ganze (bekannte) Welt, der „Kosmos", Ersatz für die zunehmend an Bedeutung verlierenden herkömmlichen Bindungen an Familie, Stand und Polis, und dieses „kosmopolitische"[63] Vermächtnis übernahm dann die Stoá, deren Gründer Zenon von Kition übrigens Schüler des Krates aus Theben, eines der bekanntesten Anhänger des Diogenes, war.

---

62 Die Diatribe (griech. διατρίβη heißt eigentlich „Zeitvertreib") ist eine (satirische) Moralpredigt in fiktiver Dialogform.
63 Das griech. Wort *kosmopolítes* („Weltbürger") wurde nach Diogenes Laërtios von Diogenes geprägt (DL VI 62).

2.2 Die Kyrenaiker

So weit wichen die verschiedenen Ansichten über dies Höchstziel voneinander ab – man sollte es bei Schülern eines Meisters nicht für möglich halten –, dass einige wie Aristipp die Lust für das höchste Gut erklärten, andere wie Antisthenes die Tugend, urteilt bereits Augustinus über den auffallenden Gegensatz in der Konzeption der beiden bedeutendsten sokratischen Nachfolgeschulen.[64] Tatsächlich erscheint es merkwürdig, dass seine Schüler so verschiedene Schlüsse aus der Lehre ihres Meisters zogen, hatte doch Sokrates gesagt: *Also des Guten wegen muss man, wie alles andere, so auch das Angenehme tun, nicht aber das Gute um des Angenehmen willen.*[65]

Doch offensichtlich hat **Aristippos von Kyrene** (ca. 435–355 v. Chr.), dessen Schule (Kyrenaiker) nach seiner Heimat benannt ist, in seinem Streben nach Glück dem Angenehmen, der Lust den Vorzug vor der Tugend gegeben und dazu seine Theorie des Hedonismus (ἡδονή [hedoné]: „Freude, Lust") entworfen. In seiner Schule vereinigen sich sokratische Elemente mit sophistischen Lehren, vor allem in Hinsicht auf die Erkenntnistheorie. So übernimmt er den Phänomenalismus und Subjektivismus des Protagoras und vertritt wie dieser einen sensualistischen Standpunkt, allerdings mit einer entscheidenden Einschränkung: Auch wenn wir nichts Sicheres über das wirkliche Wesen der Dinge aussagen können, so sind doch die *páthe* (Pl. zu πάθος [páthos]: „Empfindung") für uns absolut evident und von unumstößlicher Gewissheit, also jene von den Außendingen bewirkten Affektionen unseres Bewusstseins, auf Grund derer wir etwas als angenehm oder unangenehm empfinden.[66] Da aber die Werturteile, die auf Lust- bzw. Unlustgefühlen basieren, immer vom jeweiligen subjektiven Gemütszustand abhängig sind, haben sie keinerlei objektive Gültigkeit und genauso wenig geben sie Auskunft über die Beschaffenheit der Welt. Nur die Namen und Bezeichnungen für die von den Dingen in uns verursachten Eindrücke haben eine gewisse intersubjektive Bedeutung. Daraus folgt einerseits, dass alle naturphilosophischen Unternehmungen nichts zur Erklärung der Welt beitragen[67], und andererseits, dass Moralphilosophie nicht vom Subjekt unabhängig

---

64 Aurelius Augustinus, Vom Gottesstaat VIII 3.
65 Platon, Gorg. 500a.
66 Der Ansatz zu dieser Theorie findet sich schon bei Demokrit (DK 68 B 188): *Lust und Unlust sind die Grenzen des Zuträglichen und Abträglichen.*
67 Vgl. DL II 92.

gedacht werden kann, sondern einzig eine Sache menschlicher Konventionen ist. Die individualistische Ethik der Kyrenaiker, die das Lustprinzip als das einzige Bewertungskriterium anerkennt, übersieht im Anschluss an Sokrates jedoch nicht die Rolle, die der Verstand, die wertende Einsicht *(phrónesis)* bei moralischen Entscheidungen spielt. So wird differenziert zwischen einer höherwertigen Lust, die aus der Erfüllung geistiger Bedürfnisse entspringt, und einer niedrigeren, die durch die Befriedigung sinnlicher Triebe entsteht. Allein diese Einsicht kann uns vor den Quellen der Unlust, vor jeglicher Abhängigkeit von äußeren Umständen bewahren, vor Liebesleidenschaft, Neid, Aberglaube oder Ruhmsucht, die ja im Grunde auf falschen Meinungen beruhen. Die *phrónesis* soll aber auch verhindern, dass wir uns in der Lust verlieren, dass wir zu Sklaven der Lust werden, denn nur der Weise ist imstande, sich den Zwängen sozialer Bindungen (Ehe, Staat, Vaterland) zu entziehen und über den Dingen zu stehen, um ungestört sein Leben genießen zu können. Die innere Freiheit geht dem Weisen über alles und Tugenden haben in Wahrheit nur Wert als Mittel zum Zweck.

III. 2. Teil: Platon

Nach den naturphilosophischen Konzeptionen der Vorsokratiker, der intellektuellen „Aufklärung" der Sophisten und der Wahrheitssuche des Sokrates ist in Platons Werk gleichsam eine Neugründung der europäischen Philosophie zu sehen. Denn ihm ist es in einzigartiger Weise gelungen, eine Synopse fast aller bedeutenden Denkansätze, die vor ihm formuliert wurden, zu erstellen. Diese zeichnet sich nicht nur durch die Großartigkeit des Gesamtentwurfs aus, sondern vor allem auch dadurch, dass sie alles vorher Gedachte zugleich umformt, in neue Zusammenhänge stellt und so gleichsam neu erschafft. Man kann Platon als *den* Erben der großen philosophischen, literarischen und religiösen Traditionen des frühen Griechentums bezeichnen. Neben all seinen philosophischen Überlegungen erwies er sich nämlich auch – sozusagen in „homerischer Tradition" – als phantasiebegabter Mythendichter: Die Wirkung seiner Atlantis-Erzählung war gewaltig und der Mythos ist bis heute präsent geblieben. Durch Platon (und seinen bedeutendsten Schüler Aristoteles) wurde, so Hans-

Georg Gadamer, „ein Reich des Gedankens" errichtet, das gleichsam „die Summe des griechischen Lebens zog, die religiöse Tradition und die wissenschaftliche Erkenntnis auf neuem Grund vereinigte und damit jene Gestalt des philosophischen Gedankens heraufführte, die als Metaphysik mehr als zwei Jahrtausende die abendländische Geschichte geistig beherrscht hat".[1]

1 Biographie

Platon ist der erste griechische Philosoph, von dessen Leben wir umfassende und zuverlässige Kenntnis haben. Er wurde 428/427 v. Chr. geboren und entstammte einer der ältesten aristokratischen und wohlhabendsten Familien Athens. Seine Mutter leitete ihre Abkunft von einem Verwandten des Solon ab, zwei seiner Onkel, Kritias und Charmides, spielten eine führende Rolle beim oligarchischen Umsturz der dreißig Tyrannen im Jahre 404 v. Chr.; Platon wuchs demnach in einer zutiefst antidemokratisch gesinnten Familie heran. Wie es für die Söhne aus hochgestellten Familien vorgesehen war, dachte auch der geistig wie körperlich hoch begabte Jüngling anfangs daran, die politische Laufbahn einzuschlagen. Im Rückblick auf sein Leben findet sich folgende Anmerkung: *Vor langer Zeit, als ich noch jung war, ging es mir, wie es vielen zu gehen pflegt: ich glaubte, ich würde mich, sobald ich volljährig geworden sei, sofort auf die Politik werfen.*[2] Doch die schlimmen politischen Erfahrungen, die Platon gemacht hatte, zunächst mit dem von den dreißig Tyrannen errichteten Schreckensregime, dem ungefähr 1500 politische Gegner zum Opfer gefallen waren, und dann vor allem mit der Hinrichtung des von ihm hoch verehrten Sokrates, zu dessen Schülern er acht Jahre lang gezählt hatte, müssen ihn schwer erschüttert und zum Umdenken bewogen haben. Zutiefst enttäuscht in seinen Hoffnungen, die er in die neu errichtete demokratische Regierung gesetzt hatte, wandte er sich fortan dem Philosophieren zu, das – ausgehend vom Justizmord an Sokrates – von der Frage nach der Gerechtigkeit und nach einer gerechten Ordnung des Gemeinwesens geleitet war. Die Antwort, so Platon, könne jedoch nicht im aktiven politischen Engagement, das oft von Machtbegierde und Intrigen dominiert wird, gefunden werden, sondern nur im besinnlichen Nachdenken und

---

1 H.-G. Gadamer, Philosophisches Lesebuch 1. Frankfurt/Main 1965, S. 65.
2 Platon, Der siebente Brief 324b.

Reflektieren der Erkenntnisse und in der Entwicklung einer Philosophie, die aus den Symptomen der Krise geeignete Schlussfolgerungen ziehen kann. Allerdings verzichtete er später nicht gänzlich auf den Versuch, seine philosophischen Einsichten auch in der Praxis zu erproben.

Über diese Unternehmungen berichtet Platons *Siebenter Brief*, ein äußerst aufschlussreiches autobiographisches Dokument, an dessen Authentizität lange gezweifelt wurde, das aber inzwischen von der Forschung weitgehend als echt anerkannt wird. An einer Stelle wird seine Intention, mit Hilfe der Philosophie gerechte Verhältnisse zu schaffen, besonders deutlich: *Und so sah ich mich gezwungen, nur noch die wahre Philosophie anzuerkennen und festzustellen, dass man allein von ihr ausgehend vollständig erkennen könne, worin Gerechtigkeit im Staat und im Privatleben bestehe und dass wahrhaftig das Menschengeschlecht nicht aus dem Unglück herauskäme, bis entweder der Stand der echten und wahren Philosophen zur Herrschaft im Staate gelangt, oder bis die Inhaber der Regierungsgewalt in den Staaten infolge einer göttlichen Fügung sich zur ernstlichen Beschäftigung mit der echten Philosophie entschließen.*[3] Platon hielt zeitlebens an seiner Meinung fest, dass gerechte und sozial ausgewogene gesellschaftliche Verhältnisse nur auf der Basis philosophischer Erkenntnisse geschaffen werden können. So ist seine Philosophie immer auch mit der Politik verbunden geblieben.

Anders als Sokrates, der – außer im Falle eines Kriegsdienstes – Athen um der Philosophie willen nie verlassen wollte[4], unternahm Platon eine Reihe von Studienreisen, der Überlieferung zufolge möglicherweise bis nach Ägypten, nach Megara zu Euklid, nach Kyrene und nach Süditalien und Sizilien, wo er Kontakte mit den Pythagoreern knüpfte und deren mystische Zahlenlehre wie auch ihren Seelenglauben kennenlernte.[5] Dann begab er sich nach Syrakus an den Hof des Tyrannen Dionysios I. (430–367 v. Chr.), an dem eine hedonistische und vernunftfeindliche Lebensweise herrschte, wo er aber auch die Bekanntschaft mit Dion, dem jungen und hochbegabten Schwager des Herrschers, machte, der ihm berechtigte Hoffnung gab, seine philosophischen Ansichten in die Realität umzusetzen.[6] Dionysios hingegen entwickelte bald Vorbehalte gegenüber Platon und ließ ihn nach Ägina ausschiffen. Einem nicht unbedingt zuverlässigen Bericht

---

3 Platon, Der siebente Brief 326ab.
4 Vgl. Platon, Phaidr. 230d.
5 Vgl. DL III 6.
6 Vgl. Platon, Der siebente Brief 327ab.

zufolge geriet er dabei in eine äußerst prekäre Lage und lief sogar Gefahr, als Kriegsgefangener verkauft zu werden, bis ein Bekannter aus Kyrene namens Annikeris das Lösegeld für ihn entrichtete. Nach seiner Rückkehr gründete Platon in Athen seine Schule, eine hierarchisch organisierte Gemeinschaft Gleichgesinnter, im Nordwesten vor den Mauern der Stadt, in der Nähe des Heiligtums des attischen Heros Akademos, von dessen Namen sich die Bezeichnung „Akademie" herleitet. In dieser Institution, die fast tausend Jahre bis zur Schließung durch Kaiser Justinian im Jahre 529 n. Chr. Bestand haben sollte, kann man gleichsam eine erste „Universität" sehen: Hier wurden zum ersten Mal in der europäischen Philosophiegeschichte Wissen, Reflexion und Bildung durch permanente Lehre und Forschung nachhaltig und systematisch etabliert.[7]

Ein Indiz für die spätere Entwicklung von Philosophie kann der Umstand liefern, dass die Akademie von der Agorá, dem Stadtzentrum, das ja bekanntlich *der* bevorzugte „Arbeitsplatz" des Sokrates war, immerhin ca. drei Kilometer entfernt lag. Darin könnte man bereits den Beginn einer bewussten „Akademisierung", einer Ausdifferenzierung von Philosophie und Wissenschaft erkennen oder, anders gesagt, einer Entwicklung, in deren Verlauf philosophisches Denken seinen öffentlichen Status in zunehmendem Maße einbüßt und nur mehr einem Zirkel von entsprechend Gebildeten vorbehalten ist.

Für Platon blieb jedenfalls die philosophische Lehre in der Akademie neben der schriftstellerischen Tätigkeit sein Lebensmittelpunkt bis zu seinem Tode im Jahre 347 v. Chr. Danach wurde zunächst sein testamentarisch vorgesehener Neffe **Speusippos** mit der Leitung der Schule betraut, später wurden die Vorsteher durch Wahl nominiert. Auf die ursprüngliche „ältere" Akademie folgte die sog. mittlere im 3./2. Jh. v. Chr. mit den Schulhäuptern **Arkesilaos** und **Karneades**. Die Interessenschwerpunkte verlagerten sich vom Praktisch-Politischen hin zu einer vorwiegend theoretischen und erkenntniskritischen Ausrichtung mit skeptischer Infragestellung der überlieferten Dogmen. Unter **Philon** von Larissa vollzog sich dann in der Phase der „neueren" Akademie im 1. Jh. v. Chr. eine Wendung zum Eklektizismus, d. h. zu einer selektiven Kombination vornehmlich pythagoreischer, platonischer und stoischer Elemente, bis schließlich im 3. Jh. n. Chr.

---

7   Cicero (*De finibus malorum et bonorum* V 1ff.) hat das Treiben an der Akademie nachdrücklich festgehalten.

die eigenständige Strömung des Neuplatonismus noch einmal die metaphysisch orientierte Philosophie Platons in spekulativer Erneuerung und Überhöhung aufleben ließ.

Gute zwanzig Jahre nach der Gründung der Akademie ließ sich Platon nochmals mit der Politik ein und unternahm zwei weitere Reisen nach Sizilien. Dion, der glaubte, in Dionysius II., der inzwischen die Herrschaft in Syrakus übernommen hatte, einen an Philosophie interessierten Menschen gefunden zu haben, bat Platon um Beistand für die Verwirklichung seiner Ideen. Doch die Mission scheiterte restlos. Intriganten gelang es, Dion bei Dionysius zu verleumden, worauf dieser in die Verbannung geschickt wurde. Platon selbst wurde vorübergehend interniert und reiste 365 v. Chr. unverrichteter Dinge nach Athen zurück. Noch katastrophaler verlief die dritte Sizilienreise (361/360 v. Chr.). Zunächst stellte Platon Dionysius auf die Probe, wie ernst es ihm tatsächlich mit seinen philosophischen Anstrengungen sei, und musste mit großer Enttäuschung zur Kenntnis nehmen, dass Dionysius' anfangs bekundetes Interesse an der Philosophie offensichtlich nur vorgetäuscht war, um sein Renommee bei seinen Untertanen zu erhöhen. Ihm fehlte es an Enthusiasmus und der entsprechenden charakterlichen Eignung, sich auf die Philosophie mit allen Konsequenzen für seine weitere Lebensführung einzulassen. Er stellte keinerlei Fragen und schrieb nur das von Platon Erzählte auf, um es einfach auswendig zu lernen – für Platon ein untrügliches Zeichen, dass alle seine Bemühungen, den Herrscher auf den Weg zur Weisheit zu bringen, fruchtlos waren. Dion, dem es schließlich 357 v. Chr. gelungen war, den Tyrannen zu vertreiben und sich der Herrschaft zu bemächtigen, wurde drei Jahre später ermordet, da er sich offensichtlich mit falschen Freunden umgeben hatte, denn *diejenigen, die ihn zu Fall brachten, erkannte er zwar sehr wohl als schlechte Menschen; wie groß aber ihre Unbildung, ihre Schlechtigkeit und Begehrlichkeit sei, das entging ihm.*[8]

Es waren wohl die schlechten Erfahrungen, die er mit Dionysius gemacht hatte, die Platon veranlassten, grundsätzlich an der schriftlichen Fixierung von philosophischen Inhalten zu zweifeln, auch wenn diese Bedenken angesichts des umfangreichen Schriftwerks, das er uns hinterlassen hat, widersprüchlich erscheinen mögen. Zu Platons Vorbehalten gegenüber der Schriftlichkeit existieren zwei Textstellen, von denen die eine in einen Mythos eingekleidet ist: Der ägyptische Gott Teuth habe die Schrift erfunden und sie dem König Thamus als

---

8 Platon, Der siebente Brief 351ce.

vorzügliches Mittel vorgestellt, die Gedächtnisleistung der Menschen zu verbessern und sie insgesamt weiser zu machen. Thamus hingegen sei davon wenig beeindruckt gewesen und habe gemeint, die Schrift werde die Menschen vergesslicher machen, *weil sie sich im Vertrauen auf das Schriftstück von außen durch fremde Zeichen, aber nicht in ihrem Innern aus eigener Kraft erinnern werden.*[9]

Die zweite berühmte und zugleich äußerst befremdliche Stelle stammt aus seinem *Siebenten Brief*[10] und hat Anlass zu allerlei Spekulationen gegeben: Platon selbst, der damals schon etliche philosophische Schriften verfasst hatte, behauptet hier, dass es für ihn unmöglich sei, seine Lehre niederzuschreiben oder in Worte zu fassen. Dies hat in der neueren Forschung zur Diskussion über die sog. ungeschriebene Lehre geführt, wonach die uns überlieferten Dialoge nicht Platons eigentliche Lehre darstellen, sondern nur Vorstufen, mögliche Denkmodelle oder gedankliche Experimente mit aporetischem Ausgang (d. h. ohne Präsentation endgültiger Ergebnisse). Jedenfalls ist Platons bevorzugte Ausdrucksform zeitlebens der Dialog geblieben, in dem die Bedingungen seines Verlaufs von einem Gesprächsführer vorgegeben werden, auf den dann auch alle weiterführenden Denkanstöße zurückgehen. In Anknüpfung an die sokratische Gesprächssituation richtet sich der von der „Was ist X"-Frage ausgehende Dialog sowohl gegen die Lehrvorträge der Sophisten als auch gegen die von ihnen praktizierte Eristik (Streitkunst), mit Hilfe derer „das schwächere Argument zum stärkeren gemacht werden könne".[11] In den platonischen Dialogen spiegelt sich stets auch der jeweilige Lebenskontext der Gesprächspartner wider, ihr Charakter, ihre Stimmungen und Emotionen. Die meisten von ihnen sind historische Persönlichkeiten, deren Gesprächsverhalten auch auf dem Hintergrund ihrer jeweiligen Biographie gedeutet werden kann. Doch immer wird deutlich, dass das Gespräch über eine Sache nicht die Sache selbst ist: Die Dialoge weisen gewissermaßen über sich selbst hinaus, indem sich in nahezu jeder Erörterung mindestens einmal die Situation ergibt, dass die Unterredung abgebrochen wird mit dem Hinweis darauf, dass es wertvolleres Wissen gibt, das jedoch auf Grund unzureichender sprachlicher Voraussetzungen nicht mehr im Dialog weiterentwickelt werden kann. An diesen Grenzen des dialektisch erreichbaren Erkennens bedient sich Platon auch des Öfteren eines Mythos, der dann in

---

9   Ders., Phaidr. 275ab.
10 Vgl. ders., Der siebente Brief 341c–e.
11 Aristoteles, Rhet. II 24, 1402a23 (s. II. 2. Teil, Kap. 3.1, S. 104).

feierlich-pathetischer Rede spekulative Gedanken oder eine mystische Schau zum Ausdruck bringt.

2 Werke

Es ist ein einzigartiger Glücksfall, dass uns dank der die Jahrhunderte überdauernden Überlieferung durch die Akademie und der Rezeption durch christliche Autoren sämtliche Werke Platons überliefert sind. Die Renaissance brachte durch ihre Wiederbelebung der Antike eine Wiedergeburt des Platonismus mit sich: Marsilio Ficino übersetzte im Auftrag der Medici in Florenz in den Jahren 1463–1469 n. Chr. als Erster das gesamte Werk Platons aus dem Griechischen ins Lateinische. Der Deutungsrahmen blieb allerdings weiterhin der Neuplatonismus mit seiner kontemplativen Akzentuierung. 1578 n. Chr. erschien die erste Gesamtausgabe von Henricus Stephanus (Henri Estienne), mit deren Seitenzählung, weiter untergliedert durch die Buchstaben a–e, die Schriften Platons bis heute zitiert werden.

Die weitere Rezeptionsgeschichte Platons zu schildern hieße, eine eigene Philosophiegeschichte zu schreiben. Die grandiose Wirkung, die seine Lehre in der Geisteswelt bis hin zur Theologie entfaltet hat, rührt daher, dass er uns einen solchen Reichtum an philosophischen Problemstellungen hinterlassen hat, dass nach einem Diktum des englischen Philosophen Alfred Whitehead alle Philosophie seither in einer „Reihe von Fußnoten zu Platon"[12] besteht. Zu erwähnen ist jedenfalls die Arbeit von Friedrich Schleiermacher im 19. Jh., der mit seinem Interesse am „authentischen" Platon eine entscheidende Wendung in der Platoninterpretation vollzogen hat. Seine Übersetzung umfasst in der Taschenbuchausgabe übrigens nicht weniger als 1707 Seiten. Die führende textkritische Ausgabe in der Reihe der Oxford Classical Texts wurde zu Beginn des 20. Jh. vom Philologen John Burnet erstellt.

In der modernen Forschung wurde neben dem Problem der Echtheit vor allem die Frage nach der chronologischen Abfolge der in neun Tetralogien (Vierergruppen) überlieferten Werke Platons diskutiert, bei denen es sich – abgesehen von den drei echten Briefen – mit der einzigen Ausnahme der *Apologie*, der Verteidigungsrede des Sokrates, durchwegs um Dialoge handelt. Auf Grund von zahlreichen

---

12 A. N. Whitehead, Process and reality. New York 1929, S. 63.

im 19. und 20. Jh. durchgeführten stilkritischen und sprachstatistischen Untersuchungen, die zugleich mit inhaltlichen Aspekten (z. B. dem Übergang zu metaphysischen Lehrinhalten) verknüpft wurden, besteht heute weitgehend Übereinstimmung hinsichtlich der Unterteilung der Dialoge in vier Werkphasen:

I. Frühe Werke: *Apologie, Kriton, Ion, Hippias minor, Protagoras, Laches, Charmides, Euthyphron, Gorgias.* Die Reihenfolge innerhalb dieser Gruppe ist völlig unsicher.
II. Mittlere Werke: *Menon, Phaidon, Symposion, Politeia.*
III. Übergang zum Spätwerk: *Phaidros, Parmenides, Theaitetos.*
IV. Spätwerke: *Sophistes, Politikos, Timaios, Kritias, Philebos, Nomoi.*

Die Dialoge *Lysis, Euthydemos, Hippias maior* (wenn echt) bilden möglicherweise eine eigene Übergangsgruppe vom frühen zum mittleren Werk, der man auch den *Menon* zurechnen könnte. Die zeitliche Einordnung des *Kratylos* ist umstritten, vielleicht gehört er an das Ende des mittleren Werks. (→ **F 24: Platons Werke**)

3 Grundlagen der Ideenlehre

3.1 Was ist eine platonische Idee?

Platon erlebte die einschneidenden politischen, gesellschaftlichen und kulturellen Veränderungen seiner Zeit als einen Verfallsprozess, den er auch für das Scheitern seiner eigenen politischen Pläne verantwortlich machte. Er sah die Ursachen dieses Prozesses im Subjektivismus und Relativismus der Sophisten, denen zufolge es kein objektives Wissen, keine normative Ordnung und keine absolute Wahrheit geben kann: *Eine scheinbare Erkenntnis also von allen Dingen, nicht aber die Wahrheit besitzend zeigt sich der Sophist.*[13] Nach Platon ist es jedoch notwendig, allgemeingültige Kriterien des wahren Urteilens und des moralisch richtigen Wertens zu suchen, und es muss entgegen der Meinung des Protagoras, dass der Mensch das Maß aller Dinge sei, geradezu umgekehrt ein außerhalb von ihm liegendes Maß existieren, an dem er sich theoretisch und praktisch zu orientieren hat. Dieses Maß glaubte Platon in den „Ideen" gefunden zu haben, wobei er von der sokratischen Frage nach dem Guten *(agathón)* und der dieses manifestierenden Tugend *(areté)* ausging. Unter den Einzeltugen-

---

13 Platon, Soph. 233d.

den kommt seit Platon den sog. Kardinaltugenden eine besondere Stellung zu: Klugheit (σοφία [sophía], lat. *sapientia*), Gerechtigkeit (δικαιοσύνη [dikaiosýne], lat. *iustitia*), Tapferkeit (ἀνδρεία [andreía], lat. *fortitudo*) und Besonnenheit (σωφροσύνη [sophrosýne], lat. *temperantia*). Mit dem Verweis auf Sokrates, der bis zuletzt seine Tugend und Standhaftigkeit demonstriert hatte, postuliert Platon das Vorhandensein des Guten als letztgültige Orientierungsnorm, als Idee des Guten, ansonsten wäre das Verhalten seines Lehrers nicht ausreichend zu erklären.

Nach den diversen naturphilosophischen Konzepten, denen zufolge die Vernunft großteils auf die materialistische Ebene der sinnlich und empirisch erfahrbaren Welt beschränkt ist, lässt er Sokrates im *Phaidon* erkennen, dass für ihn eine „zweite Seefahrt"[14] notwendig geworden ist: Mit Hilfe einer aus der Schifffahrt entnommenen Metapher (Einsatz der Ruder bei Windstille, nachdem die Segel wirkungslos geworden sind) soll verdeutlicht werden, dass man nun, da sich im Rahmen der „ersten Seefahrt" die an die Sinneswahrnehmung gebundenen Erkenntnismöglichkeiten erschöpft haben, eine „zweite Fahrt" unternehmen muss, um eine neue, übersinnliche und metaempirische Ebene zu erreichen. Daraus ergibt sich, dass neben der minderwertigen sinnlich wahrnehmbaren Welt auch eine höherwertige, rein mit der Vernunft denkbare, intelligible Welt existiert, ein von allem Physischen losgelöstes Reich der Ideen.

Der sprachliche Terminus „Idee" ist nicht ganz einfach zu fassen, denn aus unserem Sprachgebrauch ergeben sich gänzlich andere Vorstellungen, als sie Platon gedacht hat. Im Griechischen finden wir die Wörter *eídos* (εἶδος) oder *idéa* (ἰδέα), die beide von *ideín* (ἰδεῖν: „sehen") herzuleiten sind und „Aussehen, Gestalt" und „Erscheinung" bedeuten. Gerade mit dieser Grundbedeutung von *idéa* soll der „Anblick", die Anschauung der Idee, verständlich gemacht werden. Dazu ein Beispiel aus Platons *Euthyphron*. In der Diskussion um die Frömmigkeit prüft Sokrates das vermeintliche Wissen Euthyphrons und unterscheidet dabei zwischen einzelnen Handlungen, die fromm sind, und dem Frommen an sich. So lässt sich in all jenen ein und dieselbe Form *(eídos)* des Frommen finden und deshalb bieten auch alle ein und denselben „Anblick" *(idéa)*.[15] Wie auch immer die vielen verschiedenen frommen Handlungen beschaffen sind, das Fromme

---

14 Vgl. Platon, Phaid. 99cd.
15 Vgl. ders., Euth. 6de.

in ihnen ist immer mit sich selbst identisch.[16] Wenn nun jemand die Wahrheit der Aussage „Diese Handlung ist fromm" sicherstellen will, muss er unabhängig von dieser einzelnen Handlung den „Anblick" des Frommen kennen und die zu beurteilende Handlung auf dieses beziehen.[17] Um nun die Idee des Frommen zu „erblicken", bedarf es der Kunst der sokratischen Gesprächsführung, der Dialektik, die auf die Frage „Was ist das Fromme?" sein „Was-Sein", seine Sein- od. Wesenheit (οὐσία [ousía], lat. *essentia*) angibt.[18]

So hat die platonische Idee neben ihrer semantischen Funktion auch eine ontologische, indem sie als Wesensbestimmung alle singulären Prädikationen und Konkretisationen mit einschließt. Sie ist als objektive Entität das Eine in den mannigfaltigen Einzelerscheinungen, indem sie gleichermaßen Möglichkeit und Wirklichkeit umfasst, sie ist „das wahrhaft Seiende" (τὸ ὄντως ὄν [to óntos on]), das beispielhafte Vorbild (παράδειγμα [parádeigma]), der Vergleichsmaßstab, das Gattungsallgemeine *(génos)*, die Natur *(phýsis)* der Sache. Schließlich fungiert die Idee auch als erkenntnistheoretischer Begriff, da der Sokrates der frühen Dialoge immer nach moralischen Begriffen fragt, nach dem Guten, dem Schönen und Gerechten, nach dem, was erstrebenswert ist, was sein soll. Die Erfahrung allein kann uns das nicht vermitteln, dazu bedürfen wir zusätzlich einer gleichsam apriorischen Erkenntnis.

3.2   *Die drei berühmten Gleichnisse*

Platon hat das Verhältnis von sinnlich wahrnehmbarer Welt (ὁρατός τόπος [horatós tópos]) und der rein mit der Vernunft denkbaren (νοητός τόπος [noëtós tópos]) sowie die diesen jeweils entsprechenden Erkenntnis- bzw. Seinsweisen in drei berühmten Gleichnissen dargestellt, die nach ihren Hauptvergleichsgegenständen als Sonnen-, Linien- und Höhlengleichnis bezeichnet werden. Sie werden am Ende des sechsten und zu Beginn des siebenten Buches seiner *Politeia* im Rahmen der Beschreibung der Ausbildung der Philosophen vorgestellt. Warum greift Platon überhaupt zu Gleichnissen? Die Ideenlehre lässt sich nicht systematisch entwerfen, sie ist kein verfügbares Fachwissen, kein Wissensinhalt, der den Erkenntnissen mathematischer, astronomischer oder medizinischer Untersuchungen vergleichbar

---

16 Vgl. ebd. 5d.
17 Vgl. ebd. 6c.
18 Vgl. ebd. 11a.

wäre, und kann somit nicht direkt (durch Vortrag oder Lehrschrift) mitgeteilt werden. Außerdem gibt Platons Konzeption der Ideen, sobald sie sich als „Lehre" verfestigt, unlösbare Probleme auf und wird als solche letztlich für ihn selbst zum Gegenstand der Kritik (s. Kap. 4.2, S. 167f.). So bleibt also nur die indirekte Vermittlung durch Gleichnisse oder Mythen.

Im **Sonnengleichnis**[19] vergleicht Platon die Idee des Guten (ἰδέα τοῦ ἀγαθοῦ [idéa tou agathoú]) mit der Sonne. (→ **F 25: Sonnengleichnis**)

Aus dem Licht der Sonne resultiert die Sichtbarkeit der von ihr beleuchteten Dinge ebenso wie die Sehfähigkeit des menschlichen Auges, das als das „sonnenartigste" von allen Sinnesorganen beschrieben wird.[20] Analoges gilt für die Seele: *So denke dir denn auch das Verhältnis folgendermaßen: Wenn sie fest gerichtet ist auf das, worauf das Licht der Wahrheit und des Seienden fällt, dann erfasst und erkennt sie es und scheint im Besitz der Vernunft zu sein; wenn aber auf das mit Finsternis Gemischte, das Entstehende und Vergehende, dann fällt sie dem bloßen Meinen anheim, wird stumpfsinnig, wirft die Meinungen herüber und hinüber und macht nunmehr den Eindruck, als sei sie aller Vernunft bar.*[21]

Die Sonne gewährt jedoch nicht nur die Möglichkeit des Sehens, sondern schenkt auch dem Sichtbaren Werden, Wachstum und Nahrung, ohne selbst dem Werden unterworfen zu sein, und ebenso ermöglicht die Idee des Guten erst das wahre Erkennen, d. h. das Erfassen der einzelnen Ideen, die den erkennbaren Dingen ihr Sein und Wesen verleihen. Sie hat also gleichsam schöpferische Kraft, während sie sich selbst jenseits des Seins befindet. Wesentlich ist dabei aber noch die Bedeutung, die sie für unser Handeln hat, denn äußere Güter oder Kenntnisse werden erst wertvoll durch die Art und Weise, wie man von ihnen Gebrauch macht: „Sie ermöglicht es, eben dieser wirklichen Welt gerecht zu werden. Denn wer sich an der Idee des Guten zu orientieren vermag, hat damit zugleich Kenntnis von dem, was er im Grunde will. Damit ist es auch möglich zu erkennen, was einem wirklich und nicht nur scheinbar nützt."[22]

Im hieran anschließenden sog. **Liniengleichnis**[23] verwendet Platon das Bild einer in zwei ungleiche Abschnitte untergliederten Linie,

---

19 Vgl. Platon, Pol. 507a–509b.
20 Vgl. ebd. 508b; vgl. dazu II. 1. Teil, Kap. 10.1.3., S. 73f.
21 Ebd. 509d.
22 W. Wieland, Platon und die Formen des Wissens. Göttingen 1982, S. 185.
23 Vgl. Platon, Pol. 509c–511e.

um die einzelnen Seins- und Erkenntnisbereiche mittels Analogie zu veranschaulichen. In der Abbildung wird ein mögliches Interpretationsmodell vorgestellt, Platon selbst spricht nur von ungleichen Teilen der Linie, nicht davon, welcher Teil der jeweils größere ist. (→ **F 26: Liniengleichnis**)

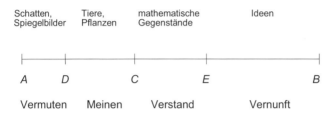

Der eine Abschnitt (AC) steht für die sinnlich wahrnehmbare, die sichtbare Welt, der andere (CB) für die nur mit der reinen Denkkraft zu erschließende, die intelligible Welt. Jeder der beiden Bereiche ist nun erneut unterteilt, und zwar wiederum so, dass eine jeweils niedrigere von einer höheren Erkenntnisweise unterschieden wird. So ergibt sich eine „Stufenleiter" von vier Erkenntnisarten, die sich in den Proportionen AC : CB = AD : DC = CE : EB ausdrücken lässt. Es werden folgende Erkenntnisweisen unterschieden: εἰκασία [eikasía]: „Vermuten"; πίστις/δόξα [pístis/dóxa]: „Glauben, Meinen", die direkte sinnliche Wahrnehmung mit der Erkenntnisqualität der Wahrscheinlichkeit; διάνοια [diánoia], die Verstandeserkenntnis durch Begriffe mit dem Erkenntnisgrad einer bedingten Wahrheit; und schließlich νόησις [nóēsis], die Vernunfterkenntnis, die für sich die Wahrheit beanspruchen kann. Im Bereich des sinnlich Wahrnehmbaren (AC) sind dem Erkenntnisstatus bloßer „Vermutung" (AD) die „niedrigeren" Erscheinungsformen der Spiegelbilder und Schatten zugeordnet. Den „Realitäten", die diese Abbilder verursachen – Tieren, Pflanzen, von Menschen hergestellten Artefakten, also den empirisch erfassbaren Gegenständen –, entspricht der Status der „Meinung" (DC). In der Dimension des Denkbaren (CB) nehmen den „geringeren" Abschnitt (CE) die Gegenstände und Formen der Mathematik ein, mit denen es der diskursive Verstand zu tun hat, den „höheren" (EB) die Ideen, die nur mit Hilfe der dialektischen Vernunfterkenntnis geschaut werden können. (→ **F 27: Der Weg der Erkenntnis**)

Somit entspricht die Relation der Ideen zur Welt der sichtbaren Dinge derjenigen von Gegenstand und Abbild. An dieser Analogie ist eines der zentralen Merkmale platonischer Philosophie ersichtlich: das Verhältnis von Urbild und Abbild, das die Beziehung zwischen intelligibler und wahrnehmbarer Welt plausibel machen soll. In der Wahrnehmung des Bildes ist das Ding, das abgebildet wird, schon impliziert, sonst könnte man das Bild als solches nicht erkennen. Indem nun das Liniengleichnis den Zusammenhang von Voraussetzung und Folge erschließt, wird die im Sonnengleichnis unausgesprochene Aporie gelöst, wie denn das Gute, das als jenseitig und vorgegeben gedacht wird, in der Welt wirken kann.

Die Unterscheidung zwischen sinnlicher und geistiger Welt spielte in der späteren Philosophie immer wieder eine wichtige Rolle. Zuletzt wurde sie im 20. Jh. von Edmund Husserl und Karl Popper wieder aufgegriffen.[24]

Im dritten Gleichnis der *Politeia*, dem sog. **Höhlengleichnis**[25], einem der bekanntesten Texte der Philosophiegeschichte überhaupt, wird die Notwendigkeit der Bildung (παιδεία [paideía]) des Menschen deutlich, die zur Erkenntnis des Guten führen soll. (→ **F 28: Skizze zum Höhlengleichnis**)

Platon lässt Sokrates ein Gedankenexperiment vortragen, das von Menschen handelt, die von Geburt an gefesselt tief unten in einer Höhle sitzen, sodass sie nicht einmal im Stande sind, ihren Kopf zu drehen. Hinter den Gefangenen lodert ein Feuer und entlang einer Mauer werden verschiedene Geräte vorbeigetragen, die auf die vor ihnen liegende Wand als Schattenbilder projiziert werden, die sie mangels Erkenntnisalternativen für die Realität und die „wahre" Welt halten. Nimmt man nun an, dass einer der Höhlenbewohner – zunächst gegen seinen Willen (menschliche Eigenschaften wie Forscherdrang oder Neugierde sind hier offenbar nicht vorhanden) – von seinen Fesseln befreit wird (λύσις [lýsis]: „Lösung" bzw. Erlösung von der Unfreiheit), empfindet er anfangs Schmerz und Mühsal, wenn er nun erstmals aus seiner bisherigen Behausung hinaus auf dem steilen Weg

---

24 Vgl. E. Husserl (1859–1938), der Begründer der Phänomenologie, der auf die Korrelation von *nóēsis* (sinngebender Bewusstseinsakt) und *nóēma* („das Gedachte"; vermeinter Gegenstand) verweist.
K. Popper (1902–1994) unterscheidet in seiner Drei-Welten-Lehre zwischer physischer Welt, der Welt unseres Bewusstseins und einer (von unserem Denken geschaffenen) überzeitlich und objektiv existierenden Welt der Theorien.
25 Vgl. Platon, Pol. 514a–518a.

nach oben ins Freie geschleppt wird. Nach größter Anstrengung endlich beim Tageslicht angelangt, würde er einzig den Wunsch verspüren, sofort wieder in seine frühere unterirdische Welt zurückzukehren, da er so sehr vom Glanz der Sonne geblendet wäre, dass seine Augen furchtbar schmerzten und er rein gar nichts erkennen könnte. Er müsste sich erst langsam an seine neue Umgebung gewöhnen und sich Schritt für Schritt im Sehen einüben, zuerst die Schatten zu sehen, dann Bilder von Menschen und Dingen, sodann diese selbst; in weiterer Folge den nächtlichen Himmel, den Mond und die Sterne und zuletzt „die Sonne selbst an sich selbst" (τὸν ἥλιον αὐτὸν καθ' αὑτό [ton hélion autón kath' hautó]), eine Formulierung, die Platon für die Beschreibung der Idee gebraucht.

Ziel des Aufstiegs ist es letztlich, die Idee des Guten, deren ontologischer „Ort" jenseits des Empirischen liegt, in ihrem Wesen zu erkennen: *Zuletzt dann, denke ich, wird er imstande sein, die Sonne, nicht etwa bloß ihre Spiegelbilder im Wasser oder sonst irgendwo, sondern sie selbst für sich an ihrem Platz zu schauen und ihr Wesen zu erkennen.*[26] Erst dann wird er darüber froh sein, den Aufstieg absolviert zu haben, denn nun kann er erkennen, dass *sie* die Ursache von allem ist und dass alles, was er bisher sah und für wirklich hielt, nur Schein und Täuschung war. Er wird das Glück der neu gewonnenen Freiheit genießen und zugleich Mitleid empfinden mit den zurückgelassenen Höhleninsassen. (→ F 29: **Höhlengleichnis: analoge Deutung**)

Kehrte der zur Erkenntnis gelangte ehemalige Höhlenbewohner mit der Absicht zurück, auch die in der Höhle Verbliebenen ans Licht zu holen und ihnen die Freiheit zu ermöglichen, würde er sich nun umgekehrt in der Finsternis nicht mehr zurechtfinden und sich vor allem mit Spott und Drohungen der Höhlenbewohner konfrontiert sehen: *(...) würde er sich da nicht lächerlich machen und würde es nicht von ihm heißen, sein Aufstieg nach oben sei schuld daran, dass er mit verdorbenen Augen wiedergekehrt sei, und schon der bloße Versuch, nach oben zu gelangen, sei verwerflich? Und wenn sie den, der es etwa versuchte, sie zu entfesseln und hinaufzuführen, irgendwie in ihre Hand bekommen und umbringen könnten, so würden sie ihn doch auch umbringen?*[27] Wenn hier beschrieben wird, was geschähe, wenn jemand, der den Weg aus der Höhle gefunden hätte, zu seinen ehemaligen Mitbewohnern zurückkehrte, so erinnert dies an die Biographie des Sokrates – man könnte

---

26 Ebd. 516b.
27 Ebd. 517a.

auch verallgemeinernd sagen, dass das Gleichnis als Erzählung über das Schicksal des Philosophen schlechthin interpretiert werden kann. Platon deutet hier die grundsätzlichen Legitimationsschwierigkeiten und die Probleme gegenseitigen Unverständnisses an, in die der Philosoph gerät, wenn er Ahnungslosen und in falschen Vorstellungen Befangenen den Weg zur Erkenntnis weisen möchte. Doch ist der neuerliche Abstieg *(katábasis)* für den Philosophen, der zur Erkenntnis gelangt ist, gleichsam eine ethische Forderung im Sinne eines Erziehungs- und Bildungsauftrages, den er anderen gegenüber zu erfüllen hat. Er ist aufgerufen, das „betrachtende Leben", den *bíos theoretikós* (bei Aristoteles) bzw. die *vita contemplativa* (bei Seneca und Augustinus) zu verlassen und die Gefährdung eines „tätigen Lebens" *(bíos praktikós* bzw. *vita activa)* mit all ihren Risiken (siehe Sokrates) auf sich zu nehmen. Nach Carl Friedrich von Weizsäcker durchläuft der zur höchsten Idee des Guten aufgestiegene Mensch bei seinem neuerlichen Abstieg alle Stufen des Aufstiegsweges wieder „rückwärts", bis er, wiederum in der Höhle angekommen, „von neuem auf seinem Stuhle sitzend die Schatten an der Wand sieht und nichts anderes sieht als alle anderen auch sehen, aber weiß: weiß, was das ist, was er hier sieht".[28]

Im Höhlengleichnis mit all seinem Reichtum an Bezügen bringt Platon zum Ausdruck, dass der Mensch auf Grund seiner Erkenntnisfähigkeit zur Schau der Idee des Guten bestimmt ist, macht aber gleichzeitig klar, dass der Weg dorthin ein langwieriger, mühsamer und schmerzvoller ist. Dabei kommt es vor allem darauf an, dass es bei der Erkenntnis nicht nur um bloße Bewusstwerdung oder äußeren Wissenszuwachs geht, sondern vielmehr um eine grundlegende Änderung des ganzen Menschen und seiner gesamten Lebenseinstellung, eine innere Umkehr (περιαγωγή [periagogé]: „Umlenkung"), um das in ihm angelegte Erkenntnisvermögen zur Entfaltung zu bringen: *(...) wie es dem Auge nicht möglich war, sich anders als mit dem ganzen Körper aus dem Dunkel zum Licht zu wenden, so muss auch dieses jeder Seele innewohnende Vermögen und das Organ, womit jeder begreift, mit der gesamten Seele aus dem Werdenden heraus umgelenkt werden, bis es fähig wird, dem standzuhalten, das Sein und das Glänzendste unter ihm anzuschauen. Dieses aber, sagten wir, ist das Gute.*[29] Dazu stellt Theodor Szlezak fest: „Dass das Gute erkannt werden kann, ist das Ergebnis

---

28 C. F. Weizsäcker, Platon. In: Große Physiker. Von Aristoteles bis Werner Heisenberg. München 2002, S. 64.
29 Platon, Pol. 518c.

des Höhlengleichnisses und in gewissem Sinne auch seine Voraussetzung, denn ohne das würde der Aufstieg in der Tat nicht lohnen (wie die Höhlenbewohner meinen: 517a4)."[30]

Die Wirklichkeit wird im Höhlengleichnis nur an zwei Stellen angedeutet: Einerseits kann man aus dem Bedrohungsszenario am Ende einen deutlichen Hinweis auf das Schicksal des Sokrates herauslesen, indem derjenige, der zur Erkenntnis gelangt ist, Gefahr läuft, bei seiner Rückkehr in die Höhle den Tod zu erleiden. Andererseits weisen der Widerstand derer, die zum Aufstieg gezwungen werden, und der empfohlene Prozess der Gewöhnung an das fortschreitende Erkennen auf die Situation des sokratischen Dialogs zurück: Die Dialogpartner, denen nicht bewusst ist, was sie nicht wissen, wehren sich beharrlich gegen die Prüfung ihrer Vorstellungen. Nur wer sich aus freiem Willen und mit mühevoller Gewöhnung Stufe für Stufe emporarbeitet, kann sich der Wahrheit annähern. Im Grunde lässt in den Dialogen auch immer nur Sokrates Vernunft und Einsicht in das Gute erkennen, wenn er seinem Gegenüber den Widerspruch zwischen beanspruchtem Wissen und realem Mangel nachweist. Somit motivieren das Wissen vom Nichtwissen und die eigene Mangelhaftigkeit und Bedürftigkeit in Bezug auf das Gute, den Aufstieg zur Erkenntnis zu unternehmen, und einzig die Loslösung von der Überzeugung, über das Gute bereits Bescheid zu wissen, ebnet den Weg zur *nóësis*, der Vernunfterkenntnis.

Auch wenn alle Erkenntnisweisen einander ähnlich sind, verbleiben sie im Wesentlichen als verschiedene Bereiche und zwei unterschiedliche „Welten" (Körperlichkeit versus Immaterialität, fortwährender Wandel der physischen Dinge versus unveränderliches, ewiges Sein) voneinander getrennt. Infolgedessen ist der Entwicklungsprozess der Erkenntnis, das Fortschreiten und Sicherheben von der einen in die andere „Welt" nicht als ein kontinuierlicher und fließender Übergang von der einen zur nächsthöheren Stufe anzusehen, sondern einem Absprung vergleichbar, indem sich dem Erkennenden plötzlich und unmittelbar eine neue Sichtweise eröffnet.

Der pythagoreische Einfluss auf Platons Philosophie ist unübersehbar, wenn dieser in der Mathematik, und da vor allem in der Geometrie, den eigentlichen Anstoß findet, sich über die empirische Ebene hinaus zu den Ideen zu erheben, denn dort sei das Verhältnis vom

---

30 Th. A. Szlezak, Das Höhlengleichnis (Buch VII 514a–521b und 539d–541b). In: Platon, Politeia, hg. von O. Höffe. Berlin 1977, S. 216.

nichtempirischen Urbild und dem einzelnen, jeweils nur approximativen Abbild besonders gut erkennbar.[31] Als Philosoph kann schließlich nur derjenige bezeichnet werden, der den Übergang von der *diánoia* zur *nóēsis* auf dem Weg der Dialektik vollendet hat und in eine andere, dem Alltagsdenken enthobene Welt vorgedrungen ist, einer, der sozusagen vom „Sehen" zur „Schau" gelangt ist.

Doch bleibt die Problematik bestehen, dass die Methode der Dialektik und die am Ende gewonnene mystisch-intellektuelle Anschauung nicht hinreichend erklärt werden können. Im Grunde ist bereits die Bezeichnung „Dialektik" irreführend, denn man kann hier nicht mehr von Rede und Gegenrede sprechen, und in der Tat spiegeln die lakonischen Äußerungen der sokratischen Gesprächspartner (z. B. „gewiss; ohne Zweifel; nicht anders; ja, so ist es; durchaus nicht; zweifellos; ja, gewiss"[32]) die Tatsache wider, dass es sich am Schluss nur mehr um einen fiktiven Dialog handelt und unter „Dialektik" wohl am ehesten ein Überreden, ein Hinführen des Gegenübers zum gewünschten Ergebnis zu verstehen ist, wenn nicht sogar eine autoritative Verkündigung in apodiktischer Form. Allerdings darf dabei nicht der praktische Aspekt der Notwendigkeit einer Rechtfertigung der Erkenntnis übersehen werden: Es wird vom Dialektiker verlangt, dass er imstande ist, Rechenschaft über seine Erkenntnis abzulegen[33], auch wenn diese „idealistische" Einsicht nicht schlüssig erklärt werden kann. Platon fordert im Rahmen seines Erziehungsprogramms in der *Politeia* nach der bereits absolvierten Ausbildung in verschiedenen Bereichen und der Einübung des Richtigen mittels Gewöhnung[34] die Kunst der „Umlenkung" und damit die Erziehung zum Aufstieg zur Erkenntnis. Die Zöglinge werden auf die Dialektik vorbereitet, indem ihre Seele vom Werden zum Sein gelenkt wird[35], und zum vollendeten Dialektiker ist derjenige geworden, der *die Begründung des Wesens eines jeden erfasst.*[36] Wer sich dann noch etwa fünfzehn Jahre in der politischen Praxis bewährt hat, ist zur Regentschaft der Polis befähigt, da nur ein solcher kraft seiner Einsicht und Erfahrung einen Maßstab für politische Entscheidungen gewonnen hat und über allen augenblicklichen Strömungen und Interessen steht. Letztlich wird

---

31 Vgl. Platon, Pol. 510d–e.
32 Vgl. ebd. 433d–434c.
33 Vgl. ebd. 531e.
34 Vgl. ebd. 522a.
35 Vgl. ebd. 521d.
36 Ebd. 534b.

die Herrschaft der Philosophen im Staat dadurch legitimiert, dass mit jedem Erkenntnisfortschritt auch eine moralische Verbesserung verbunden ist.

Trotz ausführlicher Interpretation des Gleichnisses konnte jedoch noch nicht geklärt werden, woher denn das Denken die außerordentliche Fähigkeit nimmt, die sinnlich wahrnehmbare Wirklichkeit zu transzendieren, um an die Wahrheit der Dinge heranzukommen. Es ist schwer verständlich, wie sich die Annahme der „an sich" existierenden Ideen mit deren Präsenz in der Sinnenwelt verträgt. Platon selbst hat diese Schwierigkeiten und logischen Widersprüche erkannt und in Rahmen des *Parmenides* einer kritischen Betrachtung unterzogen. Es handelt sich dabei um eine von ihm entwickelte Zusatztheorie, zu deren Verständnis seine Vorstellung von der Seele herangezogen werden muss.

4   Seelenvorstellung bei Platon

Zunächst sei daran erinnert, dass in der homerischen Welt die Existenz der Menschen, ihr „Selbst", an die vergängliche Gestalt ihres Körpers gebunden ist und ihre Seelen nach dem Tode zu verwehenden „Schatten" werden, zu sog. *eídola* (εἴδωλον [eídolon]: „Abbild, Trugbild").[37] Bei Platon, dessen Lehre zweifellos von Elementen der orphisch-pythagoreischen Mystik beeinflusst ist (s. II. 1. Teil, Kap. 8.3, S. 48f.), verhält es sich geradezu umgekehrt: Für ihn wird der Leichnam (σῶμα [sóma]) zum *eídolon*, während hingegen die Seele das eigentliche geistige „Selbst" ist und sich in einem nur mythologisch beschreibbaren Kreislauf von Wiedergeburten am Leben erhält.

Der wichtigste und für Platons Denken charakteristische Unsterblichkeitsbeweis geht von der Annahme eines eigentümlichen Doppelcharakters der Seele aus: Sie kann einerseits das Lebensprinzip in einem Menschen meinen und ist somit wesentlich durch Lebendigkeit bestimmt, d. h., sie hat Anteil an der Idee des Lebens. Folglich kann sie *nicht* an Ideen teilhaben, die mit der Idee des Lebens unverträglich sind, anders ausgedrückt, sie kann keinesfalls an der Idee des Todes teilhaben, da die Ideen des Todes und des Lebens einander ausschließen; somit ist ausgeschlossen, dass sie sterblich sein könne. Als das Prinzip, das alle körperlichen Lebewesen, also Menschen und Tiere,

---

37   Vgl. Homer, Odyssee XI 207f.

aber auch den Kosmos im Ganzen „belebt", ist sie auf Grund der ihr zukommenden *dýnamis* („Vermögen, Kraft, Fähigkeit") der Selbstbewegung unsterblich, da das immer Bewegte unsterblich ist.[38] Es bleibt jedoch offen, ob Platon eine individuelle Unsterblichkeit angenommen hat, da sich auch etliche Stellen finden, nach denen die Seelen wiederholt in neue Körper einziehen.

4.1 Anámnesis

Platonische Philosophie ist von ihrer lebenspraktischen Zielsetzung her zuallererst Sorge um die Seele, die jede philosophische Anstrengung motiviert und nur in der Hinwendung zum Göttlichen zu einem glücklichen Leben führt.[39] Das Göttliche zu erkennen heißt für die Seele nichts anderes, als wieder zu ihrem göttlichen Ursprung zurückzukehren, somit ist ihre eigentliche Wesensbestimmung der Aufstieg zur Wahrheit, zum intellektuellen Wirklichkeitsbereich der Ideen. Da sie selbst aus jenem Bereich stammt, dem die Ideen angehören, kann ihre Trennung von der materiellen Welt gewissermaßen als Heimkehr und zugleich als Wiedererlangung der ursprünglichen „Reinheit" verstanden werden. Dabei stellt sich die Frage, wie in einer in fortwährender Veränderlichkeit begriffenen Erfahrungswelt etwas gewusst werden kann, was mit den Sinnen nicht erfassbar ist. Konkret ausgedrückt: Wie kann der Mensch Kenntnis vom Guten, Gerechten oder auch von mathematischen Gesetzmäßigkeiten erlangen?

Platon beantwortet diese Frage mit seiner Lehre von der *Anámnesis* (ἀνάμνησις: „Wiedererinnerung") in mythologischer Einkleidung: Im Zustand der Reinheit hat die Seele einst vor ihrem Eintritt in den Körper die unveränderliche Ideenwelt geschaut und kann sich, getrieben vom Forscherdrang, vom Eros, dem liebenden Verlangen und der Sehnsucht nach der früheren überweltlichen Heimat durch die im Höhlengleichnis beschriebene „Umwendung" an die vormals geschaute Herrlichkeit des ewigen Seins zurückerinnern: *Da also die Seele unsterblich und oft wiedererstanden ist und da sie alles hier und im Hades geschaut hat, gibt es nichts, was ihr unbekannt wäre. Mithin ist es kein Wunder, wenn sie imstande ist, auch hinsichtlich der Tugend und anderer Dinge, sich wieder zu erinnern an das, was sie ehedem ja doch wusste. Denn da die ganze Natur in innigem Zusammenhang steht und die Seele alles ken-*

---

38 Vgl. Platon, Phaidr. 245c.
39 Vgl. ders., Phaid. 82bc.

nengelernt hat, so hindert nichts, dass man, wenn man sich nur an eines wieder erinnert – was die Leute dann Lernen nennen –, auch alles andere wieder auffindet, wenn man nur den Mut nicht verliert und die Mühe des Forschens nicht scheut. Denn das Suchen und Lernen ist eben durchwegs Wiedererinnerung.[40]

In manchen Fällen wird die Wiedererinnerung durch den Impuls einer Wahrnehmung ausgelöst, häufiger stellt sie sich erst als Ergebnis nachhaltiger Bemühung und Anstrengung ein. Die geistige Schau wird zu einer Schau nach innen, denn die Wahrheit, so Platons These, liegt immer schon in uns. Seine Forderung, den Geist von den Kontaminierungen körperlicher Einflüsse zu reinigen, ist für die gesamte von Platon ausgehende Tradition bedeutsam: So riefen Augustinus und Anselm von Canterbury dazu auf, sich von der Außenwelt abzuwenden und sich in den Raum des eigenen Geistes zu begeben, weil nur im Innern des Menschen die göttliche Wahrheit wohne. Und noch René Descartes eröffnete seine Meditation über das Dasein Gottes mit folgenden Worten: „Ich will jetzt meine Augen schließen, meine Ohren verstopfen und alle meine Sinne ablenken, auch die Bilder der körperlichen Dinge sämtlich aus meinem Bewusstsein tilgen (…); ich will mich nur mit mir selbst unterreden, tiefer in mich hineinblicken und so versuchen, mich mir selbst nach und nach bekannter und vertrauter zu machen."[41]

Die bevorzugte Methode zur Freilegung des unter dem Schein empirischer Vorstellungen und falschen Vorurteilen verborgenen Wissens ist nach Platon der sokratische Dialog unter besonderer Anwendung der maieutischen Technik. Im *Menon* liefert Platon ein eindrucksvolles Beispiel, wie Sokrates einem ungebildeten Sklaven durch gezielte Fragen zu geometrischen Einsichten verhilft, wobei der Eindruck entstehen soll, als finde er die Lösung von sich aus.[42] Die *Anámnesis*-Lehre dient als Metapher für den Akt des Verstehens von Ideen und als „Beweis" für die objektive Existenz derselben; mit ihrer Hilfe sind wir fähig, das Wesen einer Sache (οὐσία [ousía])[43] zu erfassen, denn sie erklärt die Möglichkeit der Erkenntnis mit der Fähigkeit zur Aktualisierung eines bereits vorhandenen Wissenspotenzials, der Wiedererinnerung an etwas, das immer schon in uns gewesen ist,

---

40 Ders., Menon 81cd; vgl. Phaid. 72e–77a.
41 R. Descartes, Meditationen über die Grundlagen der Philosophie. Hamburg 1994, S. 27.
42 Vgl. Platon, Men. 84c–85c.
43 Vgl. ebd. 72b, vgl. Phaid. 65d.

und die geweckt wird, wenn wir uns die „Was ist X"-Frage stellen und den gesuchten Gegenstand finden: z. B. als abstrakten Terminus („die Besonnenheit"[44] oder „die Tapferkeit"[45]), in einem substantivierten Neutrum („das Gerechte"[46] oder „das Schöne selbst"[47]) oder als konkrete Wesensform („die Biene"[48]). Die *Anámnesis* ist philosophiegeschichtlich von größter Bedeutung, da Platon mit ihr auf das verweist, was man später das apriorische Moment in unserer Erkenntnis genannt hat. (→ **F 30: *Anámnesis***)

4.2 Méthexis

Platon sieht den Menschen als ein Wesen der Mitte, denn er steht zwischen zwei Welten: Mit seinem Leib ist er durch Erfahrung und sinnliche Wahrnehmung an die Erscheinungswelt der raum-zeitlichen Dinge, an die Welt des Werdens gebunden, mit seiner Seele/seinem Geist erschließt er sich über die *Anámnesis* den Zugang zur Ideenwelt, zum noëtischen Bereich des Seins. Wie ist nun der ursächliche Zusammenhang zu verstehen, dem zufolge alle sinnlich erfahrbaren Dinge eine relative Ähnlichkeit mit den Ideen aufweisen, indem sie das, was sie sind, letztlich nur diesen verdanken? Nach Platons Auffassung existiert zwischen den Dingen der Welt und den Ideen eine Beziehung, die er durch den Terminus *Méthexis* (μέθεξις: „Teilhabe" oder „Teilnahme") zum Ausdruck bringt. Demnach haben die sinnlichen Dinge an der (oder den) entsprechenden Idee(n) Anteil – ein Ding kann durchaus an mehreren Ideen teilhaben, wie andererseits die Ideen, die ja unteilbare Einheiten sind, sich in der phänomenalen Welt in vielfältiger Weise präsentieren –, sie zeichnen sich also durch eine gewissermaßen doppelte Natur aus, indem sie gleichsam aus Sinnlichem und Übersinnlichem zusammengesetzt sind. Im *Phaidon* lässt Platon Sokrates folgende Überlegungen anstellen: *Ich glaube nämlich, wenn es außer dem Schönen an sich noch etwas Schönes gibt, dann ist dies einzig deshalb schön, weil es an jenem Schönen teilhat; und das behaupte ich vor allen Dingen.*[49] Es ist die *Méthexis* des sinnlich Schönen an einem übersinnlich Schönen, am Schönen „an sich", das Ursache

---

44 Vgl. Platon, Charm. 159a.
45 Vgl. ders., Lach. 190d.
46 Vgl. ders., Pol. 332c.
47 Vgl. ders., Hipp. ma. 286d.
48 Vgl. ders., Men. 72b.
49 Ders., Phaid. 100c.

für sein Erscheinen ist und es in seinem Glanz aufleuchten lässt. Dieser Zusammenhang ist freilich kein realer, die Gegenwärtigkeit *(parousía)* der Idee in dem ihr zugehörigen Sinnending kann nur als eine transzendente verstanden werden oder – um ein Beispiel aus dem Alltagsleben anzuführen – wie die Gegenwart des wirklichen Menschen in seinem Porträt, also die Spiegelung des Urbildes im Abbild. Dieses Verhältnis zwischen dem Einzelnen und dem Allgemeinen wird dann im Mittelalter zu einem Grundthema der Philosophie der Scholastik, zum sog. Universalienstreit zwischen Realisten und Nominalisten, in dem es um die Frage geht, ob allgemeinen Bestimmungen (Gattungen, Arten) eine vom Denken unabhängige Realität an sich zukommt, oder ob sie nur im Denken existieren.

Den Begriff der Teilhabe mit seiner ungeklärten Beziehung zwischen Idee und Einzeldingen hat später Aristoteles als Ansatzpunkt seiner Kritik genommen. Im Gegensatz zu Platon begriff Aristoteles die sog. Substanzen als primär und selbstständig und ihre Wesensform (Idee) jeweils an die Substanz gebunden und von dieser abhängig. Er wendete ein: *Denn der Ideen sind ungefähr ebenso viele oder nicht weniger als der Dinge (...).*[50] *Wenn man aber sagt, die Ideen seien Vorbilder und das andere nehme an ihnen teil, so sind das leere Worte und poetische Metaphern.*[51] So müsste, wenn der sinnlich erfahrbare Mensch (= Mensch 1) seine Existenz der Idee des Menschen (= Mensch 2) verdankt, zwischen diesen beiden eine Ähnlichkeit bestehen, die wiederum eine Teilhabe beider an einer weiteren gemeinsamen Idee (= Mensch 3) zur Voraussetzung hätte, was schließlich in einen unendlichen Regress führen würde. Dieser Aporie verdankt die Kritik ihren Namen: Es ist das sog. „Problem des dritten Menschen".

Die genannten Schwierigkeiten wurden teilweise schon von Platon selbst erkannt: In den Dialogen *Parmenides* und *Sophistés* setzte er sich intensiv mit den aus seiner Ideenlehre resultierenden Problemen auseinander, sie blieben jedoch letztlich ungelöst. In der sog. Gigantomachie des *Sophistés* warnt er vor einer fälschlichen Adaption seiner Lehre, die Ideen naiv zu vergegenständlichen und als bloß subjektive Denkinhalte aufzufassen.[52] Im *Parmenides* werden sowohl der Versuch einer Klassifikation der Ideen als auch das Problem ihres Verhältnisses zueinander diskutiert, wenn auch die Deutung und Interpretation der Schrift insgesamt der Forschung schwere Rätsel aufgibt. Es stellt sich

---

50 Aristoteles, Met. I 9, 990b5f.
51 Ebd. I 9, 991a20ff.
52 Vgl. Platon, Soph. 246aff.

dabei die Frage, ob hier die Position der früheren Dialoge richtig oder verzeichnet wiedergegeben wird und ob die Einwände überhaupt von Platon selbst stammen oder etwa von anderen gegen ihn erhoben wurden. Hatte er die Intention, aufzuzeigen, wie seine Konzeptionen *nicht* verstanden werden dürfen, oder war er sich selbst bewusst geworden, dass die Einwände letztlich nicht entkräftet werden können, und wollte womöglich gar die Theorie der Ideen auf Grund der sich ergebenden Aporien zurücknehmen? Jedenfalls hat er die gegen seine *Méthexis*-Theorie vorgebrachten Einwände an keiner Stelle seines Werkes entkräftet.

Zweifellos aber ist Platons Philosophie als Einheitslehre konzipiert, in welcher der Primat der Einheit vor aller Vielheit zugesprochen wird, auch wenn sie die letztlich ungelöste Problematik beinhaltet, der zufolge nicht einzusehen ist, wie es den Ideen gelingen kann, einerseits objektiv „an sich" zu existieren und gleichzeitig in der Erfahrungswelt präsent zu sein. Doch darf sein Denken wohl nicht so sehr aus dem Blickwinkel eines logisch geschulten Geistes beurteilt werden, da sein Interesse vorrangig der Metaphysik galt, die den Menschen bzw. seine Seele und schließlich den gesamten Kosmos umfasst. Dabei ist die eigentliche Wirklichkeit nicht außerhalb des Menschen zu suchen, sie muss vielmehr geschaffen werden in seinem Denkaufstieg zum Reich der Ideen. Transzendenz bedeutet somit nicht das „Hinübergehen" in einen jenseitigen Bereich, sondern die Überwindung seiner sinnlichen Befangenheit, der Projektionen der eigenen Anschauungen auf die ihn umgebende Welt unter gleichzeitiger Erkenntnis des Guten, ohne die ein Wissen über seine immanenten Grenzen nicht hinauskommen kann. Und schließlich lässt sich – wie Giovanni Reale aufzeigt – bei allen Einwänden ein grundsätzlicher Irrtum in der Beurteilung der Kritiker der platonischen Konzeption erkennen, denn „sie behandeln die Ideen, die Platon als ‚Ursachen' angesetzt hatte, wie die Dinge, deren Ursache sie sind; d. h. sie setzen die Ursache auf dieselbe Ebene wie das Verursachte herab, mit all den Konsequenzen, die sich aus diesem Irrtum ergeben".[53]

---

53 G. Reale, Zu einer neuen Interpretation Platons. Eine Auslegung der Metaphysik der großen Dialoge im Lichte der „ungeschriebenen Lehren". Paderborn u. a. 1993, S. 303.

5 Politeia – Platons politische Leidenschaft

Dass Platon als leidenschaftlicher politischer Denker dereinst allzu gerne in die politischen Geschicke seiner Heimatstadt Athen handelnd eingegriffen hätte, macht sein Bekenntnis im *Siebenten Brief* deutlich. Doch die Umstände seiner Zeit lenkten sein Leben und Denken in eine andere Richtung und er entwickelte unter dem Einfluss der sokratischen Ethik die sein gesamtes Denken bestimmende Auffassung, dass nur derjenige ein guter und gerechter Staatsmann sei, der seine primäre Aufgabe darin sieht, seine Mitbürger sittlich besser zu machen. Zu der Einsicht gekommen, dass *alle jetzigen Staaten schlecht regiert sind und dass ihnen ihre Verfassungen in dem heillosen Zustande verbleiben*[54], versuchte er mit der Kraft der philosophischen Erkenntnis und unter Berufung auf die wahre und ideale Verfassung die zerrütteten Verhältnisse in Syrakus (s. S. 148ff.) zu ordnen und in rechte Bahnen zu bringen. Platon orientiert sich in der Konzeption einer idealen Gesellschaftsordnung, wie er sie in seiner zehn Bücher umfassenden *Politeia*[55] darstellt, an der Frage, unter welchen institutionalen Bedingungen für alle Menschen eine Lebensform gesichert werden kann, die dem impliziten Prinzip der Gerechtigkeit entspricht. (→ F 31: Platons Staatsmodell)

Das von Platon entworfene Staatsmodell, das deutliche Züge aristokratischer Zielvorstellungen trägt, ist im Wesentlichen von zwei Komponenten gekennzeichnet: Zum einen beruht es auf gewissen anthropologischen Voraussetzungen, die für Platon evident sind; zum anderen spiegelt es allgemeingültige Strukturen wider, die aus der Idee der Gerechtigkeit entspringen. Die anthropologischen Annahmen bestehen in der Differenzierung dreier Typen bzw. der Klassifikation unterschiedlich wertvoller menschlicher Naturanlagen sowie der analogen Unterscheidung dreier hierarchisch gestufter Seelenteile. So ist die Ordnung der Polis gerecht, wenn die drei von Platon postulierten Stände – der Stand der Regierenden/Herrscher (ἄρχοντες [árchontes]), der Stand der Krieger und Sicherheitsorgane/Wächter (φύλακες [phýlakes]) und der Stand der Bauern/Arbeiter (δημιουργοί [demiourgoí]) – die notwendigen Funktionen der Ernährung (Nährstand), Verteidigung (Wehrstand) und Regierung (Lehr-

---

54 Platon, Der siebente Brief 326a.
55 Der Titel, der im Deutschen üblicherweise mit *Staat* wiedergegeben wird, wäre wohl angemessener mit „Verfassung" zu übersetzen, da unser moderner Begriff von „Staat" keineswegs auf antike Verhältnisse zutreffend ist.

stand) erfüllen und im richtigen Verhältnis zueinander stehen, d. h., wenn die Angehörigen der jeweils niedrigeren Bevölkerungsschichten sich den höheren unterordnen und nicht danach streben, diese Standesgrenzen aufzuheben.

Der Staat wird gleichsam als Großindividuum mit drei Seelenteilen vorgestellt, die wiederum in einem ausgewogenen Verhältnis zueinander stehen: Platon unterscheidet hier den denkenden Teil (das λογιστικόν [logisitikón]), die Vernunft, die den Herrschenden zugeordnet wird, den mutvollen/affektiven (das θυμοειδές [thymoeidés]), mit dem die Verteidiger ausgestattet sind, und den begehrenden/ triebhaften (ἐπιθυμητικόν [epithymetikón]), der der untersten Klasse zukommt. Jeder Stand bzw. Seelenteil vollbringt seine spezifische Leistung und erfüllt die ihm zugedachten Aufgaben mit entsprechenden Tugenden: Der niedrigste Seelenteil praktiziert Maß und Besonnenheit (σωφροσύνη [sophrosýne]) in der Ausübung seiner Tätigkeit der Befriedigung vitaler Interessen, der nächsthöhere Teil zeigt Mut und Tapferkeit (ἀνδρεία [andreía]) bei der von Furcht unbeirrbaren Verteidigung der Stadt und der höchste Teil schließlich strebt mit *sophía* (σοφία: „Weisheit") die eigentliche Ideenerkenntnis an. *Dikaiosýne* (δικαιοσύνη: „Gerechtigkeit"), die vierte der sog. platonischen Kardinaltugenden[56], ist gewissermaßen die Ursache der übrigen, sie kommt allen zu und ist im Sinne eines reibungslos funktionierenden Konsenses zu verstehen, wenn jeder das ihm Gemäße tut und sich nicht in die Angelegenheiten anderer einmischt. Dies entspricht Platons Definition von „Gerechtigkeit", nämlich als *Verhalten und Handeln, wie es einem selbst zusteht*: ἡ τοῦ οἰκείου τε καὶ ἑαυτοῦ ἕξις τε καὶ πρᾶξις [he tou oikeíou te kai heautoú héxis te kai práxis].[57]

Die Gesellschaftsordnung in Platons *Staat* beruht auf dem ökonomischen Prinzip der Arbeitsteilung, wodurch ein für alle optimales Gesamtergebnis sämtlicher Spezialleistungen zu erwarten ist. Solche Überlegungen lassen sich aus sozialanthropologischer Sicht jedoch grundsätzlich bezweifeln, denn diese straff konstruierte Einheit, in der alle aufeinander angewiesen sind, stellt gleichzeitig einen extremen Separatismus dar, durch den sich der Einzelne, allzu sehr fixiert

---

56 „Kardinaltugend" leitet sich von lat. *cardo* („Türangel") ab, daher die Haupttugenden, um die sich alles dreht. Ob die Vierzahl der Kardinaltugenden auf pythagoreischen Einfluss zurückzuführen ist (die Vier als heilige Zahl), mag dahingestellt bleiben, jedenfalls bleibt sie hinfort Grundlehre der griechischen Ethik.

57 Platon, Pol. 433e.

auf seine Rolle, durchaus in seiner Selbstentfaltung und der Entwicklung seiner Fähigkeiten behindert fühlen kann. Erklärungsbedürftig ist auch die Zuordnung der Kardinaltugenden: Während die Zuordnung von „Herrscherphilosophen" zur „Weisheit" und diejenige von Wächtern zur „Tapferkeit" evident sind, erscheint hingegen die Beziehung von Bauern und Handwerkern zur „Besonnenheit/Mäßigung" auf den ersten Blick nicht gerade überzeugend. Offensichtlich versteht Platon – entsprechend seiner aristokratischen Grundhaltung – hier unter *sophrosýne*[58] jene politischen Tugenden, die er vom untersten Stand, von der „Masse", erwartet, nämlich „Selbstbeherrschung" und „kollektiven Gehorsam".[59]

Was die Geschlechterrollen betrifft, so ist Platon der Meinung, dass Männer und Frauen – abgesehen von ihrer biologischen Ausstattung – keinerlei verschiedenartige Veranlagung besitzen. Daraus zieht er den Schluss, dass die Frauen für dieselben Berufe befähigt sind wie die Männer, sowohl für den Kriegsdienst als auch für die Bekleidung von Staatsämtern, auch der höchsten. Diesen Gedanken stehen an anderer Stelle aber auch geradezu frauenfeindliche Ansichten gegenüber, wenn er meint, Frauen seien gewohnt, im Dunkel des Hauses zu wohnen, was wohl bedeutet, dass sie gar nicht in das Licht der Öffentlichkeit treten wollen.[60] Platon fordert außerdem, dass die Ehe vollständig aufgehoben wird und an ihrer Stelle ein rigoros kollektivistisch organisiertes Zusammenleben mit gemeinsamer Erziehung der Kinder und ohne Privateigentum eingerichtet wird.[61] Dass die politische Gleichberechtigung der Frau hinsichtlich der Erlangung höchster Staatsämter eher nur als theoretische zu verstehen ist, zeigt sich auch an den rigorosen Selektionsmechanismen, die es schon bei den Männern nur einer verhältnismäßig geringen Anzahl ermöglicht, in die Klasse der Wächter aufzusteigen, aus denen dann die „Philosophenherrscher" rekrutiert werden. Diesen billigt Platon diktatorische Gewalt zu, sie können autonome Entscheidungen treffen, da sie allein

---

58 Vgl. griech. *sóphron*: aus *sos*: „heil, gesund, unversehrt" und *phren*: „Verstand, Einsicht, Gemüt, Wille" > „von gesundem Verstand sein".
59 Vgl. Platon, Pol. 389de; vgl. dazu Chr. Horn/Chr. Rapp (Hg.), Wörterbuch der antiken Philosophie. München 2002, S. 401: „In der *politeia* stellt die s. die Mäßigung der Begierden und Leidenschaften dar und damit die Besonnenheit, die den Menschen bei Empfang und Durchführung eines rationalen Programms freihält von Störungen durch ungehinderte irrationale Leidenschaften und Begierden."
60 Vgl. Platon, Pol. 579c.
61 Vgl. ebd. 457c.

Kenntnis von den Ideen haben und gegen jegliche Kritik immunisiert sind, sobald eine auf (vermeintlicher) Vernunfteinsicht in das Wahre und Richtige beruhende Herrschaft erst einmal errichtet ist.

Anders als die Sophisten und auch Sokrates, die sich mit ihrem Erziehungsprogramm an alle Bürger wandten, ob sie zu den politisch Herrschenden gehörten oder nicht, richtet Platon seine *paideía* auf die Elite der künftigen Herrscherphilosophen aus, denn sie allein seien imstande, nach Erlangung der Einsicht in die Ideen Gerechtigkeit und Glück für alle Bürger zu schaffen. Seine Ausführungen zur Bildung werden im Zusammenhang mit den drei berühmten Gleichnissen im siebenten Buch[62] dargelegt und erläutern – neben der für die „Wächter" selbstverständlichen Erziehung in den gymnastischen und musischen Fächern – den umfangreichen Bildungsgang der Herrscherkandidaten, bei deren Auswahl streng darauf geachtet werden müsse, dass nur charakterlich und intellektuell geeignete Personen in Frage kommen und nicht etwa solche, die stumpf und borniert *nach Schweineart in der Dummheit herumsudeln.*[63] Zunächst ist in dem detaillierten Curriculum eine Propädeutik mit den Fächern „Arithmetik, Geometrie, Astronomie" und „Harmonielehre"[64] vorgesehen; zuletzt erfolgt die Schulung in „Dialektik"[65], die schließlich zum Höchsten, zur Schau der Idee hinführen soll. Dabei spart Platon, der begnadete Dichter, auch nicht mit Kritik an Dichtern und Künstlern[66], die seiner Ansicht nach lediglich Imitationen der ja bereits als Abbilder der Ideen wahrgenommenen Dinge der Alltagswelt schaffen und außerdem einen gefährlichen Einfluss auf die Bürger ausüben können.

Genau in der Mitte der *Politeia* findet sich Platons berühmte Forderung nach Philosophenkönigen: *Wenn nicht (…) entweder die Philosophen Könige werden in den Staaten oder die jetzt (so) genannten Könige und Herrscher ordentlich und hinreichend Philosophen werden und dies in eins zusammenfällt: die politische Macht und die Philosophie, und wenn nicht die Vielzahl derer, die sich heute auf Grund ihrer Anlage nur der einen der zwei Aufgaben widmen, mit Gewalt davon ferngehalten wird, gibt es kein Ende der*

---

62 Vgl. Platon, Pol. 521b–542e.
63 Ebd. 535e.
64 Vgl. ebd. 522b–531c. Diesen entsprichts im spätantiken Lehrplan das *Quadrivium*, das zusammen mit dem *Trivium* Grammatik, Rhetorik, Dialektik den Kanon der *septem artes liberales* (die sieben Wissenschaften, denen sich der Freigeborene widmen soll) bildet.
65 Vgl. Platon, Pol. 531d–534e.
66 Vgl. ebd. 376d–398b, 595a–608b.

*Übel für die Staaten (...).*⁶⁷ Mit dieser erstaunlichen und zugleich provozierenden Aussage glaubte Platon, eine Lösung für die politischen Probleme gefunden zu haben. Seine Forderung wirft zwei bis heute aktuelle politologische Fragen auf, die, wie die historische Erfahrung gelehrt hat, negativ zu beantworten sind. Erstens: Können tatsächlich die „Philosophen" Könige werden? Aus heutiger Perspektive heißt das: Kommt in der modernen Parteiendemokratie eine geistige Elite zu den höchsten Ämtern oder wird in den Parteien das Engagement derer belohnt, die sich für diese einsetzen, ohne Rücksicht auf ihre intellektuelle und moralische Qualität? Zweitens: Können Machthaber Philosophen werden? Abgesehen davon, dass nicht einsichtig ist, woher die mit dem Regieren Beschäftigten damals wie heute Fähigkeiten und Muße haben sollten, um sich der Philosophie zu widmen, lässt sich die Frage aus der Sicht der heutigen Praxis in folgender Weise stellen: Handeln Herrscher nach bestem Wissen und Gewissen oder doch eher in der Absicht, die nächsten Wahlen zu gewinnen?

Beide Fragen beantwortete schon Immanuel Kant in seiner Schrift *Zum ewigen Frieden* pessimistisch, machte aber gleichzeitig darauf aufmerksam, dass man auf die Meinungen der Philosophen hören müsse, ohne sie jedoch in das Spiel der Macht einzubinden: „Dass Könige philosophieren oder Philosophen Könige würden, ist nicht zu erwarten, aber auch nicht zu wünschen, weil der Besitz der Gewalt das freie Urteil der Vernunft unvermeidlich verdirbt. Dass aber die Könige die Klasse der Philosophen nicht schwinden und verstummen, sondern öffentlich sprechen lassen, ist ihnen zur Beleuchtung ihres Geschäfts unentbehrlich."⁶⁸ Und Karl Popper räsonierte: „Ich neige zur Ansicht, dass Herrscher sich moralisch oder intellektuell selten über und oft unter dem Durchschnitt befanden."⁶⁹ Die Forderung nach geeigneten Herrschern müsse daher mit einer neuen Frage ergänzt werden: „Wie können wir politische Institutionen so organisieren, dass es schlechten oder inkompetenten Herrschern unmöglich ist, allzu großen Schaden anzurichten?"⁷⁰

Dass in Platons *Staat* die Beherrschten über keinerlei Einsicht in die geistigen Hintergründe der Staatslenkung verfügen, stellt zweifellos eine Zumutung für das gängige Politikverständnis dar, und es

---

67 Ebd. 473cd.
68 I. Kant, Zum ewigen Frieden. In: Werkausgabe in zwölf Bänden. Hg. von W. Weischedel. Band 11, Frankfurt am Main 1977, S. 195.
69 K. Popper, Die offene Gesellschaft und ihre Feinde. Bd 1. München ⁶1980, S. 172.
70 Ebd. S. 170.

verwundert daher nicht, dass diese autoritäre Staatslehre später auf Ablehnung gestoßen ist. Zu den ersten Kritikern gehörte Aristoteles, der Platon vorwirft, dass seine Überlegungen zur Gütergemeinschaft keineswegs plausibel und durch die Erfahrung bestätigt seien[71], weil für die Dinge, die vielen gehören, weitaus weniger Sorge getragen wird als für Eigenes[72]; zudem konstatiert er der Frauen- und Kindergemeinschaft praktische Undurchführbarkeit. Auch wenn Aristoteles die platonische Gleichstellung der Frau nicht übernimmt, so zeigt doch seine *Politik* insgesamt entschieden liberalere Züge, da sie nicht mehr von metaphysischen Annahmen geprägt ist.

Dass Platons Thesen dazu dienen könnten, den Totalitarismus zu rechtfertigen, wurde im 20. Jh. vor allem von Karl Popper in seinem Werk *Die offene Gesellschaft und ihre Feinde* aufgezeigt. Auch wenn seine Kritik grundsätzlich zutreffend ist, muss sie dennoch ein wenig differenzierter gesehen werden. Beeinflusst von den Erfahrungen mit den totalitären Systemen des Kommunismus und Faschismus kritisiert Popper vor allem den Historizismus, eine Form der Geschichtsphilosophie, die mit dem Anspruch auftritt, in der Geschichte eine Gesetzmäßigkeit oder ein Ziel zu erkennen. In Platons *Staat* ist aber weder eine Gesetzmäßigkeit zu entdecken, noch impliziert sie einen Endzweck der Geschichte, und sie will auch keine Prophezeiung sein.

Auch die häufige Charakterisierung von Platons *Politeia* als „Utopie" (οὐ [ou]: „nicht" und τόπος [tópos]: „Ort" > „Nirgendort") ist ungenau: Sicherlich klingt so manches, was Platon fordert, „utopisch", und sein Entwurf eines idealen Staates hat zweifellos Utopien der Neuzeit inspiriert, doch wenn man unter „Utopie" versteht, dass die Vorstellungen nicht zu verwirklichen sind, so trifft das nicht auf Platons *Politeia* zu, da er seine Reisen nach Sizilien mit der Hoffnung antrat, den jungen Tyrannen für die Errichtung des besten Staates zu gewinnen. Bei Platon heißt „utopisch" daher „noch nirgends verwirklicht" bzw. „noch nicht durchführbar".

Weitere Fragen wirft der Mythos auf, mit dem Platon die *Politeia* beschließt und in dem er Lohn und Strafe große Bedeutung beimisst.[73] Platon legt ihn dem Pamphylier Er in den Mund – sicher eine fiktive Figur, da der Name sonst nirgends überliefert ist. Der in einer Schlacht Gefallene kehrt aus dem Jenseits ins Leben zurück und eröffnet mit seiner Erzählung die Perspektive auf eine ausgleichende göttliche

---

71   Vgl. Aristoteles, Pol. II 6, 1264aff.
72   Vgl. ebd. II 3, 1261b33.
73   Vgl. Platon, Pol. 614aff.

Gerechtigkeit: Die Seelen der Tugendhaften haben nach ihrer tausendjährigen Reise zehnfache Belohung zu erwarten, während die Tyrannen, Staatsmänner oder Menschen, die *sonst Großes verbrochen haben*[74], als abschreckende Exempel vorgeführt werden, indem sie in der „Hölle" mit Schlägen und Dornen traktiert werden und ewige Qualen erleiden. Vermutlich wollte Platon mit dieser dramatisierenden Schilderung darauf aufmerksam machen, wie wichtig die Frage der richtigen Lebenswahl und die Verwirklichung der „Gerechtigkeit" (in dem von ihm intendierten Sinne) in der jeweiligen Lebensführung sind.

6 Struktur und Entstehung der Welt im *Timaios*

Platons Denken ist großteils den sichtbaren Erscheinungen der Welt des Werdens und Vergehens, über die es kein sicheres Wissen, sondern nur ein „Meinen" geben kann, abgewandt, dennoch hat er sich im Alter mit diesem Thema in einem groß angelegten kosmologischen und naturphilosophischen Werk, dem *Timaios*, auseinandergesetzt. In diesem äußerst merkwürdigen Dialog, in dem Timaios, ein fiktiver Pythagoreer aus Unteritalien, der Wortführer ist, betont dieser freilich, über die Dinge bestenfalls nur „Wahrscheinliches" *(eikóta)* aussagen zu können[75], sodass man dieses auch in stilistischer Hinsicht höchst ungewöhnliche und unvergleichliche Werk wohl am ehesten als „wissenschaftliche Dichtung" beschreiben kann.

In der Rede des Timaios wird die Welt als das Werk eines ethisch motivierten „Handwerker-Gottes" *(demiourgós)* dargestellt, der jedoch nicht als Schöpfer im Sinne einer *creatio ex nihilo*[76] gesehen wird, sondern der als guter und neidloser Ordner die Materie in bester Absicht nach dem Muster der Ideen gestaltete, indem er sie aus einer immer schon bewegten Unordnung in den Zustand der Ordnung brachte: *Denn da Gott wollte, dass alles möglichst gut, nichts aber schlecht sei, so führte er das ganze Reich des Sichtbaren, das er nicht im Zustand der Ruhe, sondern der an kein Maß und keine Regel gebundenen Bewegung übernahm,*

---

74 Ebd. 615a.
75 Vgl. Platon, Tim. 29cd.
76 Die Griechen beschrieben die Weltentstehung niemals aus dem Nichts, sondern lehrten entweder die Anfangslosigkeit der Welt oder fassten die Entstehung des Kosmos, der geordneten Welt als Formung eines oder mehrerer vorhandener Stoffe auf.

aus der Unordnung zu Ordnung über, überzeugt, dass dieser Zustand in jeder Hinsicht besser sei als jener.[77] Obwohl Platon zugestehen musste, dass die materiellen Gegebenheiten prinzipiell störanfällig sind, war er grundsätzlich von der Güte der Welt überzeugt. Denn da der Demiurg die Welt sich selbst ähnlich gestaltet hat, muss er sie gut gemacht haben: *Er war gut; im Guten aber erwächst niemals und in keiner Beziehung Missgunst. Weit entfernt von jeglicher Missgunst wollte er, dass alles ihm selbst möglichst ähnlich werde.*[78] Platon ist hier in hohem Maße von pythagoreischen Gedanken geprägt: Der gesamte Kosmos, die Bahnen der Sterne, der Aufbau der Materie und der Mensch von Kopf bis Fuß lassen sich mathematisch erklären, und die traditionellen vier Elemente Feuer, Erde, Wasser und Luft werden wie bei den Pythagoreern mit Zahlen und den ihnen entsprechenden geometrischen Körpern identifiziert, die seither die „fünf platonischen Körper" genannt werden.[79]

Aus den Gattungen der Ideen (dem Sein/*ousía*, dem Selbigen/*tautón* und dem Anderen/*tháteron*[80]) mischte er in komplizierter Weise die „Weltseele", die eine Verbindung zwischen dem Bereich der reinen Ideen und der sichtbaren Welt herstellt: *In dieser Erwägung bildete er die Vernunft in eine Seele und die Seele in einen Körper ein und fügte so aus ihnen den Bau des Weltalls zusammen, um so naturgemäß das möglichst schönste und beste Werk vollendet zu sehen. Und so darf man es denn mit Wahrscheinlichkeit aussprechen, dass diese Welt als ein wirklich beseeltes und vernünftiges Wesen durch Gottes Vorsehung entstanden ist.*[81]

Zur beträchtlichen Wirkung dieses Werks über die Jahrtausende hin mag wohl vor allem Platons scheinbare Vorwegnahme des christlichen Schöpfergottes beigetragen haben. Bis zur Wiederentdeckung des Aristoteles im 13. Jh. n. Chr. war es die bedeutendste Naturphilosophie des Mittelalters, den Christen diente es bei der Auseinandersetzung mit der Gnosis, und es beeinflusste auch noch neuzeitliche Wissenschaftler, von Galilei (in der mathematischen Formulierung der Bewegungsgesetze) über Kepler (bei der Erforschung der Konstruktionsgesetze des Sonnensystems) bis zu Heisenberg. Mit der Frage nach dem besten Staat knüpft der Dialog an die *Politeia* an, doch erscheint dieser nun nicht mehr als ein zu verwirklichender, sondern

---

77 Platon, Tim. 30a.
78 Ebd. 29e.
79 S. II. 1. Teil, Kap. 8.4, FN 59, S. 52.
80 Vgl. Platon, Soph. 254b–259b.
81 Ders., Tim. 30b.

als einer, der in ferner Vorzeit schon einmal verwirklicht war. In diesem Zusammenhang steht die auch im *Kritias* erzählte Sage von Atlantis, die 9000 Jahre in die menschliche Erinnerung zurückgreift und bis heute die Phantasie so mancher Abenteurer angeregt hat.

Es ist schwer zu sagen, ob Platon die Gedanken seiner Kosmogonie und Psychogonie im *Timaios* ernst genommen oder ob er sie etwa bloß in rein dialektischer Absicht entwickelt hat. Dabei gilt es zu bedenken, dass sich Platons Naturbegriff signifikant von unserem heutigen Verständnis der Natur als Forschungsobjekt mit all den Problemen menschlicher Eingriffe unterscheidet. Platon ist geleitet von einer normativ ausgeweiteten Sicht, er will Gott und den Kosmos preisen, seine Kosmologie ist ein „ethischer und politischer Appell"[82]: Jeder soll sich vom Göttlichen, d. h. von seiner Vernunft leiten lassen, die kosmische Ordnung in seiner Seele nachzuahmen.

7 Platons Würdigung und sein Einfluss auf die Nachwelt

Platons Gedankenreichtum ist eine Welt für sich und erscheint schier unerschöpflich. Aber wenn auch die gesamte europäische Philosophie unter dem Einfluss Platons steht, gibt es bereits in der Geschichte der von ihm gegründeten Akademie keine einheitliche Tradition seiner Lehre, und so musste man sich auf Grund des Fehlens von Systematik und festen Lehrsätzen immer wieder aufs Neue auf eine mögliche Auslegung verständigen. Das Selbstverständnis und die Vielfalt der Deutungsmöglichkeiten der platonischen Philosophie sind allein schon durch die literarische Form des Dialogs bedingt. Die spätantike Geistesgeschichte ist ohne den Platonismus nicht zu begreifen, doch erst der Neuplatonismus der Renaissance, die von Marsilio Ficino gegründete Akademie in Florenz und die Übersetzung seiner Werke haben Platons Wirkung auf die Neuzeit ermöglicht: In der Einleitung seines *Symposion*-Kommentars nennt Ficino Platon den Vater der Philosophie. Zur Blüte des Platonismus in der italienischen Renaissance trugen auch Pico della Mirandola (1463–1494) und Giordano Bruno (1548–1600) bei, als deutscher Vertreter Nikolaus von Kues (1401–1464). Bedeutende Zeugnisse der modernen Wirkungsgeschichte sind die von Platon inspirierten Utopien, in denen sich allerdings wesentliche Veränderungen der platonischen Philosophenherrschaft finden:

---

82 H. Ottmann, Geschichte des politischen Denkens. Bd.1/2, S. 75.

Thomas Morus' *Utopia* (1516), Tommaso Campanellas *Civitas solis* (1623) und Francis Bacons *Nova Atlantis* (1627).

Seit dem 17. Jh. distanzierte man sich zusehends vom platonischen Denken, denn die neuen Denkschulen des Empirismus, Materialismus, Positivismus oder Behaviorismus standen in deutlichem Gegensatz zu Platons idealistischen Konzeptionen, obgleich Platon auch andererseits – im oft zitierten humanistischen Bildungsideal – zum Künder des „Wahren, Guten und Schönen" stilisiert wurde. Kant lehnte die These der Herrscherphilosophen ab, und in Nietzsche lebte die platonische Philosophie quasi *ex negativo* weiter, indem er sein eigenes Denken als „umgedrehten Platonismus"[83] beschrieb. Popper löste mit seiner Kritik an Platon eine bis heute andauernde Diskussion aus und auch George Orwells *Nineteen Eighty-Four (1984)* erinnert mit den drei Supermächten an die drei Stände des Platonentwurfs.

Aus welcher Perspektive auch immer Platons Werk beurteilt wird, eines sollte dabei, so Barbara Zehnpfenning, nicht vergessen werden: „Wenn Zustimmung oder Ablehnung sich an Theoriebestandteilen festmachen, die für Platon nur das Material sind, an dem sich Erkennen vollziehen muss, dann ist beides gleichermaßen verfehlt. Was also bleibt dem, der über den von Platon geforderten philosophischen Weg begründet urteilen will, übrig? Er darf sich nicht mit Wissen über Platon zufrieden geben, sondern er muss sich um Verstehen bemühen. Es bleibt also nur eines: nicht über den Weg zu reden – den Weg zu gehen."[84]

III. 3. Teil: Aristoteles

Aristoteles, der berühmteste und zugleich selbstständigste Schüler Platons, vollzieht mit seiner Philosophie eine Abkehr von der metaphysischen Konzeption seines Lehrmeisters, indem sein Denken nun nicht mehr auf einen intelligiblen „Ideenhimmel" gerichtet ist, sondern auf die ontologischen Grundstrukturen des Seins und das in der Natur wie in der Menschenwelt Erforschbare. Aristoteles legt in

---

83 Vgl. F. Nietzsche, KSA VII, S. 199.
84 B. Zehnpfenning, Platon zur Einführung. Hamburg ²2001, S. 233.

deskriptiv-analytischem Verfahren eine philosophische Legitimierung unserer gesamten Lebens- und Denkweise in theoretischer wie auch praktischer Hinsicht dar, was für moderne Leser aber auch mehr Angriffsflächen für Kritik bietet als die idealistischen Konzeptionen des Visionärs Platon. Denn für heutige Maßstäbe ist natürlich vieles von seiner Wissenschaft überholt, manches sogar kurios und einiges – wie beispielsweise seine Aussagen über Frauen und Sklaven, die von Natur aus zum Dienen bestimmt sind – äußerst befremdlich. Schon in der neuzeitlichen Philosophie, namentlich durch Francis Bacon (1561–1626) und René Descartes (1595–1650), wurde mit der aristotelischen Tradition ausdrücklich gebrochen. Bacon ging es nicht mehr um bloße Naturbetrachtung und -beschreibung, sondern um Naturbeherrschung, für die er neue und geeignetere Hilfsmittel benötigte. Er nannte wohl nicht zufällig sein Werk *Novum Organon scientiarum*, ein neues „Werkzeug" der Wissenschaften, um damit das aristotelische *Órganon* (späterer Sammeltitel der Schriften zur Logik, s. Kap. 3) durch eine Wissenschaft abzulösen, die sich auf Erfahrung und Experiment stützt. Descartes, der als Gründer der Philosophie der Neuzeit gilt, verfasste 1641 die *Meditationes de prima philosophia* und appellierte damit ebenfalls in Form eines Widerrufs an die sog. Erste Philosophie (= Ontologie) des Aristoteles.

Also: „Warum soll man heute (noch) Aristoteles lesen?"[1] Otfried Höffe[2] betont, dass Aristoteles' Streben und Interesse mit ganzer Energie auf das abzielt, was den Menschen vor allen anderen Lebewesen auszeichnet, auf seine spezifisch „humane Grundausstattung", nämlich sein wesensmäßig angelegtes Streben, Wissen und Bildung zu vergrößern: *Alle Menschen streben von Natur aus nach Wissen*. Mit dieser kraftvollen Eröffnung beginnt Aristoteles die erst später so genannte *Metaphysik*, eine seiner Hauptschriften zu den Gegenständen der „theoretischen Philosophie", d. h. zu den Untersuchungen über Sein, Natur und Erkenntnis. In der Bildung als Selbstzweck sieht er einen anthropologischen Grundanspruch und zugleich das *télos* („Ziel") der dem Menschen von Natur aus zukommenden Fähigkeit und Bestimmung, vorzugsweise seiner Sprach- und Vernunftbegabung. In dreifacher Weise trägt er diesem Anspruch in seinem Werk Rechnung: im *Órganon* der „Analyse" des logischen Denkens, in der Metaphysik der Erkenntnis der Welt und in den Werken zur Ethik der Untersuchung

---

1 Vgl. O. Höffe, Warum soll man heute (noch) Aristoteles lesen? In: Zeitschrift für Didaktik der Philosophie und Ethik 25 (2003), Heft 4.
2 Ebd., S. 310–321.

des menschlichen Handelns in der Gemeinschaft. „In seiner Gestalt", so Peter Sloterdijk, „gab sich der Genius des europäischen Wissenschaftsdenkens zum ersten Mal in monumentaler Vollständigkeit zu erkennen. Staunenerregend durch die Fülle seiner Interessen, den Umfang seiner Schriften, den Scharfsinn seiner begrifflichen Distinktionen steht Aristoteles wie eine Portalfigur von fast mythischer Gewalt am Eingang zu den europäischen Hohen Schulen des Wissens." Sein Gehirn war „gleichsam der Senat einer an Fakultäten reichen Universität", ja überhaupt die Universität „in der Gestalt eines einzigen Mannes vorweggenommen".[3]

Um den enormen Wissenskosmos, den uns Aristoteles eröffnet hat, zu durchleuchten, wird hier der Versuch unternommen, zunächst zu klären, in welchem Geist, in welcher Welt und mit welcher Intention Aristoteles gedacht und geschrieben hat, um dann anhand einiger seiner Werke zentrale Gedanken darzulegen.

1 Leben

Aristoteles wurde um das Jahr 384 v. Chr. in Stag(e)iros in Thrakien als Sohn des Nikomachos, des Leibarztes des Königs Amyntas von Makedonien, des Großvaters Alexanders des Großen, geboren. Er kam erst als Siebzehnjähriger nach Athen, um an der platonischen Akademie zu studieren. Während Platon der altadeligen Aristokratie Athens entstammte und zeitlebens den Traditionen der Stadt aufs engste verbunden blieb, blieb Aristoteles ein Fremder, ein Zugewanderter, ein Metöke („mitbewohnender Ausländer") ohne Bürgerrecht. Zwei Jahrzehnte, bis zum Tode Platons 347 v. Chr., gehörte er der Akademie an, danach folgten zwölf „Wanderjahre". Seine Abreise aus Athen gab Anlass zu so mancher Spekulation. Es ist jedoch zu vermuten, dass Aristoteles auf Grund seiner Herkunft Kontakte zu Kreisen hatte, die mit den Makedonen sympathisierten. Makedonien war unter Philipp II. binnen kurzer Zeit zu einer bedeutenden regionalen Macht aufgestiegen und es formierte sich in der intellektuellen Oberschicht eine makedonenfreundliche panhellenische Haltung, die beispielsweise von den Rhetoren Isokrates und Aeschines vertre-

---

3   P. Sloterdijk (Hg.), Philosophie jetzt! Aristoteles. Ausgewählt und vorgestellt von A. Pieper, München 1997, S. 11.

ten wurde. Doch es gab auch die Gegenposition in der Gestalt des berühmten Redners Demosthenes, der in den *Philippikoí* (Brandreden gegen Philipp II., den Vater Alexanders des Großen) ausdrücklich davor warnte, sich mit den Makedonen zu arrangieren.

Aristoteles ging für drei Jahre an den Hof des Hermeias in die kleinasiatische Stadt Assos, wo er Theophrast von Eresos kennenlernte, seinen späteren Mitarbeiter und Freund. Im Jahre 345 v. Chr. übersiedelte er nach Mytilene auf Lesbos, in die Heimat Theophrasts. 343/342 v. Chr. wurde er dann von Philipp II. an den makedonischen Hof berufen, um dessen dreizehnjährigen Sohn Alexander zu erziehen. Aristoteles konnte jedoch keinen nennenswerten Einfluss auf den jungen Alexander ausüben;[4] denn es ist offenkundig, dass dessen offensive Kriegszüge sicherlich nicht von philosophischen Prinzipien geleitet waren. Alexanders Vision von einem Weltreich, in dem Menschen verschiedenster Kulturen in Eintracht *(homónoia)* koexistieren sollten, war der Auffassung des Aristoteles diametral entgegengesetzt.[5] Zudem favorisierte Alexander die Monarchie, die für die Epoche des Hellenismus typische Staatsform, während sich Aristoteles auf die einzelne Polis als bestimmende politische Einheit konzentrierte und der Politie, der Bürgerherrschaft, den Vorzug gab.

Der makedonische Sieg bei Chaironeia (338 v. Chr.) versetzte der Unabhängigkeit der griechischen Stadtstaaten den Todesstoß. Nach der Ermordung Philipps übernahm der gerade zwanzigjährige Alexander die Herrschaft, und nachdem der Widerstand gegen die makedonische Hegemonie endgültig gebrochen war, konnte Aristoteles wieder nach Athen zurückkehren. Gemeinsam mit Theophrast, der ihn schon nach Makedonien begleitet hatte, begann er unter makedonischem Schutz am Gymnasion Lýkeion (benannt nach dem Heiligtum des Apollon Lýkeios[6]) zu lehren. Die Schule wurde später auf Grund des Wandelgangs (περίπατος [perípatos]) die der Peripatetiker genannt. Nach Alexanders Tod (323 v. Chr.) gewann die antimakedonische Partei wieder die Oberhand und Aristoteles musste zum zweiten Mal Athen verlassen. Um, wie er in Anspielung auf die Verurteilung des Sokrates sagte, den Athenern nicht noch einmal die Gelegenheit zu geben, sich an der Philosophie zu versündigen[7], zog er

---

4   Ebenso wenig gelang dies später dem Philosophen Seneca bei Nero.
5   Vgl. Aristoteles, Pol. VII 7, 1327b.
6   Griech. *Lýkeios* heißt wörtl. „Wolfsabwehrer" von λύκος „Wolf" (lat. *lupus*); davon frz. „lycée" und ital. „liceo".
7   Vgl. Aelian, *Varia historia* III 36.

sich nach Chalkis auf die Insel Euböa zurück, wo er 62-jährig im Jahre 322 v. Chr. an einem Magenleiden verstarb.

2 Zur Überlieferung der aristotelischen Schriften

Die Überlieferungsgeschichte des *Corpus Aristotelicum* liest sich wie ein kulturgeschichtlicher Kriminalroman. Bis ins 1. Jh. v. Chr. waren praktisch nur die heute fast gänzlich verschollenen exoterischen (ἐξωτερικός [exoterikós]: „äußerlich, populär") oder enkyklischen (die an einen größeren Leserkreis – *kýklos* – gerichteten) Schriften bekannt. Zu ihnen zählen etliche Dialoge und der *Protreptikós* („Hinwender, Ermahner" scil. zur Philosophie), die in Platons Nachfolge stehende Aufforderung zum Philosophieren als der höchsten Tätigkeit des Menschen. Diese Schriften lassen sich aus überlieferten Fragmenten zumindest ihrem Gehalt nach noch halbwegs gut rekonstruieren. Beinahe aber wären auch die sog. esoterischen (ἐσωτερικός [esoterikós]: „innerlich"), für den inneren Studienbetrieb bestimmten Schriften, Materialsammlungen und Skripten, die im Perípatos entstanden sind, für immer verloren gewesen. Sie präsentieren sich großteils inhomogen, wir finden Querverweise, Überarbeitungen, gelegentlich Wiederholungen und sogar Widersprüchlichkeiten, und ihre heutige Anordnung geht auf spätere Redaktoren zurück. Diese Schriften wurden von Theophrast, dem bedeutendsten Aristotelesschüler, einem gewissen Neleus aus Skepsis (nahe dem antiken Troja) vermacht. Dessen Erben – an Wissenschaft uninteressiert – lagerten sie rund 200 Jahre ungenutzt im Keller ihres Hauses, bis sie endlich wiedergefunden und nach Athen gebracht wurden.

Nach der Eroberung Athens durch Sulla wurden die Schriften schließlich nach Rom gebracht und im 1. Jh. v. Chr. von Andronikos von Rhodos in neuer Anordnung als sog. Pragmatien (*pragmateía*: „wissenschaftliche Abhandlung, Lehre") ediert. Damit legte er den Grundstein für die bis ins 20. Jh. herrschende Auffassung, dass die aristotelische Philosophie ein geschlossenes, einheitliches System sei: Er ließ die in der Art Platons verfassten Dialoge (exoterischen Schriften) weg und machte die esoterischen Schriften sozusagen exoterisch, indem er einige der Titel zusammenstellte, die heute als Aristotelesbücher gelten, so auch die berühmte *Metaphysik*, die aristotelische Prinzipienlehre, die er *metá* (μετά: „nach, hinter") *ta physiká* (τὰ φυσικά), hinter die *Physik* einordnete – ursprünglich also eine rein bibliothekarische Bezeichnung. Auf Grund dieser Ausgabe wurde in römischer

Zeit die wissenschaftliche und philosophische Auseinandersetzung mit dem aristotelischen Corpus, das nunmehr in den großen Bibliotheken in Rom wie auch in Alexandria vorlag, weiterentwickelt. Später machten emigrierte alexandrinische Wissenschaftler Konstantinopel zu einem Zentrum der Aristoteles-Forschung. Über eine andere Rezeptionslinie gelangte die Kenntnis des Aristoteles dann in die sehr aufgeschlossene Hauptstadt der damaligen arabischen Welt, nach Bagdad. Als die Stadt 1055 von den Türken erobert wurde, ging die islamisch-arabische Tradition insofern weiter, als sich bereits vorher griechisch-arabische Gelehrte in Sizilien und vor allem in Spanien, im aufblühenden Córdoba niedergelassen hatten. Hier, im „Bagdad des Westens", lebte der bedeutendste Kommentator der aristotelischen Schriften: Ibn Ruschd oder Averroës (1126–1198), durch dessen Vermittlung Aristoteles zum großen Philosophen der mittelalterlichen Scholastik avancierte. Albertus Magnus (1193–1280) war der erste Scholastiker, der die gesamte aristotelische Philosophie einschließlich der arabischen Kommentatoren rezipierte. Die erste gedruckte Ausgabe des aristotelischen Corpus wurde zwischen 1495 und 1498 von Aldus Manutius in Venedig in Auftrag gegeben. Die für die moderne Aristoteles-Forschung grundlegende kritische Gesamtausgabe, nach deren Seiten-, Spalten- und Zeilenangaben seither zitiert wird, wurde zwischen 1831 und 1837 von Immanuel Bekker erstellt.[8] Manche heutige Ausgaben gliedern auch (oder zusätzlich) in Buch und Kapitel. Der folgende kurze Überblick über das *Corpus Aristotelicum* folgt der Anordnung Bekkers.

3 Werke

Aristoteles gibt selbst eine umfassende Gliederung seiner Philosophie in der Metaphysik: *Jedes Denken ist zum Handeln oder zum Schaffen oder zum Betrachten befähigt* (πᾶσα διάνοια ἢ πρακτικὴ ἢ ποιητικὴ θεωρητική [pása diánoia e praktiké e poietiké e theoretiké]).[9] Seit der Spätantike folgen die verschiedenen Einteilungen von Aristoteles' Schriften jeweils dem Schema Logik – Physik – Metaphysik – Ethik – Politik.

---

8 Zum Beispiel: Met. I, 1, 980a21 für den ersten Satz des ersten Kapitels des ersten Buches der *Metaphysik*, Seite 980, linke Spalte der Bekker-Seite, Zeile 21.
9 Aristoteles, Met. VI 1, 1025b25.

1. *Órganon* (lat. *instrumentum*, „Werkzeug" des – folgerichtigen – Denkens; ein spätantiker Sammeltitel für die Schriften zur Logik): Kategorien *(Categoriae)*, Hermeneutik *(De interpretatione)*, Erste und Zweite Analytik *(Analytica priora/posteriora)*, Topik *(Topica)* und Sophistische Widerlegungen *(Sophistici elenchi)*.
2. *Theoría* („Betrachtung"):
Schriften zur Naturphilosophie, Biologie und Psychologie: Vorlesungen zur **Physik** *(Physica)*, Über den Himmel *(De caelo)*, Über Entstehen und Vergehen *(De generatione et corruptione)*, Über Himmelserscheinungen *(Meteorologica)*, **Über die Seele** *(De anima)*.
Seit dem 13. Jh. unter dem Titel *Parva naturalia* („Kleine naturwissenschaftliche Schriften", acht Abhandlungen über psychophysische Phänomene): Über die Wahrnehmung und die Gegenstände der Wahrnehmung; Über Gedächtnis und Erinnerung; Über Schlafen und Wachen; Über Träume; Über Traumdeutung; Über die Länge und Kürze des Lebens; Über Jugend und Alter, Leben und Tod; Über die Atmung.
Die Geschichte der Tiere *(Historia animalium)*, Über die Teile der Tiere *(De partibus animalium)*, Über die Bewegung der Tiere *(De motu animalium)*, Über die Fortbewegung der Tiere *(De incessu animalium)*, Über die Entstehung der Tiere *(De generatione animalium)*.
Metaphysik *(Metaphysica)*.
3. *Praxis* („Handeln"):
Nikomachische Ethik *(Ethica Nicomachea)*, Große Ethik *(Magna moralia)*, Eudemische Ethik *(Ethica Eudemia)*.
Politik *(Politica)*.
4. *Poíesis* („Schaffen"):
Rhetorik *(Ars rhetorica)* (teils hier, teils unter „Praxis" einzuordnen) und Poetik *(De arte poetica)*.
5. Fragmente (der exoterischen Schriften, i. e. Abhandlungen, die für eine größere Öffentlichkeit bestimmt waren): Dialoge *Eudemos*, Über die Philosophie *(De philosophia)*, Über die Ideen *(De ideis)*, **Mahnrede** *(Protreptikós)*.

4 Das Wesen der Philosophie

Von der „Mahnschrift" ist so viel erhalten, dass sich einigermaßen die Konturen der frühen aristotelischen Philosophie erkennen lassen. Diesen Umstand verdanken wir vor allem dem Neuplatoniker Iamblichos (4. Jh. n. Chr.), der in seinem *Protreptikós* die gleichnamige aristotelische Schrift benützte, nachdem diese bereits von Cicero in seinem *Hortensius* dem gebildeten römischen Publikum vorgestellt worden war; durch dessen Lektüre wurde später auch der junge Augustinus auf den Weg der Philosophie gelenkt. In einer uns erhaltenen Textpassage erschließt sich die zentrale Bedeutung, die Aristoteles der Philosophie für das menschliche Leben beimisst: *So gibt es also für den Menschen nichts Göttliches oder Seliges außer jenem Einen, das allein der Mühe wert ist, nämlich das, was in uns an Verstand und Geisteskraft vorhanden ist. Von dem, was unser ist, scheint dies allein unvergänglich, dies allein göttlich zu sein. Kraft unseres Vermögens, an dieser Fähigkeit teilzuhaben, ist unser Leben, obwohl von Natur aus armselig und mühsam, so herrlich eingerichtet, dass der Mensch im Vergleich zu den anderen Lebewesen ein Gott zu sein scheint, denn mit Recht sagen die Dichter: ‚Der Geist ist nämlich der Gott in uns' und ‚Menschliches Leben birgt einen Teil eines Gottes in sich'. (…) Also soll man entweder philosophieren oder vom Leben Abschied nehmen und von hier weggehen; denn alles Übrige scheint nur ein törichtes Geschwätz zu sein und ein leeres Gerede.*[10]

Da der Geist die vorzüglichste menschliche Qualität ist und die spezifische Tätigkeit des Geistes im Denken besteht, wird der Mensch umso vollkommener, je intensiver er seine von der Natur vorgegebene Fähigkeit des Denkens und Erkennens ausbildet und je mehr er sich auf den *bíos theoretikós* (βίος θεωρητικός: „das betrachtende Leben") konzentriert. Höchste Erkenntnis aber ist die Philosophie und Aristoteles hat stets an der Auffassung festgehalten, dass die theoretische Vernunfterkenntnis *(bíos theoretikós)* den höchsten Stellenwert im Lebensvollzug des Menschen hat. Nur wem es gelingt, sich philosophierend dem Göttlichen anzunähern und – soweit es dem Menschen möglich ist – mit der göttlichen Wirklichkeitsordnung im Einklang zu leben, dem wird ein glückliches und erfülltes Leben zuteil.

Dieses intellektualistisch-kontemplative Lebensideal zieht sich als Grundlinie durch das gesamte aristotelische Werk. So beruht Aristoteles' Ethik auf den Gedanken des *Protreptikós*, wenn er in der *Nikomachischen Ethik* nachweist, dass das Glück des Menschen von der Tätigkeit seiner Vernunft abhängt, durch die er sich von allen anderen Lebewesen unterscheidet.[11] Und ebenso ist eine der wohl bedeutendsten Stellen der *Metaphysik*[12] diesem Ideal nachgezeichnet (s. Kap. 5.2, S. 195f.).

---

10 Aristoteles, Protreptikos 96d–99.
11 Vgl. ders., EN I 6, 1097b24–1098a18.
12 Vgl. ders., Met. XII 7, 1072b26ff.

5 Grundzüge der Metaphysik

Aristoteles unterscheidet das der *theoría* gewidmete Leben vom produktiven *(poietischen)* und praktischen. An zwei Stellen seines Werkes[13] weist er explizit auf den Unterschied zwischen *Poíesis* („Produzieren, Herstellen, Machen") und *Praxis* („Handeln") hin. Dieser besteht darin, dass beim Produzieren (eines Handwerkers, Architekten oder Dichters) das Endziel außerhalb dieser Tätigkeit liegt, beim praktischen Handeln (eines Politikers oder Flötenspielers) hingegen im Vollzug desselben.

Die aristotelische Differenzierung ist noch im 20. Jh. präsent: Hannah Arendt (*Vita activa oder vom tätigen Leben*, 1960) knüpft mit ihrer Unterscheidung der drei Tätigkeitsbereiche „Arbeiten – Herstellen – Handeln" an Aristoteles an, wobei Ersteres, das für den Lebensunterhalt Notwendige, bei Aristoteles Sache der Sklaven ist und daher unerwähnt bleibt. Auch Jürgen Habermas' *Theorie des kommunikativen Handelns* (1981) rezipiert die aristotelische *Praxis*.

Die aristotelische *theoría* (θεωρία), deren sakralen Ursprung[14] man in so manchen Äußerungen noch nachfühlen kann, ist keine Theorie der technisch-instrumentellen Naturbeherrschung, wie sie in der Neuzeit von Francis Bacon oder Thomas Hobbes vertreten (und später von Max Horkheimer und Jürgen Habermas kritisiert) wird, und sie hat auch kein unmittelbares Interesse an der Praxis im Sinne einer „kritischen Theorie", wie sie etwa bei den späteren Linkshegelianern zu finden ist. Die *theoría* des Aristoteles entsteht aus dem Staunen und der Verwunderung, indem man sich Gedanken über diese wundersame Welt macht und einfach nur wissen will, warum sie so ist, wie sie ist. Dieser Entwicklungsschritt der griechischen Philosophie kann nicht hoch genug geschätzt werden, denn hier war der Beginn der Öffnung des menschlichen Geistes zur Rationalität und zur Freiheit der Wissenschaft und allen Denkens. Der Philosoph ist weder Praktiker noch erschafft er etwas wie der Künstler, sondern er widmet sich gänzlich der zweckfreien[15] philosophischen Einsicht und der Schau des Seienden, das unabhängig vom Denken existiert. Aristoteles' Überzeugung, dass die Gegenstände der Erkenntnis objektiven Seinscharakter haben und vom Menschen nur aufgefunden werden müssen, verbindet ihn mit Platon, nur dass diese für ihn nicht mehr in einer transzendenten

---

13   Vgl. Aristoteles, EN VI 5, 1140b6f.; MM I 34, 1197a4–12.
14   S. I. Einleitung, Kap. 1, S. 10f.
15   Vgl. Aristoteles, Met. I 2, 982b20–27.

Ideenwelt zu suchen sind, sondern in der Natur selbst. Die aristotelischen Erkenntnisziele sind immanent, er untersucht die Prinzipien, die den Dingen als Ursachen im ontologischen Sinne zugrunde liegen. Im Wesentlichen betrifft Aristoteles' Kritik die platonische *Méthexis*-Lehre, der zufolge die konkreten Dinge an Ideen teilhaben, obwohl diese getrennt von ihnen existieren sollen („Einwand des dritten Menschen"[16]).

Unter allen Gegenständen des theoretischen Denkens steht für Aristoteles Gott an oberster Stelle, sodass diesem Denken der höchste Rang zukommt, das das Göttliche und die ersten Prinzipien oder Ursachen (*archaí*, Pl. zu *arché*) des Seienden zum Inhalt hat. Mit diesen beschäftigt er sich in seiner berühmten *Metaphysik*, von ihm selbst als die „Erste Philosophie" (πρώτη φιλοσοφία [próte philosophía]) bezeichnet. Aus heutiger Sicht würde auch die *Physik*, Aristoteles' Naturphilosophie, der *Metaphysik* zuzurechnen sein; von seiner *Metaphysik* im Sinne der „Ersten Philosophie" grenzt sich die Naturphilosophie jedoch insofern ab, als sie sich auf die Untersuchung der Prinzipien des veränderlichen Seienden konzentriert, während die „Erste Philosophie" auf das Seiende schlechthin reflektiert: *Es gibt eine Wissenschaft, welche das Seiende als Seiendes untersucht und das demselben an sich Zukommende.*[17] Seiendes soll allein unter dem Gesichtspunkt, dass es *seiend* ist, analysiert und auf unableitbare Prinzipien zurückgeführt werden. Aristoteles ermittelt drei Ursachen, „die nicht aufeinander zurückgeführt werden können, aber dennoch in mannigfacher Weise miteinander zusammenhängen, nämlich erstens: die ‚primären Substanzen' *(prótai ousíai)* oder auch ‚Formen' *(eíde)* wahrnehmbarer Dinge; zweitens: die ‚ausgeübte Wirklichkeit' *(enérgeia)* gegenüber bloßem Vermögen *(dýnamis)*; und drittens ‚Gott' als ‚sich denkendes Denken' *(nóesis noéseos)*".[18]

Im ersten Buch der *Metaphysik*[19] erläutert Aristoteles die Grundbegriffe des Wissens in einer aufeinander aufbauenden Stufenfolge: Sinneswahrnehmung (αἴσθησις [aísthesis]), Erinnerung (μνήμη [mnéme]) und Erfahrung (ἐμπειρία [empeiría]), die aber stets nur für den Gegenstand gilt, an dem sie erworben wurde; aus dieser folgend die Kunstfertigkeit/Kundigkeit (τέχνη [téchne]) im Sinne einer speziellen Handlungskompetenz, die eine Mittelstellung einnimmt zwi-

---

16 S. III. 2. Teil, Kap. 4.2, S. 167.
17 Aristoteles, Met. IV 1, 1003a21f.
18 Th. Buchheim, Aristoteles. Wiesbaden 2004, S. 79.
19 Vgl. Aristoteles, Met. I 1, 980a–982a.

schen der bloßen Erfahrung und der Wissenschaft (ἐπιστήμη [epistéme]), die das Allgemeine zum Inhalt hat. Somit ergibt sich folgende Stufenfolge: *aísthesis* → *mnéme* → *empeiría* → *téchne* → *epistéme*. (→ **F 32: Aristoteles: Stufen der Erkenntnis**)

Anhand eines Platon-Zitats[20] präzisiert Aristoteles den Übergang von der *empeiría* zur *téchne* und weiter zur Wissenschaft: Die *téchne* besitzt im Gegensatz zur *empeiría* das Wissen um einen Begriff und die Gründe eines mit diesem verbundenen Sachverhalts (*lógon échein* und *aitías gnorízein:* „Gründe kennen"), also beispielsweise „warum" Feuer brennt, nicht nur „dass" es brennt, und stellt daher übertragbares und lehrbares Fachwissen dar, was sie wiederum der Wissenschaft annähert. Die *epistéme* als die theoretische Wissenschaft und höchste Form des Wissens aber ist schließlich vollkommen zweckfrei (οὐ χρήσεώς τινος ἕνεκεν [ou chréseos tinós héneken]: „nicht um irgendeines Nutzens willen").

Über Details des Erkenntnisprozesses klärt uns Aristoteles nicht nur in den später unter dem Titel *Órganon* gesammelten Schriften auf, sondern auch in verstreuten Exkursen und Bemerkungen. Aus einer Stelle aus der Ethik[21] erfahren wir von den methodischen Maximen, an die man sich bei der Erarbeitung von Erkenntnissen zu halten hat: Zunächst muss man sich bezüglich des Gegenstandes Klarheit verschaffen und diesen sachgerecht behandeln. Danach ist die Erörterung verschiedener Lehrmeinungen erforderlich: Aristoteles prüft kritisch die Gedanken und Meinungen (*dóxai*) seiner Vorgänger, er arbeitet – modern ausgedrückt – den „Forschungsstand" auf; die „doxastische" Methode, d. h. die Lehrmeinungen prüfende, also zunächst doxographische Methode hat den Vorteil, dass *wir einerseits die Dinge selber erforschen, andererseits uns von anderen Forschern belehren lassen und gegebenenfalls ihre von uns abweichenden Ansichten übernehmen müssen.*[22] Schließlich sind alle dabei auftretenden Probleme durchzuarbeiten:

---

20 Vgl. Aristoteles, Met. I 1, 981a3: *„Erfahrung brachte Kunst hervor",* sagt Polos mit Recht, *„Unerfahrenheit aber Zufall".* (Vgl. Platon, Gorg. 448c)
21 Vgl. Aristoteles, EN VII 1, 1145b2–7.
22 Ders., Met. XII 8, 1073b13–17; nach I. Kant (Vorrede zur 2. Auflage der *Kritik der reinen Vernunft*) erfüllt Aristoteles die Kriterien, nach denen Wissenschaftlichkeit entwickelt werden kann, indem er die Leistungen seiner Vorgänger anerkennt, bei einander widersprechenden Positionen jeder das ihr zustehende Recht belässt (vgl. EE VII 2, 1235b16f.), Originalität nur dort beansprucht, wo es berechtigt ist, und schließlich offensichtliche Meinungsdefizite mit eigenen Gedanken füllt.

Aus erkannten Schwierigkeiten („Aporien"[23]) versucht Aristoteles „Euporien" („leicht und gut zu gehende Wege") zu entwickeln. In der *Metaphysik* legt Aristoteles dar, dass eine eingehende Auseinandersetzung mit den Aporien für den Wissensfortschritt unerlässlich ist: *Hinsichtlich der gesuchten Wissenschaft müssen wir uns zuerst dem zuwenden, worüber notwendigerweise vornehmlich eine Schwierigkeit besteht. (...) Für diejenigen, die hierin ihren Weg finden wollen, ist es angezeigt, richtig die Schwierigkeiten zu untersuchen; denn (...) es ist unmöglich einen Knoten zu lösen, ohne ihn zu kennen, sondern vielmehr erst die Schwierigkeit, die in der Überlegung auftritt, zeigt diesen Knoten in der Sache an. (...) Man muss also zuerst alle Hindernisse überdacht haben, (...) weil derjenige, der sucht, ohne sich vorher mit den Schwierigkeiten zu befassen, einem Menschen gleicht, der nicht weiß, wohin er zu gehen hat; dazu kommt noch, dass ein solcher Mensch auch nicht weiß, ob er das Gesuchte schon gefunden hat oder nicht. Ihm nämlich ist das Ziel nicht klar, wohl aber dem, der sich vorher schon mit den Schwierigkeiten befasst hat.*"[24] Von Bedeutung ist auch Aristoteles' Leistung auf dem Gebiet der Sprachanalyse in Form von begrifflichen Distinktionen, die auf die heutige Analytische Philosophie vorweisen. Im fünften Buch der *Metaphysik*, das als „das erste überlieferte und bis heute lesenswerte Begriffslexikon"[25] angesehen werden kann, behandelt Aristoteles nicht weniger als dreißig (!) philosophische Grundbegriffe in ihren vielfältigen Bedeutungen.

Wenn Aristoteles also die Frage aufwirft: „Was ist denn überhaupt Wissenschaft und wie geht sie vor?", und wenn er Untersuchungen über wissenschaftliche Methoden anstellt, erweist er sich als erster systematischer Denker und zugleich als Wissenschaftstheoretiker, wovon seine im *Órganon* zusammengefassten logischen Schriften Zeugnis ablegen. Die *Kategorien* (κατηγορία [kategoría]: „Anklage", dann: „Aussage, Prädikat") behandeln die zehn Aussageformen des einzelnen, nicht im Satzzusammenhang stehenden Wortes (Substanz, Quantität, Qualität, Relation, ein „Wo", ein „Wann", eine „Lage", ein „Wirken", ein „Leiden" und ein „Verhalten") und die Prädikate, die jedem Seienden als Seiendem zukommen.[26] Im Traktat *De interpretatione* (Hermeneutik) untersucht Aristoteles die Teile des Satzes und die sprachlichen Bedeutungen, die durch Übereinkunft zustande kommen. Mit dieser Theorie weicht er von Platons im *Kratylos* geäußerter

---

23 S. III. 1. Teil, Kap. 1.3, S. 130.
24 Aristoteles, Met. III 1, 995a24–995b2.
25 O. Höffe, Aristoteles. München ²1999, S. 104.
26 Vgl. Aristoteles, Cat. Kap. 4.

Meinung ab, dass die Wörter von Natur aus *(phýsei)* mit bestimmten Bedeutungen ausgestattet sind; für Aristoteles ergeben sich die Namen, wenn sie ein Zeichen (σύμβολον [sýmbolon]) geworden sind.[27] Die *Topik* beschäftigt sich mit der Auffindung geeigneter Prämissen und „Gemeinplätze" (τόποι [tópoi][28]) für die logische Argumentation, die *Sophistischen Widerlegungen* behandeln den Trugschluss, die *Erste Analytik* den Syllogismus (συλλογισμός [syllogismós]: „logischer Schluss") und die *Zweite Analytik* den wissenschaftlichen Beweis. Mit der Syllogistik hat Aristoteles als Erster ein System formaler Logik geschaffen. Er führte Buchstaben für Begriffe ein, wodurch die Möglichkeit der Formalisierung und Verallgemeinerung gegeben ist und der Schluss auf Grund seiner Form stets Gültigkeit besitzt. Durch die richtige Anordnung der Begriffe ergeben sich die Regeln für die formale Korrektheit des Schlusses: Der notwendigerweise in beiden „Prämissen" („vorausgeschickten Sätzen") vorkommende Terminus (= Mittelterminus M) fungiert gleichsam als Katalysator und fällt im Schluss, der *Conclusio*, weg, in der dann Subjekts- (S) und Prädikatsbegriff (P) verbunden werden. Nach der Stellung der drei Begriffe in den Prämissen werden vier „Figuren" unterschieden. Ein Beispiel für die erste Figur:

1. Prämisse	M	P	Alle Menschen sind sterblich.
2. Prämisse	S	M	Alle Griechen sind Menschen.
Conclusio	S	P	Alle Griechen sind sterblich.

Der Syllogismus ist eine Methode der Deduktion, d. h. des Ableitens zwingender Aussagen aus Obersätzen, im Gegensatz zur Induktion, dem „Hinführen" (ἐπαγωγή [ep-agogé]) vieler Beobachtungen auf ein allgemeines Gesetz: Mit dieser versuchte Aristoteles von dem *für uns Naheliegenden* (πρότερον πρὸς ἡμᾶς [próteron pros hemás]) zur eigentlichen Ursache, zu dem *von Natur aus, an sich Ersten* (πρότερον τῇ φύσει [próteron te phýsei]) voranzuschreiten.[29]

---

27 Vgl. Aristoteles, Int. 2, 16a3f. Etymologisch leitet sich griech. *sýmbolon* aus *symbállein* („zusammenwerfen") her und stammt aus antikem Rechtsgebrauch: Zwei Hälften eines Täfelchens, Stabs oder Rings dienten bei ihrer Zusammenfügung als Erkennungszeichen und Legitimation von Gastfreunden und Vertragspartnern.

28 Griech. *tópoi*: Hier nicht im uns heute geläufigen (negativen) Sinn, sondern als immer wiederkehrende Argumentationsformen.

29 Vgl. Aristoteles, Phys. I 1, 184a.

Zu den aristotelischen Axiomen[30], die für das Seiende als solches gelten, gehören noch zwei weitere fundamentale Grundsätze: der „Satz vom ausgeschlossenen Widerspruch", der von allem Wissen und sogar Handeln vorausgesetzt wird, und der „Satz vom ausgeschlossenen Dritten". Nach dem ersten *ist es nicht möglich, dass dasselbe demselben in derselben Beziehung zugleich zukommt und nicht zukommt*[31], und nach dem zweiten *ist es nicht möglich, dass es ein Mittleres zwischen den beiden Gliedern des Widerspruchs gibt*[32]. Der letztere Satz scheint durch die dreiwertigen Logiken[33] überholt zu sein, doch auch Aristoteles wendet ihn nur in jenen kontradiktorischen Fällen an, in denen die Unbestimmtheit dezidiert ausgeschlossen ist.[34]

5.1 Ontologie

Von den *Kategorien* nimmt das „Substanzproblem" der *Metaphysik* seinen Ausgang. In den sog. Substanzbüchern VII–IX stellt Aristoteles die Kardinalfrage nach dem Seienden als solchem, der *ousía* (οὐσία [ousía]) als Substanz im eigentlichen Sinn. Im Grunde geht es in der aristotelischen Ontologie um eine Präzisierung des sprachlichen Seinsbegriffs und die genaue Analyse von „ist" (ἐστίν [estín]), „sein" (εἶναι [eínai]) oder „Seiendes" (ὄν [on]), mit deren Hilfe Klarheit darüber gewonnen wird, wie beschaffen die Wirklichkeit in ihrer allgemeinen Form „ist".[35] Aristoteles beantwortet die seit Parmenides gestellte Frage nach dem Sein und der angeschlossenen Problematik der Veränderung und Vielheit – im Gegensatz zu Platon – mit dem Verweis auf die Sprache, indem er die wahrgenommenen Differenzen in der Identität dadurch erklärt, dass das Seiende in mehrfacher Weise ausgesagt werden kann. Diese Vielfalt besteht jedoch nicht bloß in der Homonymität (Namensgleichheit: z. B. *zóon* = sowohl „wirkliches" als auch „gemaltes Lebewesen"), sondern in der Einheit der Sache, der „Wesenheit" *(ousía)*.

---

30 Griech. *axíoma* (von *axioún*: „für würdig befinden", dann: „fordern") heißt eigentlich „Denkforderung", i. e. ein Satz, der jedem klar Denkenden einleuchten muss und keines Beweises bedarf.
31 Aristoteles, Met. IV 3, 1005b19.
32 Ebd. IV 7, 1011b 23.
33 Der polnische Logiker und Mathematiker Jan Lukasiewicz formalisierte 1920 die dreiwertige Logik (neben „wahr" und „falsch" auch „unbestimmt").
34 Vgl. Aristoteles, Cat. Kap. 6–9.
35 Vgl. ders., Met. VII 1, 1028b2–8.

Das Wort *ousía* („Wesen") ist der Alltagssprache entnommen.[36] Aristoteles verwendet es in zwei verschiedenen Bedeutungen: Die „erste *ousía*" ist das konkret Daseiende[37], das aus Materie (ὕλη [hýle]) und Wesensform (εἶδος [eídos] = ἰδέα [idéa] = μορφή [morphé]) gleichsam Zusammengesetzte, daher auch *sýn-holon* (das „zusammen Ganze") genannt und von Cicero mit *con-cretum* („Zusammengewachsenes") übersetzt.

Als „zweite *ousía*" bezeichnet Aristoteles die unveränderliche, die das einzelne konkret Daseiende überlebende Wesensform im platonischen Sinn von *eídos* und *idéa*, gibt dieser aber zum Unterschied von Platon keine ontologische Priorität: Sie sei (nur) *in* den jeweils konkreten Seienden repräsentiert und durch den abstrahierenden Verstand erkennbar (im Sinn des sokratischen τί ἐστιν [ti estin]: „was ist es scil. eigentlich?"[38]), habe aber keine selbstständige Existenz wie die platonischen Ideen, nur eine Essenz (lat. *essentia*: belegt bei Seneca, wahrscheinlich geprägt von Cicero). Diese „zweite *ousía*" entspricht im Bereich des Lebendigen dem Artbegriff (lat. *species*).

Zur ersten und wesentlichen „Kategorie" (κατηγορία = Aussage) über Seiendes, gleichgültig, ob Individuum (= erste *ousía*) oder Art (= zweite *ousía*), sind für Aristoteles neun weitere Kategorien möglich, die συμβεβηκότα [symbebekóta], die „Mitgegangenen", d. h. zur ersten Aussage Hinzukommenden, die Akzidentien (lat. *accidentia* = „dazufallende"), die unwesentliche Eigenschaften oder Zustände eines Seienden angeben[39]: Es gehört nicht zum Wesen eines Menschen, welche Hautfarbe er hat.

Das lateinische *substantia* (aus griech. ὑπο-κείμενον [hypo-keímenon]: das „darunter Stehende/Liegende") steht öfter für die „erste *ousía*"; die neuzeitliche „Substanz" als Komplementärbegriff zu den aristotelischen Akzidentien wird ausschließlich im Sinne der „ersten *ousía*" verwendet.

---

36 Griech. *ousía* bedeutet ursprünglich „Vermögen, Besitz, Eigentum", das dt. Wort „Wesen" geht auf Meister Eckhart (1260–1328) zurück, eingeschlossen ist die Verbalform „wesen" = „sein, währen, bleiben, anwesen".
37 Vgl. Aristoteles Cat. Kap. 5, 3b10–13: *Jede Substanz scheint ein bestimmtes „Dieses" zu bezeichnen. Bezüglich der ersten Substanzen ist es zweifellos und wahr, dass jede ein bestimmtes „Dieses" bezeichnet; denn das angezeigte Ding ist unteilbar und der Zahl nach eins.*
38 Aristoteles, Met. VII 4ff; 17; vgl. V 18, 1022a9 u. 26.
39 Vgl. ders., Cat. Kap. 2, 1b; vgl. Top. I 9, 103b22: Qualität, Quantität, Relation, Ort, Zeit, Lage, Tun, Leiden, Verhalten (lat. *habitus*).

Die Differenz zwischen platonischer und aristotelischer Ontologie hat in der mittelalterlichen scholastischen Philosophie den „Universalienstreit" ausgelöst. Die „Platoniker" meinten, die *universalia* (= Allgemeinbegriffe = Ideen) seien als göttliche Schöpfungen schon *vor* den konkreten Seienden vorhanden, die „Aristoteliker", sie seien als immanente Wesensformen *in* den Seienden. Im Gegensatz zu diesen, die „(Begriffs)realisten" genannt werden, meinten die „Nominalisten", die platonischen und aristotelischen Begriffe seien bloße Namen *(nomina)* und erst durch nachträgliche Abstraktion entstanden.

Um das Phänomen des Werdens, der Bewegung und Veränderung zu beschreiben, führt Aristoteles die Begriffe *dýnamis* (δύναμις: „Möglichkeit, Fähigkeit, Potenzialität") und *enérgeia* (ἐνέργεια: „Verwirklichung, Wirklichkeit, Aktualität") ein.[40] Die Möglichkeit liegt in der Materie und die Wirklichkeit beruht auf der Form, wobei Erstere in einem prägnanten Sinn zu verstehen ist: Das Werden als Übergang vom Möglichsein zum Wirklichsein ist durch eine immanente Teleologie charakterisiert, indem es als Veränderung eines schon bestimmt geformten Substrates aus einem Zustand in einen anderen begriffen wird. *Dýnamis* bedeutet also eine konkrete Fähigkeit einer bestimmten Sache und ist im Grunde nur die Ablösung einer Form eines Substrats durch eine andere, zu der die Möglichkeit in der Materie immanent vorhanden ist. (→ **F 33: Aristotelische Ontologie**)

Nach Aristoteles vollzieht sich alles Werden entweder von Natur aus *(phýsei)* oder durch menschliche Tätigkeit *(téchne)*, und so findet er in kritischer Auseinandersetzung mit den naturphilosophischen Konzeptionen der Vorsokratiker und ihrer Frage nach der *arché* neben der materialen und formalen Ursache des Werdens noch zwei weitere und unterscheidet somit vier Klassen von Ursachen (αἰτίαι = ἀρχαί = στοιχεῖα = lat. *principia*)[41]:

1. *causa materialis* (Materialursache); ὕλη [hýle]: „Stoff, Materie" = δυνάμει ὄν [dynámei on]: „der Möglichkeit nach Seiendes"
2. *causa formalis* (Formursache); εἶδος [eídos] = μορφή [morphé]: „Form"
3. *causa efficiens* (Wirkursache); πρῶτον κινοῦν [próton kinoún]: „erstes Bewegendes"
4. *causa finalis* (Zweckursache); τὸ τοῦ ἕνεκα [to tou héneka]: „das Weswegen"

---

40 Vgl. ders., Phys. III 1, 201a9–15.
41 Vgl. ders., Met. I 3, 983a26–31.

Als Beispiel kann der Bau eines Hauses dienen: Materialursache sind Stein und Mörtel, Formalursache ist der Begriff/die Idee/das Muster des Hauses, sozusagen im Kopf des Baumeisters; dieser bzw. die sie ausführenden Bauarbeiter stellen die bewegende Ursache dar, und schließlich liegt die Zweckursache in der Vollendung des Baus, um darin zu wohnen und Schutz zu finden. Der Begriff der Ursächlichkeit hat aber in der aristotelischen Ontologie eine weitere Bedeutung als in der neuzeitlichen Philosophie oder in unserer Alltagssprache, wo er für gewöhnlich auf die Wirkursache reduziert ist. Bei Aristoteles ergibt sich die vollständige Bestimmtheit einer Sache erst in der Zusammenschau der vier genannten Ursachen und er macht prinzipiell keinen Unterschied zwischen den auf Ziele und Zwecke ausgerichteten Produkten der Menschen und den Naturdingen, bei denen die Gründe zwei bis vier zusammenfallen[42]: Denn die Wesensgestalt eines Löwen ist zugleich das Ziel, auf das die Entwicklung des Löwen vom Samen bis zum ausgewachsenen Tier zuläuft. Wenn Aristoteles auch hier von Zweckursachen spricht, so meint er „unbewusst zweckmäßig wirkende Kräfte", die die teleologische Entfaltung des Organismus vom Keim bis zur voll entwickelten Form steuern; diese Kraft der Zielverwirklichung nennt er „Entelechie" – ἐντελέχεια [entel-écheia]: eig. „das Ziel (τέλος [télos]) in (ἐν [en]) sich haben (ἔχειν [échein])".[43] Die Verwirklichung der immanent vorhandenen Form eines Naturdings bedeutet also zugleich die Erfüllung seines Zwecks.

(→ F 34: Aristoteles: Ursachenlehre)

In der Philosophie der Neuzeit wurde mit diesem aristotelischen Denken ausdrücklich gebrochen und die teleologische Erklärung der Naturprozesse durch kausal-mechanische Naturerklärungen ersetzt. Dennoch muss Aristoteles als der große Entdecker und Erforscher allen organischen Lebens und als der erste wirkliche Zoologe anerkannt werden, da er in der gesamten Natur ein allmählich vom Niederen zum Höheren aufsteigendes Stufensystem der Formen erkennt, auf dessen höchster Stufe der mit Vernunft und Denkvermögen ausgestattete Mensch steht.

---

42 Vgl. Aristoteles, Phys. II 3, 194b16–195a3.
43 Vgl. ders., Met. IX 8, 1050a21ff.

5.2 Die metaphysische Gotteslehre

Für Aristoteles ist das ganze teleologisch geordnete und hierarchisch gestufte Naturgeschehen ein dynamischer Bewegungsvorgang, der in stetigem Übergang von der Potenzialität zur Aktualität vorgestellt wird. Jede Bewegung aber setzt sowohl ein Bewegendes als auch ein Bewegtes voraus und alles, was sich und anderes bewegt, seinerseits aber von etwas anderem bewegt wird, ist ein „Mittleres". Weiters sind Bewegung und Zeit in enger Korrelation verbunden, sie sind entweder dasselbe, oder die Zeit ist eine Eigenschaft der Bewegung[44], und sie sind beide jedenfalls ohne Anfang und Ende. Wenn nun die Bewegung ewig ist, muss es auch eine unvergängliche Substanz geben: Das ist der in gleichförmig kontinuierlicher Kreisbewegung begriffene „oberste Himmel" oder die Fixsternsphäre, die alles bewegt, selbst aber wiederum bewegt wird. Um einen unendlichen Regress bewegter und bewegender Ursachen zu vermeiden, postuliert Aristoteles ein „erstes Bewegendes" *(próton kinoún)*, das alles in Bewegung setzt, seinerseits jedoch von keinem bewegt wird.[45] Dieser „unbewegte Beweger" kann nicht aus Stoff und Form bestehen, denn dann könnte er ja vergehen, und er darf auch keinesfalls so verstanden werden, als würde er den Dingen der Natur am Anfang einen Anstoß gegeben haben, da dies mit seiner immateriellen Beschaffenheit unvereinbar wäre. Hingegen muss er als die höchste aller Formen begriffen werden, als reine Aktualität, mit keiner Materie behaftet und keinerlei Potenzialität in sich bergend, andernfalls wäre die ewig fortdauernde Bewegung des Kosmos nicht gewährleistet. Er bewegt *als ein Erstrebtes* (ὡς ἐρώμενον [hos erómenon][46]), gleichsam – im Anklang an die platonische Vorstellung – als das oberste Gute, als der alles andere steuernde Endzweck. Wie aber kann erklärt werden, dass etwas, das selbst nicht in Bewegung ist, anderes zu bewegen vermag?

Die Seinsweise des „ersten Bewegers" ist das mit dem Begehrten gleichgesetzte Denken, seine „Bewegung" ist die des lebendigen göttlichen Geistes, dessen Tätigkeit allein in der ewigen Schau seiner selbst besteht: *Denn die Tätigkeit des Geistes ist Leben, und jener ist die Tätigkeit; seine auf sich selbst bezogene Tätigkeit ist vollkommenes und ewiges Leben. Wir behaupten also, dass der Gott ein lebendiges Wesen, ewig und vollkom-*

---

44 Vgl. ders., Phys. IV 10–14, VIII 1ff.
45 Vgl. ders., Met. XII 7, 1072a 21–27.
46 Vgl. ebd. XII 7, 1072b3.

men ist, so dass Leben und beständiges ewiges Dasein dem Gotte zukommen, denn dies ist das Wesen des Gottes.[47]

Die Tätigkeit (ἐνέργεια [enérgeia]) des höchsten Seienden in absolut reiner, vom Stoff unabhängiger und daher unveränderlicher Form ist das Denken in seiner Selbstbewegung (νόησις νοήσεως [nóësis noéseos]: „das Denken des Denkens")[48] und als reine Schau (θεωρία [theoría]) auf den höchsten Gegenstand, das Göttliche, gerichtet. Die aristotelische Gotteslehre kann als Ontotheologie verstanden werden, da Aristoteles den Gottesbegriff mit Hilfe des Seinsbegriffs formuliert. Seine Aussagen über das göttliche Sein als reine Tätigkeit ließen ihn für die mittelalterliche Philosophie der Scholastik zur höchsten Autorität werden. Gleichwohl ist der aristotelische Gott klar von einem personalen christlichen oder jüdischen Gott zu unterscheiden, denn der Gottheit, die in reiner Selbstbezogenheit nur sich selbst denkt und in ewiger Anschauung ihrer selbst verharrt, fehlt jeglicher Bezug zur Welt. Aristoteles' Grundgedanke des lebendigen Geistes beeinflusste vor allem die Philosophie Hegels: Dieser stellte die oben zitierte Passage der *Metaphysik* in kommentarloser Zustimmung an das Ende seiner *Enzyklopädie der philosophischen Wissenschaften im Grundrisse*.

Aristoteles' einzigartige Konzeption eines geistigen Energieprinzips, dessen Anziehungskraft die ganze Natur in Stufungen durchwirkt, lässt sich als Pyramide veranschaulichen:[49] An der Spitze steht das Göttliche als „unbewegter Beweger" in der stofflosen Aktualität des Denkens, die Basis bildet die reine Materie als bloße Möglichkeit, als Bewegtes, das nicht bewegt. Dazwischen befindet sich in stufenartiger Anordnung die geformte Materie (die bewegt wird und ihrerseits bewegen kann), aufsteigend von anorganischen Dingen zu Pflanzen, Tieren und den mit Vernunft begabten Menschen. Noch höher stehen nicht mehr an den Stoff gebundene Wesen. (→ **F 35: „Unbewegter Beweger")**

Das aristotelische Weltmodell begann seine Gültigkeit zu verlieren, als die Vollkommenheit der Welt fragwürdig wurde. Dies geschah spätestens zu Beginn der Neuzeit, und von da an suchte man nach mechanischen Erklärungen, für die das Vorhandensein eines Gottes nicht mehr zwingend nötig war.

---

47 Aristoteles, Met. XII 7, 1072b26–30.
48 Ebd. XII 9, 1074b34.
49 Vgl. W. Röd, Kleine Geschichte der antiken Philosophie. München 1998 (Beck'sche Reihe 4018), S. 211.

6 Aspekte der aristotelischen Ethik

Es ist bemerkenswert, dass der große Metaphysiker Aristoteles in einem seiner wirkmächtigsten Werke aus der letzten Schaffensperiode, in der *Nikomachischen Ethik*, auf jede Art metaphysischer Begründung seiner Ethik verzichtet. Er leitet diese vielmehr aus dem ureigensten Wesen des Menschen her, aus dessen Charakter und sittlichem Verhalten, da es großteils von ihm selbst abhängt, ob er durch eine tugendhafte Lebensführung glücklich wird. Im zweiten Buch der *Nikomachischen Ethik* liefert Aristoteles die Begründung seiner pragmatischen Intention: *Der Teil, mit dem wir es hier zu tun haben, ist nicht wie die anderen rein theoretisch – wir philosophieren nämlich nicht um zu erfahren, was ethische Werthaftigkeit sei, sondern um wertvolle Menschen zu werden. Sonst wäre dieses Philosophieren ja nutzlos.*[50] Unter dem Namen des Aristoteles sind drei Ethiken überliefert: die *Nikomachische Ethik* (nach seinem Sohn Nikomachos benannt), die nicht vollständig erhaltene *Eudemische Ethik* (Eudemos von Rhodos, dem jung verstorbenen Freund und Schüler des Aristoteles gewidmet), deren Stil erheblich variiert, und die *Große Ethik (Magna moralia)*[51], eine Kompilation der beiden anderen, deren Echtheit heute allerdings mehrheitlich bestritten wird. In der modernen Aristotelesforschung steht ohne Zweifel die *Nikomachische Ethik* im Zentrum des philosophischen Interesses, deren Hauptgedanken im Folgenden wiedergegeben werden.

6.1 Was heißt „gut handeln"?

Jedes Können und alle wissenschaftliche Tätigkeit, ebenso wie alles praktische Verhalten und jeder erwählte Beruf hat nach allgemeiner Annahme zum Ziele irgendein zu erlangendes Gut. Man hat darum das Gute treffend als dasjenige bezeichnet, was das Ziel alles Strebens darstellt.[52] Dieser kraftvolle Eröffnungssatz der *Nikomachischen Ethik* unterstellt analog zum Beginn der *Metaphysik (Alle Menschen streben von Natur aus nach Wissen)* allen Menschen ein zielstrebiges Verlangen nach einem Gut. Anders als bei Platon gibt es jedoch keine universelle Idee des Guten, denn diese wäre abstrakt und für den Bereich der menschlichen Praxis nutzlos; zudem müsste es, gäbe es diese Idee, auch eine einheitliche

---

50 Aristoteles, EN II 1, 1103b26–29.
51 Auf diesen Titel bezieht Th. W. Adorno seine Aphorismensammlung *Minima moralia* („Kleinste Ethik", 1951).
52 Aristoteles, EN I 1, 1094a1f.

Wissenschaft vom Guten geben. *Nun gibt es aber in Wirklichkeit eine Vielzahl von Wissenschaften, sogar in dem Falle, wo die Aussage „gut" unter eine einzige Kategorie fällt.* So ist beispielsweise die Wissenschaft des rechten Augenblicks: im Kriege die Feldherrenkunst, in der Krankheit die Heilkunst. Oder die des richtigen Maßes: bei der Diät die Heilkunst, beim Sport die Gymnastik.[53] Das angestrebte Gut kommt in einem bestimmten Bezugsverhältnis, das ein Wesen zu dem von ihm angestrebten Ziel (τέλος [télos]) hat, zum Vorschein: So ist das Verhältnis eines Künstlers zu seinem Werk (ἔργον [érgon]) ein anderes als das des Tieres zu seinem sinnlich-instinkthaften Leben, gleichwohl zwischen beiden Lebensweisen Analogien bestehen.

Dass das Gute nicht als ein allgemeingültiger, unveränderlicher Begriff in Erscheinung tritt, zeigt sich auch an der verschiedenen „Wertigkeit" der Güter „Lust, Ehre" und „Klugheit".[54]

Wenn nun das Gut des Menschen vornehmlich in seiner Vernunfttätigkeit besteht, so ist die erlebte Freude ein Anzeichen dafür, dass die Tätigkeit gelingt, und durch die erworbene Anerkennung wird deren Qualität bestätigt. Der freie, in seinem Handeln nicht determinierte Mensch, der sowohl Natur- als auch Geistwesen ist, strebt danach, ein inneres, ihm eigentümliches Ziel *(télos)* in seiner Lebenspraxis zu verwirklichen. Aristoteles sieht die prinzipielle Aufgabe der Ethik nicht im Vorgeben von Normen, sondern in der Analyse von tatsächlich durchgeführten Handlungen, wodurch moralische Kriterien gefunden werden, nach denen jene zu beurteilen seien. Im Vordergrund der Untersuchungen stehen dabei nicht so sehr die Ziele der Handlungen als vielmehr die Mittel, die zur Erreichung dieser Ziele und zur Realisierung des Guten verwendet werden: *Wir überlegen uns weiterhin nicht die Ziele, sondern das, was zu den Zielen führt. Denn der Arzt überlegt nicht, ob er heilen soll, noch der Redner, ob er überzeugen soll, noch der Politiker, ob er eine gute Staatsordnung schaffen soll, (...). Sondern wir setzen das Ziel an und erwägen dann, wie und durch welche Mittel wir es erreichen, und, wenn sich mehrere Wege zeigen, so wird geprüft, welcher der schnellste und schönste ist.*[55] Die mindestens ebenso wichtige Frage nach der ethischen Rechtfertigung eines Zieles beantwortet Aristoteles mit dem „Wollen" der Menschen: *Von unseren Wünschen haben wir festgestellt, dass sie sich auf das Ziel richten, wobei die einen glauben, dass sie das Gut (schlechthin)*

---

53 Aristoteles, EN I 4, 1096a32–34.
54 Vgl. ebd. I, 4, 1096b24f.
55 Ebd. III 5, 1112b11–17.

zum Gegenstand haben, die anderen hingegen, das Gut, das dem Einzelnen als solches erscheint.[56]

6.2 Die Frage nach dem Glück

Ausgehend von einem elementaren menschlichen Lebensphänomen entwickelt Aristoteles als oberstes, über alle verschiedenen Beschäftigungen und Tätigkeiten der Menschen hinausgehendes, letztlich formal bestimmtes Ziel das Erreichen des Glücks, wobei darunter weniger ein Gefühlszustand als vielmehr ein „geglücktes, erfolgreiches Leben" zu verstehen ist: *In dem Namen, den sie ihm geben, stimmen die meisten Menschen so ziemlich überein. Sowohl die Masse wie die vornehmen Geister bezeichnen es als Glück (eudaimonía), und sie denken sich dabei, glücklich zu sein sei dasselbe wie ein erfreuliches Leben führen und es gut haben.*[57] So sehr auch die Menschen darin übereinzustimmen scheinen, dass sie Glück und Wohlbefinden anstreben, so sehr gehen ihre Meinungen dahingehend auseinander, was darunter konkret zu verstehen ist. Letztes und oberstes Ziel allen Handelns kann daher nach Aristoteles nur das sein, was nicht zu einem anderen Zweck, sondern nur um seiner selbst willen erstrebt wird.[58] Dabei argumentiert er mit dem Bezug auf die *phýsis* des Menschen, der zufolge die *eudaimonía* (εὐδαιμονία: „Glück") dort zustande komme, wo sowohl sinnliche als auch geistige Bedürfnisse erfüllt werden und worin jemand seine Fähigkeiten am besten entfalte; das vollendete Gute kann demnach nur als Ganzes gedacht werden, das von Vernunft geprägt ist und zugleich der persönlichen Neigung entspricht und sowohl Sittlichkeit als auch Wohlbefinden umfasst. Glück erstreckt sich für Aristoteles auf das gesamte Leben und resultiert nicht etwa nur aus einer glücklichen Entscheidung oder Fügung, denn letztlich kann man es nur von seinem Ende her beurteilen.[59] Und schließlich ist das Glück keineswegs nur Privatsache des Einzelnen, da das gute Leben in der Verbindung von Theorie und Praxis nicht ohne die Gemeinschaft verwirklicht werden kann. Seine weitaus bedeutendere und vollständigere Erscheinungsform ist daher das Glück des Gemeinwesens, der Polis und ganzer Völkerschaften.[60]

---

56 Ebd. III 6, 1113a15f.
57 Ebd. I 1, 1095a16–20.
58 Vgl. ebd. I 1, 1094a18–22.
59 Vgl. ebd. I 11, 1101a15–19.
60 Vgl. ebd. I 1, 1094b8ff.

6.3 Drei Lebensformen

Aristoteles erweist sich in seinen ethischen Betrachtungen auch als scharf beobachtender Empiriker, indem er auf Grund von Differenzierung der „natürlichen" Antriebskräfte der Menschen drei mögliche Lebensformen unterscheidet.[61] Analog zu Platons Dreiteilung der Seele, die mit den verschiedenen Ständen der Gesellschaft korrespondiert und in der eine klare Rangordnung erkennbar ist, unterscheidet Aristoteles eine von Lust und Genuss geleitete, eine an Ehre und Anerkennung orientierte und eine auf Erkenntnis und Schau ausgerichtete Lebensform. Aus diesen in gestufter Werthaftigkeit voneinander unterschiedenen Lebensidealen ergibt sich eine Klassifikation der Auffassungen vom Glück bzw. vom höchsten Gut:
1. Der *bíos apolaustikós* – das genießende Leben, in Abhängigkeit von der Lust (ἡδονή [hedoné]).
2. Der *bíos politikós* – das tätige Dasein in der Polis, in seiner sittlichen Tugend (ἀρετή [areté]) ausgerichtet auf den altadeligen Wert der Ehre (τιμή [timé]) und Anerkennung der im öffentlichen Leben erworbenen Leistung.
3. Der *bíos theoretikós* – die dem Denken und Erkennen (θεωρία [theoría]) gewidmete philosophische Existenz, der es um die *alétheia* (ἀλήθεια: „Wahrheit") geht, die ihr *télos* („Ziel") in sich selbst trägt. (→ F 36: Aristotelische Lebensformen)

Angesichts dieser drei Grundvarianten menschlicher Lebensformen lässt Aristoteles keinen Zweifel daran, dass die *eudaimonía* in einer dem Menschen eigentümlichen Betätigung, in seiner *enérgeia* (Verwirklichung) liegt. Seine Glückslehre kann zwar keineswegs als lustfeindlich bezeichnet werden, doch ist klar ersichtlich, dass er dem politischen und noch viel mehr dem theoretischen Leben eine eindeutige Präferenz gegenüber dem *bios apolaustikós*[62] einräumt, indem er auf Sprache, Denkvermögen und Vernunft des Menschen hinweist, die ihn vor allen anderen Lebewesen auszeichnen. Im politischen Handeln kann der einzelne Bürger seinen Beitrag zum glücklichen Gedeihen des Staates beitragen und Anerkennung und Ruhm für seine Taten ernten. Im *bíos theoretikós* des Philosophen schließlich

---

61 Vgl. Aristoteles, EN I 3; X, 6–10.
62 Aristoteles unterscheidet noch eine vierte Option, den *bíos chrematistés*, eine an Wettstreit und Gewinnoptimierung orientierte Lebensform, die der Soziologe Max Weber (1864–1920) später als Grundlage des Kapitalismus beschreiben wird.

eröffnet sich die Möglichkeit, sich selbst zu transzendieren, indem sich der Geist der Erkenntnis und Schau des Göttlichen zuwendet. Obwohl die von der Masse bevorzugte Lebensform, das genießende und von Begierden getriebene Dasein, eindeutig das dauerhafte Glück verfehlt, bildet die Lust *(hedoné)* einen integrierenden Bestandteil des Glücks;[63] doch in Wahrheit ist nur das Leben derer, denen ein von der Vernunft geleitetes sittliches Leben gelingt, voll Lust *(hedýs)*, denn die tugendhaften Handlungen haben die Lust in sich selbst. *Logos* und *enérgeia* sind also die wesentlichen Voraussetzungen der aristotelischen Ethik, da vom sittlichen Handeln überhaupt erst gesprochen werden kann, wenn *nous* („Geist") und *phrónesis* („verständige Klugheit") vorhanden sind.[64] Da nun das oberste Gut menschlichen Handelns und zugleich seine *eudaimonía* maßgeblich von der Verwirklichung der Tugend bestimmt sind, stellt sich die Frage, was Aristoteles genau unter Tugend versteht, auf welche Weise sie erworben werden kann und welche Arten von Tugenden zu differenzieren sind.

6.4 Die Tugenden

Da aber die Glückseligkeit eine Tätigkeit der Seele im Sinne der ihr wesenhaften Tugend ist, haben wir die Tugend zum Gegenstand unserer Untersuchung zu machen; auf diese Weise werden wir dann wohl auch eine noch bessere Einsicht in das Wesen des Glücks gewinnen, da wir dann auch das Glück besser werden verstehen können.[65] Für das grundsätzliche Verständnis von Tugend *(areté)* ist zunächst ein elementares Wissen über den aristotelischen Seelenbegriff erforderlich: Die menschliche Seele befindet sich nach Aristoteles in einem Spannungsgefüge von unterschiedlichen Kräften, da sie aus einem „vernünftigen" Teil *(lógon échon)* und einem „vernunftlosen" *(álogon)* besteht. Letzterer konstituiert sich wiederum aus dem Vegetativum, dem ernährenden *(threptikón)* Vermögen und dem Streben, der begehrenden *(epithymetikón)* Kraft. Abgesehen vom vegetativen Vermögen, das der Mensch mit den anderen Lebewesen teilt, besteht ein Konflikt zwischen dem „vernünftigen" Seelenteil und den diesem widerstrebenden Emotionen und Begierden. In dem Ausmaß, in dem das Strebevermögen, das nicht zu eigener Überlegung und Einsicht fähig ist, dem *lógos* zu gehorchen vermag, entwickeln sich mehr oder weniger Tugenden, die Aristoteles zu den unterschie-

---

63 Vgl. Aristoteles, EN VII 12–5, X 1–5.
64 Vgl. ebd. VI 5, 1140a26–28.
65 Ebd. I 13, 1102a5ff.

denen Seelenteilen in Beziehung setzt: dianoëtische (διάνοια [diánoia]: „Verstand, Denkkraft") Tugenden, die allein auf dem Denken beruhen, und ethische, die zugleich dem Willen unterworfen sind. Die Wörter „ethisch" und „Ethik" leiten sich von *éthos* (ἦθος: „Gewohnheit, Brauch, Sittlichkeit") ab, worunter sowohl die Sitte und Gewohnheit einer Gemeinschaft als auch des Einzelnen (hier: „Charakter") zu verstehen ist. Aristoteles definiert *éthos* als die Fähigkeit des nicht vernünftigen Seelenteils, dem vernünftigen zu folgen.[66] Die ethische Tugend erwerben wir, indem wir sie ausüben und durch die richtige Gewöhnung (s. Grundbedeutung!) zur Entfaltung bringen.[67] Aristoteles rekurriert auf die sophistische *phýsis-nómos*[68]-Auseinandersetzung, wenn er darauf hinweist, dass wir zwar eine natürliche Anlage besitzen, die konkrete Ausformung der Tugend jedoch erst durch entsprechende Gewöhnung erfolgt, zu der die Erziehung einen wesentlichen Beitrag leistet. Ein entscheidendes Kriterium in der ethischen Praxis ist außerdem die Freiwilligkeit, denn der Handelnde hat kraft seiner Vernunfttätigkeit und Einsicht eine Auswahl *(prohaíresis)* aus verschiedenen Optionen zu treffen. Die richtige Entscheidung wird durch vernünftige Überlegung, Planung und Durchdenken der Sache herbeigeführt. Daraus ergibt sich, dass der Mensch, der dank seiner Vernunftbegabung Herr seines Wollens ist, für sein Tun und Lassen, Wählen und Vermeiden in jedem Falle selbst die Verantwortung trägt.

Da den natürlichen Trieben eine unentbehrliche Rolle in der menschlichen Existenz zukommt, können sie weder ignoriert noch gänzlich aus dem Seelenleben verbannt werden, sie müssen aber in jene Grenzen verwiesen und auf jenes Maß reduziert werden, das die Vernunft unter Berücksichtigung der eigenen Individualität und der konkreten Wirklichkeit, d. h. der jeweils nur empirisch bestimmbaren Umstände, festsetzt. Hier setzt Aristoteles' **Mesótes-Theorie** *(mesótes:* „Mitte") an, die für die ethischen oder Charaktertugenden (wie z. B. Tapferkeit, Besonnenheit, Freigebigkeit, Ehr- und Schamgefühl) ein relatives „Mittleres" zwischen zwei Extremen, dem Übermaß oder Untermaß, gemäß der Forderung des goldenen Mittelweges postuliert.[69] Darin zeigt sich der grundlegend kognitive Ansatz in der bio-

---

66 Vgl. Aristoteles, EE II 2, 1220b5.
67 Vgl. ders., EN II 1, 1103a18–26.
68 Die Grundbedeutung von griech. *nómos* ist „das Zugeteilte", dann: „Gewohnheit, Sitte, Brauch; Gesetz".
69 Vgl. Aristoteles, EN II 5, 1106a26ff.

logisch sowie psychologisch fundierten aristotelischen Phänomenologie des Lebens, dem rationalen Seelenteil die Aufgabe zuzuteilen, die vom „Zuviel" oder „Zuwenig" geleiteten irrationalen Kräfte in die rechte Balance zu bringen und auf ein vernünftiges Mittelmaß hin zu orientieren. Dieses anzustrebende Maß meint weder Mittelmäßigkeit noch handelt es sich dabei um einen mathematisch feststellbaren, statistischen Mittelwert, es ist weder ein Zufallstreffer noch ein instinktiv herbeigeführtes Verhalten, und ebenso wenig ein automatisch funktionierender Maßstab, sondern eine allein auf subjektiver Vernunftüberlegung beruhende Entscheidung: *Die Tugend ist also ein Verhalten der Entscheidung, begründet in der Mitte im Bezug auf uns, einer Mitte, die durch Vernunft bestimmt wird und danach, wie sie der Verständige bestimmen würde.*[70]

Welches Verhalten als Tapferkeit *(andreía)* angesehen werden kann, hängt von den äußeren Umständen und der persönlichen Beurteilung des Handelnden ab. So wird die Tapferkeit eines Soldaten im Kriegsfall anders zu bewerten sein als die des Zivilisten unter friedlichen Bedingungen, und was für einen Extrembergsteiger ohne Sicherung als selbstverständliche Tapferkeit gilt, mag für einen einfachen Spaziergänger, womöglich noch mit Höhenangst, eine draufgängerische Leistung sein. Jeder Wert kann zu einem Unwert mutieren, wenn er nicht im rechten Spannungsverhältnis zu einem komplementären Gegenwert steht. In Bezug auf ein tapferes Tugendverhalten ergibt sich demgemäß ein positives Spannungsverhältnis zu den Werten Standhaftigkeit bzw. Besonnenheit, denn tapfer zu sein bedeutet, sich angesichts von Gefahren unerschrocken und standhaft zu zeigen und zu versuchen, diese souverän zu meistern. Ohne diese ausgewogene Spannung jedoch besteht die Gefahr, dass sich der Wert zu seiner entwerteten Übertreibung entwickelt, zu einer Entartungsform und Überkompensation, indem er sich einerseits als Feigheit oder andererseits als Tollkühnheit manifestiert.[71] Analoges ist bei der Großzügigkeit als Mitte zwischen Verschwendungssucht und Geiz zu beobachten, wobei von einem Reichen etwas anderes zu erwarten ist als von einem Armen. Da die ethischen Tugenden dem Bereich des seelischen Strebevermögens angehören und daher von Emotionen, insbesondere von Lust und Unlust, begleitet sind, ist es nötig, diese Empfindungen zu ordnen, um sie einer „richtigen" Entscheidung zuführen zu kön-

---

70 Ebd. II 6, 1106b36–1107a2.
71 Vgl. ebd. II 2, 5–9.

nen. Dabei muss man aber auch immer eine gewisse Relativität moralischer Bewertungen anerkennen; würde man sich nämlich auf eine Einsicht in eine angenommene Idee des Guten und somit auf erfahrungsunabhängige Wertungen berufen, könnte man dem Charakter des tugendhaften Verhaltens des Einzelnen nicht gerecht werden.
(→ F 37: *Mesótes*-Theorie)

Die dianoëtischen oder Verstandestugenden werden im sechsten Buch der *Nikomachischen Ethik* behandelt. Diese erwirbt sich der Mensch als denkendes Wesen im Erkenntnisprozess und in der Suche nach Wahrheit, und es kann von ihnen nie ein „Zuviel" und kein schädliches Extrem geben. Zu ihnen zählt neben dem Fachwissen *(téchne)*, der Klugheit *(phrónesis)*, der Erkenntnis *(epistéme)* und dem „intuitiven Verstand" *(nous)* auch die Weisheit *(sophía)*, wobei das gleichzeitige Vorhandensein von Klugheit und Weisheit eine gewisse Spannung zwischen theoretischem und praktischem Erkenntnisvermögen impliziert, die erst am Ende der *Nikomachischen Ethik* mit dem Blick auf die höchste Form der *eudaimonía*, die theoretische Schau, gelöst wird. Entsprechend der Untergliederung des rationalen Seelenteiles in eine theoretisch-erkennende *(epistemonikón)* Grundkraft, die zur Erkenntnis der ewigen, unveränderlichen Wesenheiten *(archaí)* befähigt, und eine erwägend-beratende *(bouleutikón)*, die den veränderbaren Möglichkeiten der sichtbaren Welt zugeordnet ist, ergibt sich die Binnendifferenzierung in die Tugenden des „erkennenden" Seelenteils *(epistéme, nous, sophía)* und jene des „beratenden" *(téchne, phrónesis)*. Der *phrónesis*[72] kommt dabei eine besondere Stellung zu: Sie befähigt den Menschen, die richtige Entscheidung *(prohaíresis)* für sein Handeln zu treffen, wodurch sie zugleich an die ethische Tugend und somit an die sittliche Praxis gebunden ist. Klug und einsichtig *(phrónimos)* ist, wer mit sich selbst zu Rate gehen kann in Hinsicht auf Wert und Nutzen für die eigene Person, und zwar nicht nur bezogen auf Einzelbereiche wie Gesundheit oder körperliche Stärke, sondern wer in umfassendem Sinne imstande ist, Mittel und Wege zu einem guten und glücklichen Leben zu finden *(eupraxía:* „gute Handlungsweise, Glück").[73] Eine treffende Beschreibung der *phrónesis* liefert Hans-Georg Gadamer: „Als das Wesentliche an der Vollzugsweise dieses praktischen Wissens ist (…) festzuhalten, dass es sich hier um so etwas wie Richtigkeit handelt. Richtigkeit meint Richtung, Einhaltung einer

---

72 Die Übersetzung mit „Klugheit" greift hier zu kurz, gemeint ist etwa auch „Gesinnung, Wille, Entschlusskraft".
73 Vgl. Aristoteles, NE VI 5, 1140a26ff.

Sinnrichtung, auf die das praktische Wissen in Klarheit wie in Wahrheit gerichtet ist. Nur wer das kann, den nennen wir ‚handlungsfähig', und diese Handlungsfähigkeit besteht nicht in bloßer Klugheit und Sachwissen allein, sondern auch in Verantwortlichkeit, deren man sich bewusst ist."[74] Aristoteles selbst beschreibt in einer berühmten Definition die *phrónesis* als eine sich im tätigen Lebensvollzug artikulierende Vernünftigkeit, als ein *Tätigsein der Seele im Sinne der vorzüglichsten Tüchtigkeit*.[75]

6.5 Lob der vita contemplativa

Schon in der Antike wurde aus der Dreiteilung der Lebensformen (s. Kap. 6.3, S. 200) eine dualistische Gliederung in Theorie und Praxis, Erkennen und Handeln. Die oben angedeutete Spannung zwischen *phrónesis* und *sophía*, der Weisheit, die als Krönung des Wissens noch über die praktische Vernünftigkeit hinausgeht[76], klärt sich am Ende der Nikomachischen Ethik mit der Preisung des der Philosophie gewidmeten Lebens, auf das die Bestimmungen des vollendeten Glücks in höchster Weise zutreffen.[77] Der Empiriker und Wissenschaftler Aristoteles ist trotz seiner Platon-Kritik „Platoniker" geblieben, da er in der *theoría*, der geistigen Schau, die vollkommenste Form des Lebens sieht. Indem der Mensch mit Hilfe seines theoretischen Erkenntnisvermögens das zur Vollendung bringt, was als sein wahres Wesen in ihm angelegt ist und was ihn mit dem Göttlichen verbindet, kann er seine *condicio humana* transzendieren – Aristoteles verwendet dafür die iterative Verbform *athanatízein* („immer wieder den Tod überwinden") –, um für einige erhabene Momente des Göttlichen teilhaftig zu werden.[78] Das macht jedoch die Nikomachische Ethik noch nicht zu einer metaphysischen Disziplin, denn die philosophische Schau ist kein Dauerzustand[79] und Glück soll sich schließlich auf das ganze Leben erstrecken. Daher behält trotz der eindeutigen Präferenz des theoretischen Lebens das praktische Handeln, vor allem im gemeinschaftlichen Dasein in der Polis, sein stets gültiges Recht: Dementsprechend

---

74 H.-G. Gadamer, Einführung zu Aristoteles' Nikomachische Ethik VI. Frankfurt/Main 1998, S. 14.
75 Aristoteles, EN I 6, 1098a16.
76 Vgl. ebd. VI 7, 1141a25–1141b3.
77 Vgl. ebd. X 9, 1179a22–32.
78 Vgl. ebd. X 7, 1177b34.
79 Vgl. ders., Met. XII 7, 1072b15f.

wird bereits am Ende der *Nikomachischen Ethik* die Untersuchung des Staatswesens angekündigt: *So ist es wohl am zweckmäßigsten, wenn wir (...) uns mit dem Problem der Polisverfassung in seinem ganzen Umfang beschäftigen, um so nach unseren besten Kräften die Wissenschaft vom menschlichen Leben zum Abschluss zu bringen.*[80]

7 Politische Philosophie

Man muss Aristoteles das Verdienst anrechnen, erstmals eine wirkliche Staatstheorie in der Verbindung von philosophischer Grundlagenreflexion mit empirischer Erforschung und normativer Bewertung entworfen zu haben. Er untersucht in acht Büchern der *Politik*[81], deren zeitliche Entstehung und Anordnung umstritten sind, „das, was die Stadt angeht", geleitet von der zentralen Fragestellung, was eine „gute" Verfassung bzw. einen „guten" Bürger ausmacht.

7.1 Ursprung und Ziel des Staates

Jede Gemeinschaft bildet sich und besteht zu dem Zweck, irgendein Gut zu erlangen. Denn um dessentwillen, was ihnen ein Gut zu sein scheint, tun überhaupt alle alles, was sie tun. Wenn nun aber sonach eine jede Gemeinschaft irgendein Gut zu erreichen strebt, so tut dies offenbar ganz vorzugsweise und trachtet nach den vornehmsten aller Güter diejenige Gemeinschaft, welche die vornehmste von allen ist und alle anderen in sich schließt. Dies ist aber der so genannte Staat und die staatliche Gemeinschaft.[82] Diese Argumentation in den Eingangssätzen der *Politik* weist auf die *Nikomachische Ethik* zurück und wird durch Aristoteles' berühmte anthropologische These gestützt, dass *der Mensch von Natur aus ein nach der staatlichen Gemeinschaft strebendes Wesen (zóon politikón) ist.*[83] Der Ausdruck *von Natur aus* verweist zunächst auf die biologische Konstitution des Menschen in Analogie zum Tierreich[84] und drückt gleichzeitig aus, dass der Staat eine natürliche Gemeinschaft ist, die primär dem Nutzen der

---

80 Aristoteles, EN X 10, 1181b13ff.
81 Der Titel hat Geschichte gemacht. Der Dominikaner Moerbeke übersetzte um 1260 für seinen Mitbruder Th. von Aquin (der kein Griechisch konnte) die *Politiká* ins Lateinische. Aus der übernommenen latinisierten Form *Politica* entstand der Begriff „Politik".
82 Aristoteles, Pol. I 1, 1252a2f.
83 Ebd. I 2, 1253a3.
84 Vgl. ders., Hist. an. I 1, 488a8–14.

Selbsterhaltung der „Species" *(eídos)* Mensch dient: Das Leben in der Polisgemeinschaft ist die ursprüngliche Existenzform der Menschen, da der bedürftige Einzelne nicht autark existieren kann, und sie bietet die nötigen Rahmenbedingungen für die Erfüllung der natürlichen Bedürfnisse und die Entfaltung jeweils spezifischer menschlicher Anlagen.

Zunächst argumentiert Aristoteles mit dem genetischen Argument der Fortpflanzung in der ersten Urzelle der Gemeinschaft, der Verbindung von Mann und Frau.[85] Als zweite von Natur aus zur ökonomischen Erhaltung des Menschen angelegte Gemeinschaft nennt er das Verhältnis zwischen Herren und Sklaven, von denen die einen kraft ihrer vorausschauenden Vernunft zum Herrschen und die anderen unter Einsatz ihrer körperlichen Kräfte zum Dienen prädestiniert sind. Die dritte Beziehung ist die der (hilfsbedürftigen) Kinder zu ihren Eltern. Aus dieser dreifachen Verbindung entsteht der Haushalt *(oíkos:* „Haus") als erste Institution, in der biologische und ökonomische Interessen dauerhaft befriedigt werden können. Das Dorf, zu dem mehrere Häuser vereinigt sind, bietet durch arbeitsteilige Kooperation weitere Vorteile, die ein einziger Haushalt nicht erfüllen kann. Mit der Polis als der *vollendeten Gemeinschaft*[86] ist letztlich das Ziel der vollständigen Autarkie erreicht.

„Von Natur aus politisch" bedeutet nach Henning Ottmann, „dass der Mensch nur in der Stadt leben kann. Um dies recht verstehen zu können, muss man die aristotelische Naturteleologie und die Begriffe von ‚Möglichkeit und Verwirklichung' *(dýnamis* und *enérgeia,* Akt und Potenz) zur Erklärung heranziehen. Wie jede Möglichkeit in einem Ziel zu ihrer Vollendung kommt, genauso kann der Mensch seine in ihm von Natur aus angelegten Möglichkeiten nur in der Stadt ‚verwirklichen'. Die Stadt ist die ‚actualitas' der spezifisch menschlichen Potenz."[87] Mit der zweiten anthropologischen Bestimmung des Menschen, seiner *Logos*-Begabung, wird der Mensch nun klar auf eine höhere Ebene vor allen anderen „politisch" existierenden Lebewesen gestellt. Unter *Logos* ist hier in erster Linie der Gebrauch der Sprache gemeint, die weit über die Signalsprache der Tiere hinausgeht: Sie befähigt die Menschen miteinander über Nützliches und Schädliches, Gutes und Schlechtes, Gerechtes und Ungerechtes zu kommunizie-

---

85 Vgl. ders., Pol. I 2, 1252a27.
86 Ebd. I, 2, 1252b28.
87 H. Ottmann, Geschichte des politischen Denkens. Bd. 1/2, S. 176.

ren.[88] Auch wenn die Polis die Sicherheit der Bürger gegen auswärtige Feinde gewährleistet und als gemeinsamer Wohnort durch wechselseitige Heirat, Handel und Erwerb gedeihliche Lebensbedingungen für ihre Bewohner schafft, ist ihr letztes Ziel damit noch nicht erreicht. Ihr eigentlicher Zweck ist das wahrhaft sittliche Leben *(eu zen)*, und erst in der Erfüllung dieser moralischen Funktion, in ihrer Existenz *um der sittlich guten Handlungen willen*[89], schafft sie nicht nur die Basis für ein Zusammenleben, das durch Recht und Gesetz geregelt ist, sondern vor allem die Bedingungen für jeden Einzelnen, tugendhaft zu leben. In diesem Zusammenhang betont Aristoteles den Wert der Freundschaft[90] und vertritt ebenso wie Platon die Auffassung, dass eine der wesentlichen Aufgaben der Polis in der Erziehung *(paideía)* der Jugend zur Sittlichkeit besteht. Dabei kommt neben der körperlichen Ertüchtigung und der Vermittlung notwendiger und nützlicher Kenntnisse vor allem der musischen Bildung eine wichtige Rolle in der Veredelung von Geist und Gemüt zu.[91]

7.2   Die Frage nach der besten Verfassung

Neben der Erziehung ist die Frage nach der besten Verfassung des Staates von zentraler Bedeutung für die Verwirklichung von Recht und Sittlichkeit, die das Wohl und die Glückseligkeit seiner Bürger garantieren. Im zweiten Buch der *Politik* übt Aristoteles, der in seinem Staat weder einen Stand von Philosophen noch metaphysische Ideen als dessen geistigen Lebensinhalt kennt, deutlich Kritik an Platons „Kommunismus", vor allem in Hinblick auf das Privateigentum, das er schon aus psychologisch-ethischen Gründen befürwortet. Wirkungsgeschichtlich bedeutsam wurde Aristoteles' Lehre von den drei Staatsformen[92], die er, je nachdem, ob ein einziger oder wenige oder „die Vielen" die Macht ausüben, Monarchie, Aristokratie und Politie (Bürgerherrschaft) nennt. Jede dieser Verfassungen kann entarten, wenn sie nicht mehr dem Gemeinwohl verpflichtet ist, sondern ausschließlich den Interessen der Machthaber dient, und zwar die Monarchie zur Tyrannis, die Aristokratie zur Oligarchie und die Politie zur egalitären Massendemokratie oder Ochlokratie.

---

88 Vgl. Aristoteles, Pol. I 2, 1253a9–15.
89 Ebd. III 9, 1281a2f.
90 Vgl. ebd. III 9, 1280b30–39.
91 Vgl. ebd. VIII 5, 1340a5f. u. 1340b10–13.
92 Vgl. ebd. III 6ff.

Im siebenten und achten Buch der *Politik* zeichnet Aristoteles das Bild eines idealen Staates, und auch wenn die Zielvorstellung dieselbe ist wie bei Platon, wird sie doch in gänzlich anderer Weise entworfen. Denn die ideale Polisverfassung kann nach Aristoteles nicht mit einem Schlage erdacht oder aus der metaphysischen Ideenschau deduziert werden. Sie kennt keine starre ständische Gliederung und darf nicht von außergewöhnlichen Voraussetzungen abhängen, sondern sie muss als eine *Gemeinschaft der Gleichen*[93] so beschaffen sein, dass sie – gemäß der ethischen Tugendlehre der „rechten Mitte" – für eine möglichst große Zahl von Bürgern die Basis für ein glückliches Leben schafft. Dementsprechend favorisiert Aristoteles eine „Mischverfassung" aus oligarchischen und demokratischen Elementen, wie sie sich schon in Thukydides' *Geschichte des Peloponnesischen Krieges* ankündigt. Eine solche aber lässt sich inhaltlich keineswegs fixieren, vielmehr muss unter Berücksichtigung der jeweils gegebenen Umstände ein Kompromiss gesucht werden, der möglichst vielen Bürgern ein Leben in Freiheit und Gleichheit sowie eine nutzbringende Teilhabe an den staatlichen Institutionen ermöglicht. Zudem ist eine gerechte politische Ordnung nur dann gegeben, wenn keine großen sozialen Unterschiede unter den Bürgern vorhanden sind, die den Boden für Konflikte, Neid und Hass bereiten. Daher plädiert Aristoteles dafür, den Mittelstand zu stärken, damit ein Ausgleich hergestellt wird zwischen Reichen und Armen, und er vertritt eine gemäßigte Lehre der Gleichberechtigung verschiedener Lebensformen. Durch ausgeglichene soziale Verhältnisse ist auch gerade der Mittelstand geneigter, der Vernunft zu gehorchen, und so werden politische Entscheidungen im Konsens der summierten Vernunft der Menge getroffen, die auf Grund des Majoritätswillens größere Wahrscheinlichkeit für ihre Richtigkeit beanspruchen können als das Urteil eines einzelnen klugen Mannes.[94]

Die politische Konzeption des Aristoteles behielt ihre Gültigkeit für die ständische Welt bis zum Zeitalter der Französischen Revolution. Im 20. Jh. erlebte seine gesamte praktische Philosophie eine großartige Wiederbelebung durch eine Vielzahl von „aristotelischen Diskursen"[95], in denen vor allem Hannah Arendt und Dolf Sternber-

---

93 Ebd. VII 8, 1328a36.
94 Vgl. ebd. III 11, 1281a40–1281b7.
95 Eine hervorragende Darstellung findet sich bei Th. Gutschker, Aristotelische Diskurse. Studien zur Rezeption und Transformation aristotelischer Denkfiguren in der Philosophie des 20. Jahrhunderts. Diss. Augsburg 2001.

ger hervortraten. Arendt (*Vita activa*, 1956) erneuerte die pluralistische Politikauffassung des Aristoteles, während Sternberger, einer der Begründer der deutschen Politikwissenschaft im 20. Jh., dessen *Politik* zur *Politologik* umformte und den modernen Verfassungsstaat unter Berufung auf die Politie interpretierte. Wie auch immer sich die aristotelische Mischverfassung nach heutigen demokratischen Maßstäben legitimieren lässt, so sollte in jedem Falle – mit den Worten Otfried Höffes – eines nicht übersehen werden: „Das republikanische Denken nimmt (…) seinen Ursprung weder in der amerikanischen noch in der französischen Revolution, auch nicht erst im republikanischen Rom, sondern schon in Athen; und hier ist dessen wichtigster Theoretiker Aristoteles."[96]

8 Abschließende Gedanken zur Aktualität der aristotelischen Philosophie

Angesichts des enormen Wissenskosmos, den Aristoteles erschlossen hat und der auch unter gewandelten historischen Konstellationen und trotz entscheidender Paradigmenwechsel in den Wissenschaften seine Wirkmächtigkeit bis heute bewahrt hat, muss hier auf eine ausführlichere Darstellung seiner Rezeptions- und Wirkungsgeschichte verzichtet werden.

Philosophie und Wissenschaften blieben bis zum Beginn des 18. Jh., d. h. für mehr als zwei Jahrtausende, von aristotelischen Gedanken geprägt, und unbestritten ist die Tatsache, dass die Namen aristotelischer Disziplinen und zahlreiche Bezeichnungen ihrer Begriffe und Argumentationsmuster teils direkt, vorwiegend jedoch über die lateinischen Übersetzungen in Wissenschaftssprachen, ja sogar Umgangssprachen in Europa und den angrenzenden Ländern Eingang gefunden haben. Aristoteles begegnet uns in vielerlei Gestalten: als Theoretiker und Analytiker logischer Formen, als Begründer einer systematischen Ontologie, als Empiriker und Phänomenologe der natürlichen Lebensformen und der menschlichen Seele, als profunder Ethiker und Erzieher der Menschen und nicht zuletzt als Gründerfigur politischer Philosophie und Verfassungskunde. Was die Aktualität des aristotelischen Denkens betrifft, so seien hier die Worte zitiert, mit denen Otfried Höffe sein Aristotelesbuch beschließt: „Eine

---

96 O. Höffe, Aristoteles, S. 279.

philosophische Auseinandersetzung beabsichtigt nicht die Rettung oder die Apologie eines Werkes, vielmehr ein besseres Verstehen der Natur und des Menschen. Infolgedessen kommt es nicht so sehr auf eine Wiederentdeckung des Aristoteles an als auf die Fähigkeit, durch eine produktive Rezeption das Denken weiterzubringen. Die Frage, ob Aristoteles auch heute noch ein Innovationspotenzial enthält, entscheidet sich deshalb nicht bloß an seinem Werk, sondern auch an der Innovationskraft seiner Leser."[97]

---

97 O. Höffe, Aristoteles, S. 304.

IV. Die Philosophie im Zeitalter des Hellenismus

1 Einleitung: Charakteristika hellenistischer Philosophie

Die tief greifende Umwälzung der gesamten griechischen Welt im Zeitalter des Hellenismus, die durch das Auftreten Alexanders des Großen herbeigeführt wurde, brachte auch für die weitere Entwicklung der Philosophie signifikante Veränderungen mit sich. Der vom Historiker Johann Gustav Droysen (1808–1884) stammende Epochenbegriff „Hellenismus" bezeichnet die Zeit nach dem Tode Alexanders des Großen (323 v. Chr.) bis zur Eroberung Ägyptens durch Oktavian (30 v. Chr.), und auch wenn Droysens positive Wertung des Synkretismus (Verschmelzung der griechischen Kultur mit orientalischen Kulten) heute nicht mehr uneingeschränkte Gültigkeit hat, kommt ihm jedenfalls das Verdienst zu, auf die eigenständige Bedeutung dieser Epoche hingewiesen zu haben.

Im von Alexander geschaffenen Weltreich verlor die griechische Polis weitgehend ihre politische Bedeutung. An deren Stelle traten nun neue großstädtische Zentren, die nicht mehr traditionalistisch geprägt waren, sondern Aspekte verschiedenster Kulturen vereinigten, in denen die herkömmliche Unterscheidung zwischen Griechen und Barbaren zusehends bedeutungslos wurde. Pergamon[1], die Hauptstadt der Attaliden, welche einen kleinen Teil des Alexander-

---

1 Nach der Stadt wurde das Pergament benannt auf Grund der dort erfundenen Praxis, aus enthaarten, geglätteten, ungegerbten und unter Spannung getrockneten Tierhäuten ein beschreibbares Material herzustellen. Aus dem Zusam-

reichs beerbten (NW-Anatolien), entwickelte sich zu einer der bedeutendsten Metropolen der damaligen Zeit, von deren Glanz noch heute der monumentale „Pergamonaltar" in Berlin zeugt.

Das von Alexander 331 v. Chr. gegründete Alexandria avancierte durch die Schaffung des *Museions*[2] zur größten und bedeutsamsten Forschungsstätte der antiken Welt.[3] Dieser akademischen Institution war eine umfassende Bibliothek angeschlossen, in der das gesamte damalige Wissen repräsentiert sein sollte. Darin befanden sich zu ihrer Hochblüte schätzungsweise eine halbe Million Buchrollen, die bibliothekarisch erfasst, katalogisiert und auch textkritisch bearbeitet wurden. Aus dem systematischen Bemühen, aus unterschiedlich überlieferten Texten eine neue, „richtige" Ausgabe herzustellen, entwickelte sich der Berufstypus des (klassischen) Philologen. Dessen textkritische Arbeit, von der auch die Klassiker der Philosophie profitierten, leistet bis heute den Geisteswissenschaften wertvolle Dienste. Der „Alexandrismus" sollte für akribische Bildung sprichwörtlich werden, und im Rahmen der regen Übersetzungstätigkeit entstand damals auch die nach den angeblich siebzig beteiligten Männern benannte Septuaginta, die aus dem Hebräischen ins Griechische übertragene Bibelübersetzung.

Neben intensiven geisteswissenschaftlichen Studien gab es ebenso beachtliche Fortschritte im mathematisch-naturwissenschaftlichen Bereich – auch die Mathematiker Euklid und Archimedes von Syrakus forschten in Alexandria –, von denen zahlreiche Impulse auf die Entwicklung von Technik und Naturwissenschaften ausgingen. In der Astronomie (das *Museion* besaß eine Sternwarte) wurde von Aristarch von Samos erstmals das heliozentrische Weltbild vertreten und einer der Leiter des *Museions*, der Universalgelehrte und Geograph Eratosthenes von Kyrene (ca. 274–194 v. Chr.), erstellte eine Erdkarte und berechnete erstmals ziemlich genau den Umfang der als Kugel angenommenen Erde mit 37.400 Kilometern (es sind 40.008 km).

Mit der „Globalisierung" der Kultur in den großen Metropolen ging ein Verlust der herkömmlichen Bindung der Menschen an die Polis einher, und die daraus resultierende Entfremdung von Individuum und

---

menbinden der Hautstücke an einer Seite zu einem Codex entstand das, was uns heute als Buch bekannt ist.

2   Griech. *mouseíon* (μουσεῖον) heißt ursprünglich „Stätte der Musen", d. h. Pflege der Künste, davon leitet sich unser „Museum" ab.

3   Der Geograph Strabon (63 v. Chr.–23 n. Chr.) liefert eine Beschreibung des Gebäudes (*Geographika* XVII 1, 8).

staatlicher Gemeinschaft führte dazu, dass sich die meisten Menschen auf Grund des Niedergangs der tradierten ethischen und religiösen Vorstellungen auf sich selbst zurückgeworfen sahen und im Rückzug von der Politik ihre Erfüllung im Bewusstsein der eigenen Individualität suchten. „Die Hellenisten", so Malte Hossenfelder, „könnten folgendermaßen gedacht haben: Das, worauf es eigentlich ankommt, was all unserem Denken und Tun letztlich Sinn verleiht, kann nicht das Glück des Staates oder der Gemeinschaft, sondern nur das Glück des Einzelnen sein. Denn so wie man sich keinen Staat und keine Gemeinschaft ohne Individuen, wohl aber Individuen ohne Staat oder Gemeinschaft denken kann, ebenso absurd ist es, von einem glücklichen Staat oder einer glücklichen Gemeinschaft zu sprechen, wenn ihre Mitglieder unglücklich sind, wohl aber lässt sich umgekehrt vorstellen, dass in einem glücklosen Staat oder einer glücklosen Gemeinschaft glückliche Individuen leben. Folglich wird man den Sinn jeder Gemeinschaft im Individuum sehen müssen, zu dessen Glück sie Mittel ist."[4]

Die Philosophie reagierte auf diese gesellschaftlich und politisch gewandelte Situation mit der Verlagerung ihres Interesses auf die praktische Lebensbewältigung. In einer unüberschaubar gewordenen politischen Welt sah sie ihre gleichsam therapeutische Aufgabe in der Sinnstiftung, vornehmlich im Rahmen einer philosophischen Ethik. Geleitet von der Zielvorstellung der *eudaimonía* (εὐδαιμονία: „Glück") entwickelte sich die Philosophie zunehmend zur „Lebenskunst", indem sie die sokratische Frage nach dem „richtigen" Leben neu stellte. Auf dieser Grundlage entwarfen die neu entstehenden Philosophenschulen der Stoiker, Epikureer und Skeptiker – wenn auch im Einzelnen mit höchst divergierenden Ansichten – ihre „Lebenshilfe-Konzepte" für äußerlich verunsicherte, schutzbedürftige Individuen, die sich genötigt sahen, den Sinn ihrer Existenz neu zu bestimmen, um auf diese Weise einen weitgehend autonomen Standpunkt gegenüber einer als fremd empfundenen Welt zu gewinnen.

2   Die Stoá

Die Stoá ist neben dem Epikureismus die zweite große Philosophenschule des Hellenismus, die es sich zu ihrem Anliegen gemacht hat,

---

[4] M. Hossenfelder, Die Philosophie der Antike 3. Stoa, Epikureismus und Skepsis. Hg. von W. Röd. München 1995, S. 32.

den Menschen auf Grund einer wissenschaftlich fundierten Lebensanschauung zum Glück zu führen, dessen Erlangung letztlich aber allein von ihm selbst abhängt. Sie erhielt ihren Namen nach der *Stoá poikíle* (στοὰ ποικίλη: „bunte Halle"), einer vom Maler Polygnot bunt ausgemalten Säulenhalle, die am Nordrand der *Agorá*, also mitten im Zentrum der Stadt, lag und in der die Treffen der ersten „Stoiker" stattfanden.

Nur von späteren Stoikern sind vollständige Schriften erhalten, die jedoch auf Grund ihres populärphilosophischen Inhalts für die Erfassung der stoischen Lehre von geringerem Wert sind. Für die alte und mittlere Epoche der Stoá sind wir hingegen auf Textfragmente und Zitate einer späteren Überlieferung angewiesen. Von besonderer Bedeutung ist das bis heute unübertroffene Standardwerk von Max Pohlenz[5], der unter umfassender Aufarbeitung der Quellen sowie der wissenschaftlichen Forschung aus historischer, philologisch-literarischer und philosophischer Sicht in eindrucksvoller Weise die Geschlossenheit des stoischen Denkgebäudes darstellt; dabei kritisiert er zu Recht, dass die Stoá ähnlich wie der Epikureismus lange unter dem „klassizistischen" Vorurteil des Epigonentums[6] (nach Platon und Aristoteles) zu leiden hatte.

Im Gegensatz zur epikureischen Lehre, die allein auf der Autorität des Epikur beruht, hat sich die stoische Philosophie, aufbauend auf den ersten drei Schulleitern, schrittweise und mit durchaus divergenten Ansätzen als systematische[7] Lehre verfestigt. Diese in sich durchwegs kohärente Philosophie, die sich in den Disziplinen Logik (mit Erkenntnistheorie), Physik und Ethik präsentiert[8], basiert auf drei historischen Wurzeln: der Sokratik mit ihrer Fürsorge um die Seele, der *Logos*-Lehre Heraklits und dem von den Kynikern vertretenen Prinzip der Bedürfnislosigkeit, dem zufolge alle äußeren Güter für den inneren Glückszustand irrelevant sind. Die Stoá der römischen Kaiserzeit hat der Nachwelt das Ideal des von „stoischer Ruhe" erfüllten Weisen hinterlassen, der sich durch größtmögliche Gelassenheit auch angesichts schwerer Schicksalsschläge auszeichnet. Wesentlich ist dabei

---

5 M. Pohlenz, Die Stoá. Geschichte einer geistigen Bewegung. 2 Bde., Göttingen [7]1992.
6 Griech. *epígonos* (ἐπίγονος) heißt wörtlich „später Geborener"; im übertragenen Sinn peiorativ: „unschöpferischer Nachahmer".
7 Griech. *sýstema* (σύστημα) heißt ursprünglich „Zusammenstellung, ein aus mehreren Teilen zusammengesetztes Ganzes"; dann „sinnvoll gegliederte Anordnung, (philosophisches) Gedankengebäude".
8 Vgl. DL VII 39.

der metaphysische Hintergrund: Der Weise ist sich durch sein Vertrauen in die Vernünftigkeit der Weltordnung der Obhut einer göttlichen Vorsehung gewiss.[9]

2.1 Hauptvertreter der alten Stoá

Wenn es auch umstritten ist, ob eine Unterteilung der Stoá in verschiedene geschichtliche Perioden überhaupt sinnvoll ist, wird hier die großteils übliche und auch der besseren Übersicht dienende Dreigliederung präsentiert. Der Gründer der Stoá ist der aus Zypern stammende **Zenon** von Kition (ca. 333–264 v. Chr.), der um 300 v. Chr. in der *stoá poikíle* in Athen zu lehren begann. Zunächst hatte er sich dem Kyniker Krates angeschlossen, war dann aber sehr bald zu der Entwicklung einer eigenen Lehre übergegangen, die stark vom Gedankengut der platonischen Akademie geprägt war. Schüler des Zenon und zweites Schuloberhaupt der griechischen Stoá war **Kleanthes** von Assos (ca. 331–232 v. Chr.), der seinen Lebensunterhalt ursprünglich als Faustkämpfer verdienen musste. Berühmtheit erlangte sein gebetsartiger *Hymnus auf Zeus*, in dem er diesen im religiösen Gefühl der Abhängigkeit als den *allmächtigen Gott*, den *Herrn der Natur* und *Lenker des Alls* preist. Unter **Chrysippos** aus Soloi in Kilikien (ca. 281–204 v. Chr.) wurden die stoischen Auffassungen, die unter den Angriffen konkurrierender zeitgenössischer Philosophen unterzugehen drohten, umfassend begründet und weiter ausgebaut, sodass man ihn den zweiten Gründer der Schule nennt.

2.2 Die mittlere Stoá

Die bedeutendsten Vertreter der mittleren Epoche waren **Panaitios** von Rhodos (ca. 185–110 v. Chr.) und **Poseidonios** aus Apameia in Syrien (ca. 135–51 v. Chr.). Durch Panaitios fasste die stoische Philosophie in Rom Fuß. Er legte den Schwerpunkt der Lehre auf die Ethik, auf deren Grundlage er eine sittlich erstrebenswerte Lebensform entwickelte, die für die aus der Aristokratie stammenden, geistig führenden Köpfe Roms, wie sie sich im Kreis um den jüngeren Scipio versammelten, zum Ideal wurde. In seiner Schrift *Perí tou kathékontos (Über die Pflicht)*, die sich in den ersten zwei Büchern von Ciceros *De officiis (Über die Pflichten)* widerspiegelt, werden unter Berufung auf

---

9 Vgl. Epiktet, Handbüchlein der Moral 17.

die vier platonischen Kardinaltugenden Weisheit, Tapferkeit, Besonnenheit und Gerechtigkeit die Pflichten des Menschen gegenüber der Gottheit, sich selbst und der Gemeinschaft behandelt, in deren Verwirklichung Panaitios das Lebensziel jedes Einzelnen im Sinne seiner Verantwortlichkeit gegenüber der eigenen Vernunftnatur sieht. Poseidonios studierte mehrere Jahre bei Panaitios und lehrte später in Rhodos, wo ihn unter anderen Cicero hörte. Neben seiner beachtlichen Eloquenz war das zentrale Merkmal seiner Philosophie der Versuch, kraft seiner universalen geistigen Begabung eine Kosmotheologie des Universums zu entwerfen, in der er sich mit allen wissenschaftlichen Bereichen auseinandersetzte.

2.3 Die Stoá in der römischen Kaiserzeit

Die römische Welt hatte sich nur zögerlich der Philosophie geöffnet. Noch 155 v. Chr. ließ der konservative Staatsmann Cato eine Philosophengesandtschaft, bestehend aus dem Akademiker Karneades, dem Stoiker Diogenes und dem Peripatetiker Kritolaos, umgehend ausweisen, wohl auch deshalb, weil die Philosophen vielen jungen Römern imponierten. Es ist vor allem das Verdienst M. Tullius Ciceros (106–43 v. Chr.), dass die griechische Philosophie und ihre Schulrichtungen in Rom Eingang fanden, auch wenn alle seine literarischen und praktischen Bemühungen, auf die Politik der republikanischen Zeit einzuwirken, scheiterten. Cicero schloss sich jedoch keiner Philosophenschule an, sondern wählte aus allen Denkrichtungen das ihm richtig Scheinende aus: Er ist der berühmteste Vertreter des sog. „Eklektizismus".[10] Seine Leistung für die Etablierung der Philosophie in der römischen Kultur kann nicht hoch genug geschätzt werden, da diese durch die Rezeption der platonischen und stoischen Philosophie und später zusammen mit der christlich-jüdischen Religion das geistesgeschichtliche Fundament des Abendlandes bilden sollte.

Auch nach dem Untergang der römischen Republik hatte der Stoizismus eine wichtige Bedeutung für die Lebensführung hervorragender Männer der Oberschicht, von denen einer der berühmte Philosoph, Rhetor und Prinzenerzieher **L. Annaeus Seneca** (ca. 4–65 n. Chr.) war. Gegen keinen Philosophen wurde so häufig der Vorwurf erhoben, dass sich seine Lebensführung nicht mit der rigiden stoischen Philosophie vereinbaren ließe, wie gegen Seneca, der als Erzieher Neros eine

---

10 S. II. 1. Teil, Kap. 1, S. 24.

einflussreiche Stellung am kaiserlichen Hofe innehatte. Als großer Literat und erfolgreichster Schriftsteller seiner Zeit blieb er für Jahrhunderte einer der meistgelesenen Philosophen. Letzte Berühmtheit erlangte Seneca durch seinen Tod, den der römische Geschichtsschreiber Tacitus mit feiner, ironisch gebrochener Stilisierung des stoischen Ethos schildert.[11] Er wurde von Nero, seinem ehemaligen Zögling, der völlig unbeeindruckt von den stoischen Unterweisungen des Lehrmeisters immer mehr einem brutalen Caesarenwahn verfiel, der Mitwisserschaft an einer Verschwörung gegen ihn bezichtigt und erhielt daraufhin den Befehl, Selbstmord zu begehen. Nach dem Vorbild des Sokrates schied Seneca würdevoll gefasst und mit zuversichtlicher Gelassenheit aus dem Leben, so wie er einst in seinen *Briefen an Lucilius* geschrieben hatte: *Das verbürgt uns die Philosophie, heiter zu sein, selbst im Angesicht des Todes.*[12]

Epiktet (ca. 50–135 n. Chr.), der in Phrygien geboren wurde und als Sklave an den Hof Neros gelangte, eignete sich dort stoisches Gedankengut an und begann später als Freigelassener, philosophischen Unterricht zu erteilen. Unter Domitian musste er wie alle anderen Philosophen Rom verlassen und so gründete er unter bescheidenen Umständen eine Philosophenschule im westgriechischen Nikopolis. Er selbst hinterließ keine Schriften, doch wurde seine Lehrtätigkeit von seinem Schüler Arrian festgehalten und der Nachwelt überliefert. Das sog. *Encheiridion* („Handbüchlein", dt. Titel: *Handbüchlein der Moral*; kann auch „Handwaffe" oder „Dolch" bedeuten) enthält in aphoristischer[13] Form eine Zusammenfassung der Hauptgedanken der *Diatriben*[14] *(Unterredungen)*. Als Lebensziel proklamiert Epiktet das Ideal einer „inneren Freiheit", die durch Verzicht auf alles, was nicht in unserer Macht steht, errungen werden kann. Seine Philosophie argumentiert durchwegs mit hohem Anspruch auf Selbstbeherrschung und innerer Distanzierung von allen außerhalb des eigenen Ich existierenden Gütern.[15] Goethe war von Epiktet begeistert: „Weder die Schärfe des Aristoteles noch die Fülle des Plato fruchteten bei mir im Mindesten. Zu den Stoikern hingegen hatte ich schon früher einige

---

11 Vgl. Tacitus, Annalen XV 60ff.
12 Seneca, *Epistulae morales ad Lucilium* IV 30, 3.
13 S. II 1. Teil, Kap. 7, FN 37, S. 39.
14 S. III 1. Teil, Kap. 2.1, FN 62, S. 144.
15 Vgl. Epiktet, Handbüchlein der Moral 11.

Neigung gefasst und schaffte nun den Epiktet herbei, den ich mit vieler Teilnahme studierte."[16]

Marc Aurel (121–180 n. Chr.), der „Philosoph auf dem Kaiserthron", erfüllte zwar als Erster Platons Forderung nach Philosophenherrschern, wollte jedoch nichts von dessen Staatsutopie wissen und bekannte sich in seiner Herrschaftsführung zu einer Reformpolitik der kleinen Schritte: *Hoffe nicht auf einen platonischen Staat, sondern sei zufrieden, wenn es auch nur ein klein wenig vorwärts geht, und halte auch einen solchen kleinen Fortschritt nicht für unbedeutend.*[17] In einer Ära der großen äußeren Bedrohung des Reiches und auch angesichts vieler privater Schicksalsschläge diente dem zeitlebens von Todesfurcht erfüllten Kaiser die stoische Philosophie als innerer Kraftquell zur Bewältigung seines Lebens.

Mit seinen in griechischer Sprache verfassten zwölf Büchern *Eis heautón* (Εἰς ἑαυτόν: „An sich selbst") mit dem deutschen Titel *Selbstbetrachtungen* – „Aufforderungen" wäre die treffendere Bezeichnung – vollzieht Marc Aurel die „Verinnerlichung des Meisterprinzips":[18] Seit Pythagoras hatten die Philosophen als Meister ihre Schüler um sich versammelt. Dann zog Seneca mit seinen *Epistulae morales ad Lucilium* die schriftliche Unterweisung vor, und Marc Aurel ist nun sein eigener Meister und zugleich Schüler. Geradezu obsessiv stellt er sich dem Thema der Vergänglichkeit und Nichtigkeit menschlichen Daseins. Doch letztlich sind seine Seelenruhe und freie Haltung dem Tod gegenüber, auch wenn gelegentlich Zweifel an der Existenz der Götter aufkommen, stets von einem Gefühl der göttlichen Geborgenheit bestimmt.[19]

2.4 Logik

Auf Grund der schwierigen Textgrundlage wurden Eigenständigkeit und wissenschaftlicher Wert der stoischen Logik erst spät erkannt, und wir finden gerade in einem ihrer schärfsten Kritiker, beim Skeptiker Sextus Empiricus (3. Jh. n. Chr.), die wichtigste Quelle zur Logik der alten Stoá. Nachdem diese lange im Schatten der aristotelischen Syllogistik gestanden war, stellten Bertrand Russell und Alfred N. Whitehead in den *Principia mathematica* (1910–1913) fest, dass die Sto-

---

16 J. W. Goethe, Werke. Hamburger Ausgabe. Bd. 9. München [14]2002, S. 222.
17 Marc Aurel, Selbstbetrachtungen IX 29.
18 P. Sloterdijk, Du mußt dein Leben ändern, S. 450.
19 Vgl. Marc Aurel, Selbstbetrachtungen II 11.

iker als die Begründer der Satzlogik (im Gegensatz zu der von Aristoteles entwickelten Prädikatenlogik) zu gelten haben. In der Folge wiesen auch Jan Lukasiewicz (1935) und Benson Mates (1953) auf die Pionierleistung der Stoiker hin, da diese die Ersten waren, die in ihrer „Dialektik" sprachliche Zeichen und Bezeichnetes *(lektón)* unterschieden und die äußere Gestalt der Sprache, deren Teile und Anordnung sowie ihre Geschichte wissenschaftlich untersuchten. Während es sich bei den sprachlichen Zeichen um phonetisch wahrnehmbare, materielle Laute handelt, spielen die objektivierbaren, immateriellen *lektá* (λεκτά: „das Gesagte", was in etwa unserem Wort „Bedeutung" entspricht) innerhalb der Lehre von den *axiómata* (ἀξιώματα: „Aussagen") als Bedeutungsträger der Sprache eine wichtige Rolle. Denn mit Hilfe dieser objektivierbaren „Bedeutungen" können Sachverhalte durch wahre bzw. falsche Aussagen wiedergegeben werden.[20]

In der Erkenntnistheorie, die danach fragt, worin Wissen besteht und wie es erworben wird, und die zugleich nach dem zugrunde liegenden Wahrheitskriterium forscht, werden sinnliche Wahrnehmungen, sog. *kataleptische* („erfassende") Vorstellungen und die aus ihnen abgeleiteten Allgemeinbegriffe, die *prolépseis* („Vorbegriffe") unterschieden. Dabei erteilen die Stoiker anders als die Epikureer eindeutig der Vernunft *(lógos)* den Vorrang im Erkenntnisprozess und gehen über die sinnliche Präsenz der Dinge hinaus in die begriffliche Allgemeinheit und Formalität des Denkens, d. h.: Wahr ist eine Vorstellung dann, wenn sie begriffen wird. Dies wird an dem viel zitierten und später auch von Hegel aufgegriffenen Beispiel der lebhaft gestikulierenden Hand Zenons verdeutlicht, der den Sinneseindruck mit der geöffneten Hand, die Zustimmung (in Form einer Urteilsbehauptung) mit der geschlossenen Hand und das „kataleptische Begreifen" mit der geballten Faust veranschaulicht habe. Schließlich soll Zenon noch die Faust mit der anderen Hand umfasst und fest gedrückt haben, um dadurch die Identität des Denkens mit dem Inhalt zu untermauern.[21] Hegel drückte Anerkennung für die Erkenntnisleistung der Stoiker aus, merkte jedoch an, dass es sich bei den als Wahrheitskriterium geltenden kataleptischen Vorstellungen nur um eine formale Seite des Erkennens handelt, die noch nicht als Wissenschaft im eigentlichen

---

20 Sextus Empiricus, *Adversus Mathematicos* VII 38: (…) *das Wahre aber besteht unkörperlich; und das ist klar, sagen sie, denn das Wahre ist ein Satz (axioma), ein Satz (ist aber) ein lektón und das lektón ist unkörperlich.*
21 Vgl. SVF I 88.

Sinne, d. h. als begründendes Begreifen der Übereinstimmung des Gegenstandes mit dem Erkennen[22] bezeichnet werden kann.

2.5 Physik

Die stoische Erkenntnistheorie setzt voraus, dass der Mensch kraft seiner Vernunft befähigt ist, die vom Weltenlogos gebildeten Strukturen der Wirklichkeit zu erkennen und in Form von Aussagen zum Ausdruck zu bringen. Dahinter steht die Annahme einer universalen Gesetzmäßigkeit der Natur, eines Weltgesetzes, das – wie schon von Heraklit – *Logos* (λόγος: „Weltvernunft") genannt wird. Bei Chrysipp findet sich die Formulierung: *Der allgemeine nómos, welcher die wahre Vernunft (orthós lógos) ist, die alles durchdringt, ist ein und derselbe Zeus, der die Verwaltung der seienden Dinge leitet.*[23] Die Stoiker betrachten den gesamten Kosmos als Organismus, als eine in sich geschlossene, durchgehend rational geordnete Struktur von Welt und Mensch, die sie auch mit „Gott" oder Zeus gleichsetzen, wobei sie zwei universelle Prinzipen annehmen: ein passives, die eigenschaftslose Materie (ὕλη [hýle]), und ein aktives als den in ihr wirksamen *Logos*.[24] Der „Stoff", der als Grundsubstanz für verschiedenartige, mit unterschiedlichen Qualitäten ausgestattete Formen und Gestalten fungiert, repräsentiert die passive Leidensfähigkeit des Körpers, während die „Vernunft" als das der gesamten Welt immanente, aktiv tätige Prinzip den Stoff qualifiziert und bewegt, indem sie ihn zur Gänze durchdringt.

Doch nur scheinbar ist hier der stofflichen Grundlage eine geistige Kraft gegenübergestellt, tatsächlich aber weist der *Logos* der Stoiker durchaus materialistische Züge auf, dadurch dass sie ihn mit dem Feuer als feinster und leichtester Materie identifizieren. Dieser in den Dingen wirkende, warme „Lebenshauch" wird auch mit dem Wort *pneuma* (πνεῦμα) bezeichnet, in dem die Beseeltheit des Ganzen zum Ausdruck kommt. Aus der Identifikation des *Logos* mit dem Feuer resultiert überdies die Vorstellung eines zyklisch-periodisch ablaufenden Weltgeschehens und des sog. „Weltenbrandes" (ἐκπύρωσις [ekpýrosis]: „Verbrennung"), aus dem die durch Feuer vernichtete Welt analog dem großen Weltenjahr (einem Zeitraum von etwa 12.000 Jahren) wieder von neuem entsteht. (→ **F 38: Stoá: zwei universelle Prinzipien)**

---

22 Vgl. G. F. W. Hegel, Werke 19, S. 270.
23 SVF III 4.
24 Vgl. DL VII 134.

2.6 Ethik

Aus dem ewig in der Welt waltenden *Logos* folgt, dass das gesamte irdische Geschehen durch die Verkettung der *heimarméne* (εἱμαρμένη scil. μοῖρα [moíra]: „das Zugeteilte, Los" > „das verhängte Schicksal", lat. *fatum*) bestimmt ist. Daher ist es die moralische Pflicht jedes Einzelnen, mittels des in ihm wirkenden höchststehenden Seelenteiles, der lenkenden Vernunft *(hegemonikón)*, die göttliche Vorsehung (πρόνοια [prónoia], lat. *providentia*) zu erkennen und sich ihr bestmöglich zu fügen. *Denn man kann nicht auf anderem Wege zur Erkenntnis des Guten und Schlechten oder zur Tugend und Glückseligkeit gelangen, als so, dass man von der Gesamtnatur und von der Einrichtung der Welt ausgeht.*[25] Cicero gibt am Ende seines Werks *De finibus malorum et bonorum* diesen Gedanken Chrysipps wieder, der auf die naturrechtlich begründete Ethik und im Besonderen auf die *sympátheia* (συμπάθεια: „Mitempfinden") in der kosmologischen Theologie der Stoiker hinweist: Nur einer, der den Plan der Natur kenne, sei imstande über Gut und Schlecht zu urteilen.[26] Somit besteht das höchste Ziel der stoischen Ethik darin, durch die Einsicht in den gesetzmäßigen Zusammenhang der Gesamtwirklichkeit die eigene Individualität in der Weltvernunft, im kosmischen *Logos*, aufgehen zu lassen. Aus dieser metaphysischen Begründung für ein tugendhaftes Leben lassen sich moralische Handlungsnormen ableiten, die sich an der vernünftigen Einsicht orientieren und letztlich den Weg zur *eudaimonía* weisen. Die bekanntesten stoischen Maximen sind die sog. *Télos*-Formeln: Nach Zenons Zielvorgabe soll man *homologouménos te phýsei zen* (ὁμολογουμένως τῇ φύσει ζῆν: „in Übereinstimmung mit der Natur leben", lat. *secundum naturam vivere)*[27], was später bei Seneca *idem est beate vivere et secundum naturam* („dasselbe ist es, glücklich und gemäß der Natur zu leben") heißt.[28] Zurückblickend auf die Sophistik bedeutet dies, dass die Antithese von *phýsis* und *nómos* aufgehoben wird, indem nun die Natur selbst das Gesetz ist.

So einfach diese Forderungen auf den ersten Blick auch erscheinen, enthalten sie doch eine – zumindest aus heutiger Sicht – problematische Grundbedingung. Abgesehen von der Schwierigkeit, den *Logos*-Begriff inhaltlich zu definieren – ist er eher mit „vernünftiger Einsicht"

---

25 SVF III 68.
26 Vgl. Cicero, *De finibus bonorum et malorum* III 73f.
27 SVF I 179, 4; vgl. DL VII 87f., Cicero, *Tusculanae disputationes* V 82.
28 Seneca, *De vita beata* VIII 2.

oder „göttlicher Ordnung des Alls" oder einfach „Natur" gleichzusetzen? –, mag es durchaus fraglich sein, inwieweit die „Natur" Maßstab für das Handeln sein kann, da eine Moralbegründung durch die Berufung auf die Natur den sog. „naturalistischen Fehlschluss" vom Sein auf das Sollen nahelegen würde.[29] Diesem Einwand ist entgegenzuhalten, dass die Stoiker jeweils mit der „Allvernunft" argumentierten, d. h., dass ihr Vernunftbegriff nicht auf das menschliche Vermögen beschränkt blieb, sondern seine richtungsweisende Bestimmung auf Grund der Wesensverwandtheit mit der „Weltvernunft" erhielt. Die stoische Ethik enthält somit eine theologische Prämisse, die ihr eine teleologische Sicht auch jener „unvernünftigen" oder negativ zu bewertenden Ereignisse vermittelt, die den natürlichen und mit der (begrenzten) Vernunft des Menschen angestrebten Zielen zuwiderlaufen bzw. diesem von anderen durch ihr widervernünftiges Handeln zugefügt werden. Man könnte die Position der Stoiker also am ehesten als eine theologisch untermauerte Vernunftethik bezeichnen.

Zur Begründung der menschlichen „Vernunftnatur" dient die sog. *Oikeíosis*-Lehre, die von einem grundlegenden „Selbstverhältnis" des Menschen ausgeht. Dieses *próton oikeíon* (πρῶτον οἰκεῖον: „das erste Eigene") zeichnet jedes Lebewesen aus und beschreibt nichts anderes als den angeborenen Selbsterhaltungstrieb und eine früh entwickelte Selbstliebe, die nach bestmöglicher Entfaltung der eigenen Anlagen strebt.[30] Der Mensch wird nun nicht wie das Tier notwendig durch die Triebe zum Handeln motiviert, er muss vielmehr zwischen verschiedenen einander ausschließenden Triebkräften wählen und entscheiden, welchen er folgen und welche er meiden solle. In der Bestimmung des *kathékon* („das Geziemende, Zukommende") und des *katórthoma* („das vollendet Angemessene", lat. *bene factum*) liegt der Handlungsmaßstab, anhand dessen man sich orientieren und sein Tun mit guten Gründen rechtfertigen kann. Nur in einer naturgemäßen Art der Lebensführung, in der der vernünftig Handelnde ein Gleichgewicht von Trieben und vernünftiger Einsicht erzielt und im Einklang mit der teleologisch guten und sinnvollen Ordnung der Allnatur steht, kann sich eine harmonische Persönlichkeit entwickeln, die sich auch in der Liebe zu anderen, zunächst zu Eltern, Geschwistern und Kindern und in weiterer Folge in der Wahrnehmung von sozialen Pflichten in der

---

29 Das Problem, das bereits der Empirist D. Hume (1711–1776) aufgeworfen hat, wurde später vom englischen Philosophen G. E. Moore (*Principia ethica*, 1903) als „naturalistischer Fehlschluss" bezeichnet (s. II 2. Teil, Kap. 4.2, S. 111).
30 Vgl. DL VII 85f.; SVF III, 178; Cicero, *De finibus bonorum et malorum* III 16–22.

(politischen) Gemeinschaft verwirklicht, zumal es ein in der Natur begründetes, freundschaftliches Zusammengehörigkeitsgefühl aller Menschen gibt. Im Grunde wird hier bereits die kantische Pflichtethik vorweggenommen.

Darüber hinaus wird der Mensch durch die individuelle Anteilnahme seiner Vernunft am *Logos* des Kosmos im buchstäblichen Sinne zum Kosmopoliten[31], der sich weder durch einen übermächtigen Staat bedroht noch durch ein Gefühl der Heimatlosigkeit in einem Vielvölkerstaat vereinsamt fühlt. Im Zusammenhang mit der *Oikeíosis*-Lehre ist die Trennung des Eigenen vom Fremden von Bedeutung, die Unterscheidung zwischen dem, worüber man ohne Einschränkung Macht besitzt, und all dem anderen, was sich diesem Bereich entzieht und worüber man keinerlei Verfügungsgewalt hat. Denn wenn sich der menschliche Wille im Wahn falscher Überzeugungen auf die Erlangung eines für ihn unerreichbaren Zieles kaprizierte, würde sich dabei nur die unerfüllte innere Spannung erhöhen und ein bewusstseinstrübender Erregungszustand (πάθος [páthos], lat. *affectus*) entstehen, eine *unvernünftige Bewegung der Seele*, die *wider die Natur* sei, weil der *Trieb der wählenden Vernunft nicht gehorche*, wie es natürlicherweise der Fall sei.[32] Nur wenn die Vernunft darüber wacht, dass nicht falsche Vorstellungen bzw. Bewertungen der Dinge quälende und mitunter zerstörende Leidenschaften hervorrufen, kann der Zustand der Affektfreiheit, der *apátheia* (ἀπάθεια) eines „wunschlos Glücklichen", erreicht werden. Der Mensch allein ist Herr seines Schicksals, indem er sich eine innere Haltung erwirbt, in der er unabhängig wird von den *adiáphora* (ἀδιάφορα, lat. *indifferentia*), die ethisch indifferent, d. h. weder gut noch schlecht sind, weil sie nicht in unserer Macht stehen.

Das sittliche Ideal vollendet sich im Bild des stoischen Weisen, dessen innere Freiheit auf drei Grundtugenden beruht: Er ist immun gegen Affekte und Leidenschaften, er findet sein Genügen in sich selbst *(autarkés)* und er ist wahrhaft gottesfürchtig. Diese Freiheit bewährt sich auch angesichts des Todes, den der Weise, wenn er es für sittlich gerechtfertigt hält, selbst herbeiführen kann. Er verkörpert in sich alle Tugenden, deren gemeinsame Wurzel in der vernünftigen Einsicht liegt, ja, er stellt geradezu den Inbegriff der Tugend dar und ist daher auch glückselig und der Gottheit gleich. Diese sowie auch viele andere durchaus optimistische Vorstellungen von der mensch-

---

31 S. III 1. Teil, Kap. 2.1, FN 63, S. 144
32 Vgl. SVF III 396; vgl. Cicero, *Tusculanae disputationes* III 62.

lichen Natur, der zufolge der Weise mit Zuversicht und Vertrauen auf die in ihm liegende göttliche Kraft erfüllt ist, haben stark auf das Christentum gewirkt, auch wenn in der stoischen Lehre ein Widerspruch bestehen bleibt zwischen dem prinzipiell als frei und eigenverantwortlich gedachten menschlichen Subjekt und seinem von der universalen, vernünftigen Gesetzmäßigkeit determinierten Willen. Diese auf dem Gegensatz zwischen der metaphysischen Theorie des kosmischen *Logos* und dem Bewusstsein der individuellen Verantwortung für das eigene Tun beruhende Diskrepanz zeigt sich deutlich in Kleanthes' *Hymnus auf Zeus*, wo es heißt: *Nichts kann ohne dein Zutun,/o Gott, geschehen auf Erden,/nichts im göttlichen Äther des Himmels/noch drunten im Meere,/außer allein was die Bösen in ihrer/Verblendung verbrochen.*[33]

3 Der „Garten" des Epikur

In der von Epikur gegründeten Schule der Epikureer war der Charakter einer Gemeinschaft, die sich von der politischen Öffentlichkeit weitgehend distanziert, am stärksten ausgeprägt. Dies zeigte sich schon rein äußerlich darin, dass die Epikureer als Einzige der großen Schulen keine öffentlichen Einrichtungen in Anspruch nahmen: Sie beschränkten sich auf den „Garten" ihres Meisters (dieser lag wie Platons Akademie außerhalb der Stadtmauern), und auch ihre Lehre blieb weitgehend auf den Schulgründer fixiert. Daraus ist jedoch keineswegs abzuleiten, dass deshalb das Echo ihrer Philosophie gegenüber der Nachwelt gering blieb. Die epikureische Lehre fand reichen Niederschlag, schon in Rom bei Horaz und vor allem Lukrez, aber auch bei Martial und Seneca, und wirkte dann in der Neuzeit besonders auf Hobbes, Gassendi, die französischen Materialisten, Marx und Nietzsche. Thomas Hobbes bezeichnete man in Hinsicht auf seine Religionskritik und Vertragstheorie, seinen Materialismus und seine Lehre von Lust und Unlust als *Epicurus redivivus* („lebendig gewordener Epikur") und Pierre Gassendi (1592–1655) wurde, indem er die epikureische Naturphilosophie rezipierte, zum Wegbereiter der modernen Atomtheorie.

Epikur wurde 341 v. Chr. auf der Insel Samos geboren. Schon früh machte er sich mit verschiedenen philosophischen Positionen vertraut, sympathisierte aber vor allem mit der Lehre Demokrits, auf

---

33 SVF I 537.

deren Basis er seine eigene Philosophie entwickelte. Um 306/07 v. Chr. ließ er sich in Athen nieder und gründete seine Schule in einem Garten *(képos)*. Der Schilderung des Diogenes Laërtios zufolge kann man sich diese als eine Art „Club" von Gleichgesinnten und miteinander Philosophierenden vorstellen, in dem Solidarität und Freundschaft gepflegt wurden und – anders als in der Akademie Platons und im aristotelischen Lýkeion – auch Ausländer, Frauen und Sklaven zugelassen waren. Dadurch, dass die bei Platon und Aristoteles noch deutlich spürbare Ausgrenzung dieser Bevölkerungsgruppen zugunsten einer Gleichberechtigung der Menschen überwunden wurde, setzte Epikur neue Maßstäbe. Von seinen Anhängern fast wie ein Gott verehrt, starb der charismatische Philosoph 271/70 v. Chr. an einem äußerst schmerzhaften Nierenleiden. Diogenes Laërtios[34] erzählt, er habe sich in ein warmes Bad gesetzt, zur Betäubung starken Wein getrunken und bis zum Tode gelassen und heiter philosophiert, wohl um zu zeigen, dass körperliche Schmerzen mit der Kraft des Geistes überwunden werden können.

3.1 Quellen und Überlieferung

Auch wenn Epikurs umfangreiches Werk[35] weitgehend verloren ist, sind wir dank der Überlieferung von Diogenes Laërtios, der offenbar sehr am Epikureismus interessiert war, in der Lage, Rückschlüsse auf seine Lehre zu ziehen. In Diogenes Laërtios' doxographischem Werk *Leben und Lehre der Philosophen* finden wir im zehnten Buch die Wiedergabe der „Hauptlehren" Epikurs (*kýriai dóxai* = KD), eine Zusammenfassung seiner Philosophie in vierzig Thesen, die seine Schüler auswendig lernen mussten, und drei Lehrbriefe, von denen der an *Menoikeus* der bedeutendste ist. Zu diesen Primärtexten stehen noch zahlreiche antike Sekundärtexte zur Verfügung: Zitate, Exzerpte, Referate und auch Polemiken sowohl bei griechischen als auch lateinischen Autoren (z. B. bei Cicero, Plutarch, Seneca und Sextus Empiricus). Eine Zwischenstellung zwischen Primär- und Sekundärtext nimmt das Werk des römischen Dichters Lukrez (97–55 v. Chr.) ein, der sein sechs Bücher umfassendes Lehrgedicht wahrscheinlich nach authentischen Vorlagen verfasst hat. Darin preist er in 7409 Hexa-

---

34 Vgl. DL X 15f.
35 Sein Hauptwerk *Über die Natur* umfasste 37 Bücher und enthielt nicht nur seine Naturphilosophie, sondern auch seine Erkenntnistheorie und (möglicherweise auch) seine Ethik (vgl. DL X 26ff.).

metern die religionskritische Aufklärungsleistung der epikureischen Naturphilosophie durch die Befreiung der Menschen von religiösen Ängsten und die Beseitigung der Todesfurcht. Viel erhoffte man sich von den in Herculaneum 1752–54 durchgeführten Grabungen, doch enthielten die dort gefundenen *Papyri Herculanenses* nur einige Reste von Epikurs Hauptwerk sowie größere Fragmente aus Abhandlungen späterer Epikureer. Im Jahre 1888 wurde im Vatikan ein Kodex aus dem 14. Jh. entdeckt, der eine Sammlung von 81 epikureischen Lehrsätzen *(gnómai)* enthält; dieses sog. *Gnomologium Vaticanum* ergänzt die von Epikur selbst stammenden „Hauptlehren".

3.2 Die epikureische Lehre

Worin Epikur die Hauptaufgabe der Philosophie sah, zeigt der Anfang seines Briefes an Menoikeus: *Wer noch jung ist, der soll sich der Philosophie befleißigen, und wer alt ist, soll nicht müde werden, zu philosophieren. Denn niemand kann früh genug anfangen, für seine Seelengesundheit zu sorgen, und für niemanden ist die Zeit dazu zu spät. Wer da sagt, die Stunde zum Philosophieren sei für ihn noch nicht erschienen oder bereits entschwunden, der gleicht dem, der behauptet, die Zeit für das Glück sei noch nicht da oder nicht mehr da.*[36] Diese philosophische Botschaft richtet sich keineswegs nur an Auserwählte. Jeder Einzelne ist aufgerufen, mit Hilfe der Philosophie die Möglichkeiten für eine glückliche Lebensführung zu finden. Beständiges Glück kann jedoch nur durch vernünftige Einsicht erlangt werden, und daher steht in der epikureischen Lehre – wie auch in den anderen hellenistischen Philosophenschulen – die Ethik im Vordergrund, die zu klären hat, was unter dem Begriff „Glück" grundsätzlich zu verstehen ist; dabei haben die anderen philosophischen Disziplinen, die Kanonik (Erkenntnistheorie) sowie die Physik, durchaus ihren Beitrag zu leisten, indem sie die für diese Erkenntnis nötigen Voraussetzungen untersuchen.

3.2.1 Kanonik

In einer gleichnamigen Schrift behandelt Epikur die erkenntnistheoretischen und methodischen Grundlagen seiner ethischen Lehre, indem er nach Kriterien forscht, mit deren Hilfe man zur wissenschaftlichen Untersuchung der Dinge und zu gesicherter Erkenntnis gelan-

---

36 Epikur, Brief an Menoikeus 122.

gen kann.³⁷ Die Frage nach den Wahrheitskriterien nimmt ebenso wie in den Philosophenschulen der Stoiker und Skeptiker eine wichtige Rolle ein, wenn sie auch jeweils verschieden beantwortet wird. Das altgriechische Wort *kanón* bezeichnet ursprünglich das von Bauleuten verwendete „Lineal" oder die „Richtschnur", dann die „Norm", aus der ein *kritérion* (κριτήριον: „entscheidendes Kennzeichen") zur Prüfung, ob eine Sache richtig oder falsch ist, gewonnen wird. Epikur nennt drei „Kriterien der Wahrheit": Wahrnehmung (αἴσθησις [aísthesis]), „Vorbegriffe" (*prolépseis*, Pl. zu πρόληψις [prólepsis]) und Empfindungen bzw. Lust- und Unlustgefühle (*páthe*, Pl. zu πάθος [páthos]). Letztere stellen die Basis für Werturteile dar und werden daher im Rahmen des Ethikkapitels behandelt. (→ **F 39: Epikurs „Kriterien der Wahrheit"**)

Grundlage jeder Erkenntnis ist nach Epikurs sensualistischer Ansicht die Sinneswahrnehmung, die durch den kontinuierlichen Zustrom feiner Bildchen (*eídola*) verursacht wird. Bei der Klassifikation komplexerer Sachverhalte, die über evidente Wahrnehmungsurteile hinausgehen, spielen die „Vorbegriffe" eine wichtige Rolle, Vorstellungen von allgemeinen Begriffen, die ihrerseits wiederum auf sensorische Wahrnehmung zurückgehen, kurz gesagt: ein *Gedächtnis des häufig von außen Erschienenen*³⁸. Der Satz des Thomas von Aquin: *Quod est in intellectu nostro, prius in sensu fuerit* („Was in unserem Verstand ist, war wohl vorher in unserer Sinneswahrnehmung"), der später vom Empiristen John Locke in der Auseinandersetzung mit den Rationalisten (Gottfried Wilhelm Leibniz) wieder aufgegriffen wurde: *Nihil est in intellectu, quod non ante fuerit in sensu* („Nichts ist im Verstand, was nicht schon vorher in den Sinnen war"), entspricht genau der Ansicht Epikurs. Mit Hilfe von ursprünglich aus der Erfahrung gewonnenen und im Gedächtnis abgelagerten Allgemeinvorstellungen, deren Sinn im Laufe der Zeit durch konventionelle Festlegung bestimmt worden ist, werden Meinungen oder Annahmen gebildet, ein sog. Fürwahrhalten (*dóxa*), d. h. Aussagen, die einen Wahrheitswert in sich tragen. Urteile erweisen sich somit als wahr, wenn sie mit denen anderer Menschen übereinstimmen und sich zudem praktisch bewähren. Epikur ist davon überzeugt, dass der Mensch zur Erkenntnis der Wirklichkeit befähigt ist, doch anstatt primär nach Seinsprinzipien zu fragen, legt er „empiristische Sinnkriterien" fest, auf denen

---

37 Vgl. DL X 31.
38 DL X 33.

seine gesamte Lehre aufgebaut ist. Dabei geht es letztlich um eine Sicht auf das Ganze, denn nur die Einsicht in den Zusammenhang der Natur verleiht den Menschen Glück und Seelenruhe: *Die Unerschütterlichkeit dagegen besteht darin, von alledem (i. e. den mythologischen Vorstellungen) losgelöst zu sein und eine beständige Erinnerung zu bewahren an die allumfassenden und entscheidendsten Gesetzmäßigkeiten. (...) Wenn wir darauf achten, werden wir den wirklichen Grund der Verwirrung und Furcht erkennen und beseitigen, wobei wir die Himmelserscheinungen ergründen und was sich sonst noch laufend ereignet und die anderen Menschen so sehr erschreckt.*[39]

3.2.2 Physik

Wenn uns nicht Anwandlungen von Argwohn vor den Himmelserscheinungen quälten oder vor dem Tode, er könnte uns irgendwie betreffen, dazu die Tatsache, dass wir die Grenzen der Schmerzen und Begierden nicht erkennen, so bedürften wir der Naturforschung nicht.[40] Auch wenn Epikurs Interesse an der Natur nicht vorrangig vom theoretischen Forscherdrang des Physikers geleitet ist, kann man ihm die Ernsthaftigkeit seines wissenschaftlichen Interesses nicht absprechen. Die Physik dient ihm jedoch nicht als Selbstzweck, sondern sie steht vollständig im Dienste der Ethik und erfüllt im Sinne einer an der Medizin orientierten und gleichsam therapeutischen Disziplin eine aufklärende und die Menschen von irrationalen Ängsten befreiende Funktion[41], denn nur durch Aufklärung kann ihnen letztlich zum Glück verholfen werden. Hier wird die Wandlung deutlich, die die Philosophie seit ihren Anfängen genommen hat. Bei den Vorsokratikern standen staunende Neugierde und spekulatives Interesse an Theorienbildung im Vordergrund, und auch Aristoteles betrieb Naturwissenschaft noch aus reinem Erkenntnisinteresse. Bei Epikur ist Naturerkenntnis nur mehr ein Mittel zu einer von ethischen Zwecken bestimmten Philosophie, eine „Dienerin" der Ethik, wobei er von sich selbst gesagt haben soll, dass er am besten in einem kontinuierlich der Naturforschung gewidmeten Leben zu seelischer Gelassenheit gelange.[42]

---

39 DL X 82.
40 Epikur, KD 11.
41 Vgl. Epikur, KD 20. Und schon bei Demokrit (DK B 31) heißt es, die Medizin heile die Krankheiten des Leibes, die Philosophie beseitige die Leidenschaften der Seele.
42 Vgl. DL X 37.

Wenn nun nicht mehr göttliche Mächte gefürchtet werden sollen, so setzt dies ein nach mechanisch-physikalischen Gesetzen ablaufendes, aus sich selbst erklärbares Naturgeschehen voraus. Vor diesem Hintergrund erscheint es nur konsequent, dass Epikur auf die materialistische Atomlehre Demokrits zurückgreift. Nach dessen antiteleologischem Ansatz ist die Natur in einem streng determinierten Kontext von Ursache und Wirkung zu begreifen. Epikur modifiziert die demokritische Atomphysik in einigen wenigen Punkten, um sie den eigenen ethischen Bedürfnissen anzupassen: Er nimmt wiederholte geringfügige Abweichungen *(parenklíseis)* der Atome von der infolge ihrer Schwere vertikal verlaufenden Fallrichtung an, um einerseits ihr Aufeinandertreffen zu erklären, andererseits – und das ist wohl sein Hauptmotiv – einen zumindest geringen Raum für Willensfreiheit im Vergleich zum Determinismus der stoischen Philosophie zu eröffnen. Da es sich dabei aber nur um eine winzige Abweichung der Atome von ihrer vorgezeichneten Bahn handelt, bleibt die Gesetzmäßigkeit der wahrnehmbaren Welt ebenso unangetastet wie der Spielraum menschlicher Handlungsfreiheit. „Diese Lehre hat den Vorteil, dass in Epikurs Philosophie Raum für Tyche, den Zufall, bleibt, und er so dem stoischen Fatalismus entgeht, der in letzter Konsequenz dazu führt, dass der Mensch zu seiner eigenen Glückseligkeit gar nichts beitragen kann, sondern ihm vorherbestimmt ist, ob er glücklich wird oder nicht."[43]

Der Zusammenhang der atomaren Abweichungen mit der menschlichen Willensfreiheit wird jedoch erst verständlich, wenn man Epikurs materialistische Auffassung der Seele kennt. Diese kann nur in Verbindung mit dem Körper existieren und muss infolgedessen auch mit diesem wieder zugrunde gehen, wenn sie ihre Funktion eines wahrnehmenden Bewusstseins verliert und sich beim Zerfallsprozess der körperlichen Atome wie Rauch in die Luft zerstreut. Nach der Auflösung der Körper-Seele-Einheit gibt es kein Weiterleben der Seele nach dem Tode und keinerlei Vorsehung wie bei den Stoikern, und alle Jenseitsmythen werden als dichterische Erfindungen betrachtet. Damit ist die quälende Todesfurcht beseitigt, deren verheerende Folgen der Dichter Lukrez in seiner Wiedergabe der epikureischen Auffassungen mit großer Anschaulichkeit beschreibt: Sie trübt jede Lust und zerstört den inneren Frieden, bringt Habsucht, Neid, Hass und Mord hervor und kann die Menschen schließlich so in den Wahnsinn

---

43 M. Hossenfelder, Epikur. München 1998, S. 133.

treiben, dass sie sich aus Angst vor dem Tode sogar selbst umbringen.[44] Epikur unterscheidet mehrere Gründe, warum der Tod den Menschen so schrecklich erscheint: weil sie ihn für schmerzhaft halten, weil sie das Leben danach fürchten oder weil es ihnen unheimlich ist, nichts mehr zu empfinden, und zuletzt, weil der Tod die Möglichkeit, glücklich zu sein, beendet. Die ersten drei Gründe werden durch die Annahme der Sterblichkeit der Seele außer Kraft gesetzt: *Der Tod hat keine Bedeutung für uns, denn was aufgelöst ist, ist ohne Empfindung; was aber ohne Empfindung ist, das hat keine Bedeutung für uns.*[45] Noch berühmter ist eine Passage aus dem Brief an Menoikeus, die zu einer in der Folgezeit oft zitierten Maxime epikureischer Philosophie geworden ist: *Das Furchtbarste aller Übel, der Tod, betrifft uns überhaupt nicht; denn solange wir sind, ist der Tod nicht da, wenn aber der Tod da ist, dann sind wir nicht mehr. Er geht also weder die Lebenden an noch die Toten, denn bei den einen ist er nicht, und die anderen sind nicht mehr.*[46] Das Argument ist zwar anthropologisch unhaltbar, weil der Mensch nicht wie das Tier verendet, sondern im Bewusstsein des Todes lebt und stirbt, kann aber sehr wohl der Lebenspraxis aller, die keinen Glauben an ein Jenseits haben, dienen.[47] Zum vierten Argument, dass der Mensch durch den Tod weiterer Glücksmöglichkeiten beraubt würde, bemerkt Epikur, dass es letztlich nicht auf die Dauer des Glücks, sondern auf dessen Qualität und Intensität ankomme, und gibt dazu genaue Anweisungen (s. Kap. 3.2.3 zum Thema Ethik, S. 234ff.).

Epikurs Lehre, dass sich das gesamte kosmische Geschehen und alles, was es im unendlich leeren Raum an zusammengesetzten Gebilden gibt, allein dem Zufall und den Gesetzen atomarer Bewegung verdanke, hatte auch entscheidenden Einfluss auf seine Götterlehre. Unter Kosmos versteht Epikur einen abgeschlossenen Teil des Himmels, der Gestirne, Erde und alle Naturphänomene umfasst, auf Grund der unbegrenzten Anzahl der Atome aber gebe es unendlich viele Welten. Epikur kritisiert zwar schärfstens die religiösen Vorstellungen des Mythos und den Anthropomorphismus der Götter der griechischen Volksreligion, doch ist er dabei keineswegs Atheist, sondern unterscheidet diese lediglich von allen anderen Atomverbindungen der

---

44 Vgl. Lukrez, *De rerum natura* III 37ff.
45 Epikur, KD 2.
46 Ders., Brief an Menoikeus 125.
47 Der bedeutende amerikanische Psychiater Irvin Yalom stellte dieses Argument Epikurs ins Zentrum seines Buches *Overcoming the terror of Death* (dt.: *In die Sonne schauen: Wie man die Angst vor dem Tode überwindet*, 2008).

materiellen und somit vergänglichen Wirklichkeit, da ihnen doch die Attribute der Unvergänglichkeit, des vollkommenen Glücks und völliger Sorglosigkeit sowie Leidenschaftslosigkeit zugeschrieben werden. In ihrem seligen, dem Ablauf der Zeit enthobenen Dasein leben sie in entfernt liegenden *Metakosmien* (lat. *intermundia*: „Zwischenwelten") und sind getrennt von allen menschlichen Angelegenheiten. Die Menschen werden von den Göttern weder gewarnt noch beschützt, es sind von ihnen keine Bestrafungen und ebenso wenig Belohnungen zu erwarten, und infolgedessen sind auch Opfer und Gebete sinnlos. Die Vorstellung, dass die Götter in völliger Abgeschiedenheit und Unbekümmertheit ein seliges Leben führen, ohne am irdischen Geschehen in irgendeiner Weise teilzunehmen, nimmt zwar den Menschen die Gottesfurcht, löst aber nicht, wie man glauben könnte, zugleich das in der neuzeitlichen Philosophie viel diskutierte „Theodizee-Problem", d. h. die Frage, warum es das Böse, Übel und Leiden in der Welt gibt, wenn doch die Götter allmächtig und gütig sind. Der Begriff „Theodizee" wurde von Gottfried Wilhelm Leibniz geprägt[48], doch existiert diese Fragestellung bereits seit der Antike. Eine oft zitierte Formulierung des Problems lautet: *Entweder will Gott die Übel beseitigen und kann es nicht: Dann ist Gott schwach, was auf ihn nicht zutrifft. Oder er kann es und will es nicht: Dann ist Gott missgünstig, was ihm fremd ist. Oder er will es nicht und kann es nicht: Dann ist er schwach und missgünstig zugleich, also nicht Gott. Oder er will es und kann es, was sich allein für Gott ziemt: Woher kommen dann die Übel und warum nimmt er sie nicht weg?*[49] In der Alternative „er kann es und will es nicht" läge die Lösung des „Theodizee-Problems", die auch David Hume nicht aufgreift, wenn er darauf in seinen *Dialogues concerning Natural Religion* (1779) repliziert, indem er Philo sagen lässt: „Epikurs alte Fragen sind noch unbeantwortet: Will er (scil. Gott) die Übel verhindern und kann nicht? Dann ist er ohnmächtig. Kann er und will nicht? Dann ist er übelwollend. Will er und kann er? Woher dann das Übel?"[50]

---

48 S. II 1. Teil, Kap. 4.2, FN 29, S. 34.
49 Epikur, Von der Überwindung der Furcht. Hg. von O. Gigon, Stuttgart ³1983, S. 80. Diese Argumentation wurde vom christlichen Apologeten Laktanz (ca. 250–317 n. Chr.) überliefert, der sie – allerdings zu Unrecht – dem Philosophen Epikur zuschrieb; sie stammt von einem unbekannten skeptischen Philosophen.
50 D. Hume, Dialoge über natürliche Religion, X 109.

3.2.3 Ethik

Alles Gut und Übel ist in der Empfindung.[51] Wie alle anderen Urteile beruhen auch Bewertungen letztlich auf einer unmittelbaren Empfindung *(aísthesis)*, und die Kriterien für die Bestimmung, was zu erstreben oder zu meiden ist, sind Gefühle *(páthe,* Pl. zu *páthos)* von Lust bzw. Unlust. Die epikureische Ethik ist jedoch im Unterschied zur stoischen keine normativ-präskriptive, d. h., sie erstellt keine moralischen Vorschriften und gibt keine Handlungsanweisungen, sondern zeigt auf, was tatsächlich als gut bzw. schlecht gilt, indem sie sich auf das beobachtbare Verhalten der Menschen beruft. Das oberste Ziel ist, wie in allen antiken Ethiken, die Erlangung der *eudaimonía*, „gut zu leben" (εὖ ζῆν [eu zen]), um letztlich „glückselig zu sein" (μακαρίως ζῆν [makaríos zen]). Dadurch, dass Epikur den Glücksbegriff vornehmlich über die Lust (ἡδονή [hedoné]) definierte, erregte seine Theorie Anstoß bei seinen Kritikern, weil viele den Begriff zu eng fassten und in ihm den Vertreter eines vulgären Hedonismus sahen.[52] Doch erscheint diese Kritik völlig unberechtigt, wenn man das differenzierte Bedeutungsspektrum seines Lustbegriffs bedenkt.

Im Sinne einer anthropologischen Aussage wird der Mensch als ein durch ein natürliches Luststreben charakterisiertes Lebewesen dargestellt, da Lust nach Epikur *Anfang und Ende des glückseligen Lebens* und *das erste und angeborene Gut* ist. Aber: *Jede Lust also, da sie eine uns angemessene Natur hat, ist ein Gut, aber nicht jede ist zu wählen; wie auch jeder Schmerz ein Übel ist, aber nicht jeder muss natürlicherweise immer zu fliehen sein. Durch vergleichendes Messen und durch die Beachtung des Zuträglichen und Abträglichen vermag man dies alles zu beurteilen. Denn wir verfahren mit dem Gut zu bestimmten Zeiten wie mit einem Übel, mit dem Übel ein andermal wie mit einem Gut.*[53] Hier wird jeder Verdacht eines schrankenlosen Hedonismus ausgeräumt, stattdessen bedarf es sowohl der Genügsamkeit und Askese[54] als auch eines Vernunftkalküls *(logismós)*, das auf *vergleichendem Messen* (s. o.), sozusagen auf

---

51 Epikur, Brief an Menoikeus 124.
52 Die Gegner der Philosophie Epikurs missdeuteten dessen Lehre, indem sie den sinnlichen Genuss als deren höchstes Ziel hinstellten. Dies kam auch dadurch zum Ausdruck, dass man den Epikureern das Schwein als Symbol zuordnete, in Entsprechung zum Hund der Kyniker. Mit der Aussage: *Mich findest du rund und behäbig, in wohlgepflegter Leiblichkeit, ein richtiges Schweinchen aus Epikurs Herde* ironisierte der römische Dichter Horaz (65–8 v. Chr.) sich selbst (*Epistulae* I 4, 15f.).
53 Epikur, Brief an Menoikeus 129f.
54 Vgl. ders., KD 20 (vgl. DL X 131).

einer „Lust-Unlust-Bilanz" aufgebaut ist. In der Abwägung zwischen kurzfristigem Genuss und langfristigem Schaden kommt der vernünftigen Einsicht *(phrónesis)* entscheidende Bedeutung für das menschliche Glück zu und Epikur trifft daher folgende Unterscheidungen: *Von den Begierden sind die einen natürlich und notwendig, die anderen natürlich und nicht notwendig, wieder andere weder natürlich noch notwendig.*[55] Während die natürlichen und notwendigen Bedürfnisse (Befreiung von Schmerz, einfaches Essen oder Kleidung) in jedem Fall legitim sind, darf man sich von den zweiten, die die Lust erhöhen (z. B. *wenn wir uns in Abständen einmal an eine kostbare Tafel begeben*[56]), nicht so abhängig machen, dass ihr Entbehren schmerzen könnte. Die dritten (z. B. Ruhmsucht) gilt es jedoch gänzlich zu unterdrücken.

Diesen Empfehlungen folgend, erreicht der Mensch den höchsten Grad an positiver Erfüllung im Freisein von Erregung, Mühe, Belästigung *(aponía)* und allem, was Kämpfe mit sich bringt.[57] Für einen solchen Zustand der unerschütterlichen Seelenruhe (ἀταραξία [ataraxía]), des „Nicht-gestört-Werdens" oder „In-Ruhe-gelassen-Werdens" wird öfters die Metapher vom Meer verwendet, dessen Oberfläche nach einem Sturm wieder glatt geworden ist (griech. *galéne* kann sowohl „Windstille" als auch „ruhige See" bedeuten). Die Lust wird von Epikur also nicht um ihrer selbst willen angestrebt, sondern weil durch sie ein Zustand der Ausgeglichenheit erreicht wird, nämlich dann, wenn man *dem Leibe nach ohne Schmerzen und der Seele nach ohne Erschütterungen ist.*[58] Wir haben es also beim Epikureismus mit einem „negativen Hedonismus" zu tun. Dieser von Herbert Marcuse[59] geprägte Ausdruck wird auch durch die altgriechischen Wörter bestätigt: *a-taraxía* sowie die von den Stoikern verwendete *a-pátheia* werden mit dem *a privativum*[60] gebildet, das als Verneinungssilbe dem dt. „Un-" entspricht.[61]

Epikur interpretiert den traditionellen Lustbegriff der Kyrenaiker neu, indem er statt drei verschiedener Zustände (Lust – Ruhezustand als vollendete Lust- bzw. Schmerzfreiheit – Unlust) nur zwei unter-

---

55 Ders., KD 29.
56 Ders., Brief an Menoikeus 131.
57 Vgl. ders., KD 23.
58 Ders., Brief an Menoikeus 131.
59 Vgl. H. Marcuse, Zur Kritik des Hedonismus (1938). In: Aufsätze aus der Zeitschrift für Sozialforschung 1934–1941 (Schriften Bd. 3), Frankfurt/Main 1979, S. 250–285.
60 Von lat. *privare*, das ursprünglich „berauben" heißt.
61 S. II. 1. Teil, Kap. 4.1, FN 24, S. 32.

scheidet, nämlich den der Lust und den der Unlust. Den mittleren, wertneutralen gebe es deshalb nicht, weil Schmerzfreiheit mit Lust gleichbedeutend ist und umgekehrt Lustfreiheit anzeigt, dass uns etwas zum natürlichen Zustand fehlt und somit mit Unlust gleichzusetzen ist. Aus dem bei Cicero referierten Beispiel lässt sich folgern, dass Epikur den Wert der Lust allein im Erreichen des naturgemäßen Zustandes (sobald Sättigung erreicht ist) sieht, auch wenn wir bereits während der Unlustbeseitigung Lust empfinden, da ja nicht nur Sattsein, sondern auch Essen angenehm ist. Dass das Zuführen von Nahrung jedoch keinen Eigenwert besitzt, sondern nur Mittel zum Zweck ist, lässt sich leicht daran erkennen, dass es, sobald es nicht mehr nur dem Sattwerden dient, sogar zu einem gesundheitsgefährdenden Übel werden kann, nämlich dann, wenn jemand ständig mehr isst, als ihm gut tut.

Wohl auch um dem Vorwurf zu begegnen, dass die Ataraxie, die „Meeresstille" des Gemüts, als ein indifferenter Zustand mit dem aus der kyrenaischen Tradition stammenden Lustbegriff unvereinbar sei, unterscheidet Epikur zwischen einem Zunehmen bzw. Abnehmen der Lust, zwischen der kinetischen *(kinetiké)* Lust, der „Lust in Bewegung", und der „zuständlichen" *(katastematiké)* Lust der Unlustfreiheit[62], wobei Lust in ihrer qualitativen Bestimmung immer ein und dieselbe bleibt. Um bei unserem Beispiel zu bleiben: Das Unlustgefühl des Hungers schwindet in dem Maße, in dem die Quantität der Lust durch die Nahrungszufuhr steigt, bis schließlich sämtliche Unlust gewichen ist und die Lust ihr Höchstmaß und damit ihren naturgemäßen Zustand erreicht hat.

Epikurs Lehren befolgend, so schließt der Brief an Menoikeus, *wirst du leben wie ein Gott unter den Menschen. Denn es gleicht keinem sterblichen Wesen der Mensch, der inmitten unsterblicher Güter lebt.*[63] Die epikureische Ethik erfüllt sich in der Idealvorstellung des Weisen, der kraft vernünftiger Einsicht eine furcht- und begierdelose Souveränität und Autarkie erlangen kann, die ihn zu einem sterblichen Gott macht. Dieses Idealbild ist jedoch in beinahe jeder Hinsicht ein Gegenstück zum stoischen Weisen, denn der individualistisch gesinnte Epikureer entspricht den Anforderungen nur insoweit, als es sein persönliches Interesse erfordert, und er ist höchstens aus Gründen der Opportunität bereit, dem herrschenden *nómos* (Norm der Gemeinschaft) gegen-

---

62 Vgl. DL X 136.
63 Epikur, Brief an Menoikeus 135.

über Zugeständnisse zu machen, da dieser ja nur von jeweils vereinbarten Konventionen und nicht von der Natur bestimmt wird. Nach dem Motto λάθε βιώσας ([láthe biósas]: „Lebe im Verborgenen")[64] lehnt Epikur jede Beteiligung an öffentlichen Angelegenheiten, insbesondere der Politik, ab, die er für eine Gefährdung der angestrebten Ataraxie hält. Er schätzt nur eine einzige Form sozialer Beziehung, die freundschaftliche Verbindung zu Gleichgesinnten, die zum Glück auch durchaus erforderlich ist: *Von dem, was die Weisheit zur Seligkeit des ganzen Lebens beiträgt, ist das bei weitem Größte der Erwerb der Freundschaft.*[65] Diese Ansichten konnten erst entstehen, als der Staatsgedanke, der bei Platon und Aristoteles noch ganz zentrale Bedeutung hatte, seinen vormaligen Wert beinahe gänzlich eingebüßt hatte.

3.3 Zusammenfassung

Epikurs Naturphilosophie weist mit ihrer antiteleologischen Sichtweise auf die neuzeitliche Naturwissenschaft voraus und erfüllt zudem eine für seine Ethik grundlegende Funktion, nämlich jegliche Einwirkung von Göttern auf das All und das Leben der Menschen auszuschließen und so den Menschen von seinen Ängsten zu befreien. Die angestrebte *eudaimonía* wird nun nicht mehr wie bei Aristoteles[66] mit der Vollendung der dem Menschen innerhalb einer teleologisch geordneten Welt zukommenden Rolle begründet, sondern sie ist ohne jeglichen metaphysischen Hintergrund in der Erfüllung jener Ziele und Zwecke zu sehen, die jeder Einzelne für sich persönlich entwirft.

Eine der wichtigsten Botschaften Epikurs, die ungebrochene Aktualität besitzt, kann darin gesehen werden, dass er trotz seiner auf das Individuum konzentrierten, durchaus auf dem Prinzip des Egoismus aufgebauten und geradezu utilitaristisch ausgerichteten Ethik gefordert hat, „dass wir nicht die Natur unseren Bedürfnissen, sondern diese jener anmessen (…). Denn auch der neuzeitliche Gang über die Naturbeherrschung führt uns jetzt zu einer deutlichen Bedürfnisökonomie, und zwar nicht nur wegen der ökologischen Verhältnisse, sondern ebenso weil die Machbarkeit der Dinge oft mit einem Wertverlust erkauft werden muss."[67]

---

64 Vgl. Philostratos, *Vita Apollonii* 8, 28; vgl. Seneca, *De otio* III 2.
65 Epikur, KD 27.
66 Vgl. Arist. EN I 6, 1098a 16.
67 M. Hossenfelder, Epikur, S. 150f.

IV. Die Philosophie im Zeitalter des Hellenismus

4 Die pyrrhonische Skepsis

Die Bezeichnung dieser philosophischen Richtung leitet sich vom griechischen Wort *sképtesthai* (σκέπτεσθαι: „spähen, prüfen, untersuchen") ab, womit der Ausgangspunkt der Überlegungen markiert ist: Durch genaues Hinsehen, kritische Prüfung und Begutachtung der möglichen „Wahrheiten" und diverser Ratschläge, die in den philosophischen Schulen verkündet werden, ergibt sich als Lösung die systematische Etablierung des philosophischen Zweifels gegenüber aller Erkenntnissicherheit.

Als Gründer der skeptischen Philosophie, die im Grunde keine Schule, sondern vielmehr eine verbreitete Denkrichtung und Lebensform war, wird **Pyrrhon** von Elis (ca. 360–270 v. Chr.) genannt, über den jedoch nichts Genaues bekannt ist; jedenfalls gilt er als einer der Ersten, der den skeptischen Standpunkt mit aller Schärfe vertreten hat. *Die Skepsis ist die Kunst, auf alle mögliche Weise erscheinende und gedachte Dinge einander entgegenzusetzen, von der aus wir wegen der Gleichwertigkeit der entgegengesetzten Sachen und Argumente zuerst zur Zurückhaltung, danach zur Seelenruhe gelangen*[68], resümierte der späthellenistische Schriftsteller und Arzt Sextus Empiricus (2./3. Jh. n. Chr.), der in Alexandria lebte und neben Diogenes Laërtios, von dem wir ein ausführliches und kenntnisreiches Kapitel über die Skeptiker besitzen[69], als wichtigste Quelle für die pyrrhonische Skepsis fungiert. Der wesentliche Unterschied zwischen dieser und der Skepsis der mittleren und neueren platonischen Akademie besteht darin, dass die Pyrrhoneer das „zufällige" Erlebnis des Innehaltens bereits als das angestrebte Endziel zur Erlangung des Seelenfriedens betrachten und nicht etwa nur als eine Unterbrechung, um sodann umso eifriger nach der „Wahrheit", die zum Glück führt, zu suchen.

Als Hindernis auf dem Weg zur Seelenruhe sieht der Skeptiker das Problem der Gleichwertigkeit von Argumenten in der Erlangung von Erkenntnis: Denn zu jedem Argument lasse sich in der „Wirklichkeit", die schon entsprechend der sophistischen These nur auf Übereinkunft und Sitte und somit auf menschlichen Meinungen beruht, ein Gegenargument von gleicher Stärke finden (Isosthenie, aus ἴσος [ísos]: „gleich" und σθένος [sthénos]: „Stärke"), d. h., jede Erschei-

---

68 Sextus Empiricus, Grundriss der pyrrhonischen Skepsis I 4 (In: W. Wieland [Hg.], Geschichte der Philosophie in Text und Darstellung. Antike. Bd. 1, Stuttgart 1993, S. 351).
69 Vgl. DL IX 61–108.

nung ist gleich viel wert wie eine andere, alles gilt gleich viel und ist somit „gleichgültig". Daraus folgt, dass wir nicht zu objektiv gültiger Erkenntnis gelangen können und es daher angezeigt ist, sich aller Werturteile über die Dinge zu enthalten: *Wer nämlich dogmatisch etwas für gut oder übel von Natur hält, wird fortwährend beunruhigt: Besitzt er die vermeintlichen Güter nicht, glaubt er sich von den natürlichen Übeln heimgesucht und jagt nach den Gütern, wie er meint. Hat er diese erworben, gerät er in noch größere Sorgen, weil er sich wider alle Vernunft und über alles Maß aufregt und aus Furcht vor dem Umschwung alles unternimmt, um die vermeintlichen Güter nicht zu verlieren. Wer jedoch hinsichtlich der natürlichen Güter oder Übel keine bestimmten Überzeugungen hegt, der meidet oder verfolgt nichts mit Eifer, weshalb er Ruhe hat.*[70] Indem sie sich der Anerkennung eines jeden Gutes enthält, radikalisiert die pyrrhonische Skepsis die Indifferenz, die die stoische Philosophie den äußeren Dingen gegenüber fordert. Um die *epoché* (ἐποχή: „Zurück-, Enthaltung") und letztlich das Glück und die Seelenruhe herbeizuführen, entwickelten die Pyrrhoneer verschiedene *Tropen* („Wendungen, Argumentationen, Weisen der Entgegensetzung"), mit deren Hilfe die von den Vertretern dogmatischer Richtungen vorgebrachten Behauptungen zurückgewiesen werden sollen. Die darin behandelten Probleme, wie z. B. der unendliche Regress oder das in der modernen Wissenschaftstheorie viel diskutierte Münchhausentrilemma von Hans Albert, haben die Erkenntnistheorie bis auf den heutigen Tag beeinflusst.

Die antike Skepsis hatte weitreichende Wirkung auf die neuzeitliche Philosophie und sollte mit ihrem universalen Zweifel René Descartes (1596–1650) zu seiner – freilich von späteren Philosophen wiederum kritisierten und verworfenen – Gegenposition der absoluten Gewissheit des *Cogito, ergo sum* führen. Außerdem kann Montaignes[71] „Pyrrhonismus" „als einer der entscheidenden Faktoren für die Entstehung der neuzeitlichen Philosophie gelten".[72] Und schließlich entfaltete David Hume (1711–1776), einer der größten Skeptiker der Philosophiegeschichte, im Anschluss an die pyrrhonische Skepsis seine Auffassung, „dass kein Problem sich mit Hilfe der Vernunft lösen lasse. Die Vernunft sei nicht imstande, eine Entscheidung zwischen miteinander unvereinbaren Aussagen zu treffen. Wir verfügen

---

70 Sextus Empiricus, Grundriss der pyrrhonischen Skepsis I 12.
71 Michel de Montaigne (1533–1592) arbeitete zeitlebens an seinem Hauptwerk *Essais*.
72 F. Ricken, Antike Skeptiker. München 1994 (Beck'sche Reihe Denker 526), S. 10.

über kein Kriterium für Wahr und Falsch; jede Zustimmung zu einer Aussage entbehre daher einer vernünftigen Grundlage."[73]

---

73 F. Ricken, Antike Skeptiker, S. 10f.

V. Der Neuplatonismus

Dem zunehmenden Bedürfnis der Menschen nach Religiosität, das weder die materialistische Lehre Epikurs noch die vernunftorientierte Ethik der Stoiker befriedigen konnte, trug die letzte philosophische Bewegung der Antike Rechnung, das spekulativ-mystische System des Neuplatonismus. Stoiker wie Epikureer hatten die äußeren Umstände, über die sie keine Macht besaßen, sozusagen ausgeklammert und erkannten allein in ihrem Inneren den für sie verfügbaren und für ihre Glückseligkeit relevanten Bereich. Im Neuplatonismus, der in der antiken Welt vom 3. bis ins 6. Jh. hinein die geistige Führungsrolle innehatte, wird jedoch auch das Innere des Menschen nicht mehr als autonom angesehen, sondern es ist Teil einer „anderen", jenseitigen Sphäre, der Welt des Ewig-Göttlichen, die im Sinne eines Dualismus von Geist und Materie in starkem Kontrast zur irdischen Vergänglichkeit steht. Diese beiden Sphären entsprechen den aus orientalischen Mysterienkulten übernommenen Vorstellungen des erlösenden Reichs des Lichts und des Dämonenreichs der Finsternis.[1] Daher habe die menschliche Seele, deren ganze Sehnsucht dem Erlösung verheißenden Reich des Lichts gilt, einzig und allein das Verlangen, aus der diesseitigen Entfremdung in ihren ursprünglichen Zustand der Einheit mit dem Göttlichen zurückzukehren. Um die Möglichkeiten dieser Rückführung der Seele in ihr eigentliches Sein zu veranschaulichen, bediente sich der Neuplatonismus zahlreicher mystischer Elemente, die von Askese und kultischen Zeremonien bis

---

1 In der Lehre Zarathustras und der persischen Mithrasreligion sind deren Repräsentanten Ahura Mazda und Ahriman.

zur Ekstase der Seele im Augenblick der Vereinigung mit dem Göttlichen reichten.

Der bedeutendste Repräsentant des Neuplatonismus ist **Plotin** (ca. 205–270 n. Chr.), über dessen Leben wir bestens informiert sind. Sein Schüler Porphyrios hat seiner Ausgabe der Werke Plotins eine Biographie hinzugefügt, in der er uns ein typisierendes und idealisierendes Porträt seines Lehrers und Meisters hinterlassen hat, sodass dessen Leben nach antikem Philosophieverständnis gänzlich seiner Lehre entspricht. Die systematisch angeordneten Schriften Plotins sind nach pythagoreischer Zahlenspekulation in sechs Teile mit jeweils neun Unterteilungen gegliedert, daher der Name *Enneaden* (*ennéa*: „neun").

1 Die zentralen Gedanken des Neuplatonismus

Aus der Vita des Porphyrios wird der zweifache Ursprung der Philosophie Plotins ersichtlich: einerseits die platonische Tradition mit ihrer Unterscheidung einer lediglich intelligiblen und einer den sinnlichen Erfahrungen unterworfenen Welt und andererseits die eigene mystische Erfahrung. Plotins Konzeption geht nun insofern über Platons Dualismus hinaus, als er nach einem Ursprung beider Welten fragt, nach einem ersten Prinzip, aus dem alles hervorgeht und in das alles wieder zurückkehrt, das selbst jedoch nicht mehr auf eine höhere Einheit bezogen werden kann. Dieses Prinzip nennt er das Eine (τὸ ἕν [to hen]), das Einzige (μονάς [monás]), das Gute, die Gottheit. Dieses Eine ist aber nicht das ontologische Eine des Parmenides, es ist die Quelle alles Seienden, das, wodurch Seiendes überhaupt erst konstituiert wird, wobei sich das Problem ergibt, wie der Übergang vom Einen, das erhaben ist über alles Sein und Denken, zur Vielheit und der materiellen Welt erklärt werden kann: Plotin greift zu einem ästhetisch-metaphysischen Bild und beschreibt die Dynamik des in ständigem Prozess hervortretenden und zurückkehrenden Seienden als Emanation (lat. *emanare*: „herausfließen, ausströmen, hervorgehen") aus dem an der Spitze eines hierarchisch geordneten Stufenkosmos gedachten und außerhalb der Zeit befindlichen Einen. Als höchstes Seiendes tritt der Geist *(nous)* hervor und aus diesem die Seele *(psyché)*, die sein Abbild ist. Diese ersten drei Stufen (Triade), das Eine, der Geist und die Seele, werden auch Hypostasen (ὑπόστασις [hypóstasis]: „Wesen, Substanz") genannt, weil sie das eigentlich Beständige sind. Danach folgt alles körperhaft Seiende, die Sternenwelt, der Mensch, die Tiere, die Pflanzen, das Tote und die Materie, die den äußersten Gegenpol zum absolut gesetzten, transzendenten Ureinen bildet.

Das oberste Ziel der neuplatonischen Ethik, die hier vollständig in die Metaphysik integriert ist, muss daher in der Befreiung der Seele von allem Materiellen gesucht werden[2], um schließlich im Zustand der Reinheit die „Heimkehr" zu vollenden und der Schau des Guten in seiner ganzen Schönheit teilhaftig zu werden, manchmal sogar begleitet vom Gefühl einer seligen Ekstase (ἔκστασις [ékstasis]: „Außersichgeraten, Erschütterung"), das jedoch nicht vom Menschen selbst herbeigeführt, sondern nur in einzelnen Momenten wie ein Geschenk empfangen werden kann.[3] Erst indem das Selbst gleichsam ausgelöscht und dadurch der Unterschied zwischen Subjekt und Objekt des Erkennens aufgehoben ist, wird die Erlösung und die mystische Vereinigung zwischen Gott und Mensch möglich. In diesem Punkt, an dem sich erkennen lässt, „dass Plotin das klassisch-antike Selbstverständnis verlässt, wonach einerseits die Vernunft, andererseits die von der Vernunft erfasste Idee oder Form, d. h. das Gestalthafte das höchste Sein ist'"[4], trifft sich der Neuplatonismus mit der als Erlösung gedachten Mystik der Gnosis.

Mit seiner Annahme eines über die Transzendenz der platonischen Ideen noch hinausgehenden höchsten ideellen Prinzips bereitet Plotin den Weg für den Deutschen Idealismus von Hegel und Schelling, und selbst in den Worten Heideggers sind seine Gedanken noch unverkennbar präsent: „So liegt alles daran, dass zu seiner Zeit das Denken denkender werde. Dahin kommt es, wenn das Denken, statt einen höheren Grad seiner Anstrengung zu bewerkstelligen, in eine andere Herkunft gewiesen ist. Dann wird das vom Seienden als solchem gestellte und darum vorstellende und dadurch erhellende Denken abgelöst durch ein vom Sein selbst ereignetes und darum dem Sein höriges Denken."[5]

---

2 Vgl. Plotin, Enneaden VI 9, 3, 18.
3 Vgl. ebd. I 6, 7, 33f.
4 J. Disse, Kleine Geschichte der abendländischen Metaphysik. Von Platon bis Hegel. Darmstadt 2001, S. 114.
5 M. Heidegger, Was ist Metaphysik? Frankfurt/Main [14]1992, S. 13.

2 Der Neuplatonismus nach Plotin

Nach Plotin kommt es zur Bildung verschiedener Schulen der neuplatonischen Philosophie, deren religionsphilosophische Interessen neben Mythos und Kult auch der Theurgie gelten, einer sich auf religiöse Offenbarung berufenden und religiösen Zwecken dienenden Zauberei. Charakteristisch für ihre Metaphysik ist die Vielzahl der Hypostasen, in die Plotins Triade aufgespalten wird und die dem Aufstieg des Menschen zum Göttlichen dienen. Man teilt die Nachfolger üblicherweise in drei Richtungen ein:
1. Die Schule Plotins, die vor allem durch **Porphyrius** (ca. 234–304 n. Chr.) repräsentiert wird.
2. Die syrische Schule, gegründet von **Iamblichos** aus Chalkis in Syrien (ca. 275–330 n. Chr.), einem Schüler des Pophyrios.
3. Die athenische Schule mit ihrem bedeutendsten Vertreter **Proklos** (ca. 410–485 n. Chr.). Er ist der große Scholastiker, dem wir die geschlossenste Darstellung des Systems verdanken und dessen Schriften unter anderem wichtige Kommentare zu Platon enthalten.

Der Neuplatonismus und mit ihm die antike Philosophie endet im Westen mit der Schließung der Akademie in Athen durch Kaiser Justinian I. im Jahr 529 und im Osten mit der arabischen Eroberung von Alexandria im Jahre 642.

Anhang

Siglen und Abkürzungen

Siglen häufig zitierter Primärquellen:

DK = Die Fragmente der Vorsokratiker. Griechisch u. Deutsch von H. Diels. Hg. von W. Kranz. 3 Bde., Hildesheim Bd. 1 ^{6}1951, Bd. 2 u. 3 ^{6}1952 (Nachdruck 2004 u. 2005).
DL = Diogenes Laërtios, Leben und Lehre der Philosophen. Übersetzt und hg. von F. Jürß, Stuttgart 1998.

Platons Werke:
Apol. = Apologie, Charm. = Charmides, Euth. = Euthyphron, Gorg. = Gorgias, Hipp. ma. = Hippias maior, Krat. = Kratylos, Krit. = Kriton, Lach. = Laches, Men. = Menon, Parm. = Parmenides, Phaid. = Phaidon, Phaidr. = Phaidros, Pol. = Politeia, Prot. = Protagoras, Soph. = Sophistes, Symp. = Symposion, Theait. = Theaitetos, Tim. = Timaios.

Aristoteles' Werke:
De an. = De anima, Cat. = Categoriae, EE = Ethica Eudemia, EN = Ethica Nicomachea, MM = Magna moralia, Hist. an. = Historia animalium, Int. = De interpretatione, Met. = Metaphysica, MM = Magna Moralia, Phys. = Physica, Pol. = Politica, Rhet. = Ars Rhetorica, Top. = Topica.

SVF = Stoicorum veterum fragmenta. Hg. von H. von Arnim. 4 Bde., Leipzig 1903–1905 (Nachdruck München 2004).

Abkürzungen:

HWPh = Historisches Wörterbuch der Philosophie. Hg. von J. Ritter, K. Gründer u. G. Gabriel. 13 Bde., Basel 1971–2007.

KSA = F. Nietzsche, Kritische Studienausgabe. Hg. von G. Colli und M. Montinari. 15 Bde., Berlin/New York ⁷2007.

KGW = F. Nietzsche, Kritische Gesamtausgabe. Begr. von G. Montinari u. M. Monti, weitergef. von W. Müller-Lauter u. K. Pestalozzi, Berlin/New York 1967ff.

Antike Quellen/Textausgaben

Vorsokratiker und Sophisten
Die Vorsokratiker. Griechisch-lateinisch-deutsch. Auswahl der Fragmente und Zeugnisse. Übersetzung und Erläuterungen von M. L. Gemelli Marciano, Düsseldorf 2007.
Die Vorsokratiker. Auswahl der Fragmente, Übersetzungen und Erläuterungen von J. Mansfeld, 2 Bde., Stuttgart 1995–96 (RUB 7965/7966).
Die Sophisten. Ausgewählte Texte. Griech./Dt. Übersetzt und hg. von Th. Schirren u. Th. Zinsmaier, Stuttgart 2003 (RUB 18264).
Parmenides, Über das Sein. Griech./Dt. Hg. von H. von Steuben, Stuttgart 1995.

Platon
a) Gesamtausgaben
   Platon, Werke in acht Bänden. Griechisch und Deutsch (nach der Übersetzung von F. Schleiermacher und H. Müller). Hg. von G. Eigler, Darmstadt ⁶2011.
b) Einzelausgaben in Reclams Universal-Bibliothek (z. T. zweisprachig): Apologie des Sokrates (8315), Charmides (9861), Der siebente Brief (8892), Der Staat (8205), Der Sophist (918), Euthyphron (9897), Gorgias (2046), Laches (1785), Menon (2047), Parmenides (8386), Phaidon (6339), Phaidros (5789), Symposion (18435), Theaitetos (6338), Timaios (18285).

Aristoteles
a) Gesamtausgaben/Sammelbände
   Aristotelis Opera, rec. I. Bekker. 5 Bde., Berlin 1831–1870 (Bde. I–II: griech. Text, Bd. III: lat. Renaissance-Übersetzungen, Bd. IV: Scholia, Bd. V: Fragmente).
   Aristoteles, Sämtliche Werke in deutscher Übersetzung. Hg. von E. Grumach et al., Berlin 1956ff.

——, Philosophische Schriften in sechs Bänden. Übersetzt von H. Bonitz, E. Rolfes, H. Seidl, H. G. Zekl, Hamburg 1995.
b) Einzelausgaben
Aristoteles, Protreptikos. Hinführung zur Philosophie. Rekonstruiert, übersetzt u. kommentiert von G. Schneeweiß, Darmstadt 2005.
Ausgaben in Reclams Universal-Bibliothek (z. T. zweisprachig): Die Kategorien (9706), Nikomachische Ethik (8586), Rhetorik (18006), Metaphysik (7913), Politik (8522), Topik (18337).

Hellenistische Philosophie
Epiktet, Handbüchlein der Moral. Griech./Dt. Übersetzt und hg. von K. Steinmann, Stuttgart 1992 (RUB 8788).
Marc Aurel, Selbstbetrachtungen. Übersetzt und eingel. von A. Wittstock, Stuttgart 1986 (RUB 1241).
Epikur, Von der Überwindung der Furcht. Katechismus, Lehrbriefe, Spruchsammlung, Fragmente. Eingel. u. übertr. von O. Gigon, Zürich ³1983 (Nachdruck München 1991).
——, Briefe, Sprüche, Werkfragmente. Griech./Dt. Übersetzt und hg. von H.-W. Krautz, Stuttgart 1985 (RUB 9984).
Sextus Empiricus, Grundriss der pyrrhonischen Skepsis. Eingel. u. übers. von M. Hossenfelder, Frankfurt/Main ²1993.

Neuplatonismus
Plotins Schriften. Übersetzt von R. Harder. Neubearbeitung mit griech. Lesetext u. Anm., fortgeführt von R. Beutler/W. Theiler. Bd I–Vc, Hamburg 1956–71 (Nachdruck 2004).
Plotin, Ausgewählte Schriften. Übersetzt und hg. von Ch. Tornau, Stuttgart 2001 (RUB 18153).

Weitere Quellen
Aelian: *Varia historia*/Bunte Geschichten. Übersetzt von H. Helms. Leipzig 1990.
Augustinus: Vom Gottesstaat. Aus dem Lat. übertr. von W. Thimme. Bd. 1, München 1977.
Iamblichi de communi mathematica scientia/Über die Mathematik als Wissenschaft im Allgemeinen. Hg. von N. Festa, neu bearbeitet von U. Klein. Stuttgart 1975.
Iamblichos: *De vita Pythagorica*. Hg. von M. von Albrecht. Griech./Dt. (Jamblich: Pythagoras. Legende – Lehre – Lebensgestaltung). Darmstadt 2002.

Philostratos: *Vita Apollonii*/Das Leben des Apollonios von Tyana. Hg. von V. Mumprecht. München 1983.

Strabon: *Geographika*. Übersetzt von H. A. Forbiger. Berlin & Stuttgart 1855–1898 (Neuausgabe Wiesbaden 2005).

Ausgaben in Reclams Universalbibliothek (z. T. zweisprachig)
Aristophanes: Die Wolken (6498).
Cicero: *De natura deorum*/Über das Wesen der Götter (6881), *Tusculanae disputationes*/Gespräche in Tusculum (5028), *De finibus malorum et bonorum*/Über das höchste Gut und das größte Übel (8593), *De re publica*/Vom Gemeinwesen (9909).
Herodot: Historien. 1. Buch (18221), 2. Buch (18222).
Hesiod: Theogonie (9763), Werke und Tage (9445).
Homer: Ilias (249), Odyssee (280).
Lukrez: *De rerum natura*/Welt aus Atomen (4257).
Seneca: *Quaestiones naturales*/Naturwissenschaftliche Untersuchungen (9644), *Epistulae morales ad Lucilium*/Briefe an Lucilius über Ethik. Liber IV/4. Buch (2135), *De vita beata*/Vom glücklichen Leben (1849), *De otio*/Über die Muße (9610).
Tacitus: Annalen XI–XVI (2458).
Thukydides: Der Peloponnesische Krieg (1808).
Xenophon: *Memorabilia*/Erinnerungen an Sokrates (1855).

Nachschlagewerke
Bächli, Andreas/Graeser, Andreas: Grundbegriffe der antiken Philosophie. Ein Lexikon. Stuttgart 2000.
Der Kleine Pauly. Lexikon der Antike. Bd. 1–5, München 1979.
Horn, Christoph/Rapp, Christof (Hg.): Wörterbuch der antiken Philosophie. München 2002.

Textsammlung
Wieland, Wolfgang (Hg.), Geschichte der Philosophie in Text und Darstellung. Bd. 1: Antike, Stuttgart 1993.

Sekundärliteratur

Bartels, Klaus: Wie Berenike auf die Vernissage kam. 77 neue Wortgeschichten. Darmstadt 2004.
Blumenberg, Hans: Arbeit am Mythos. Frankfurt/Main 1979.

——: Das Lachen der Thrakerin. Eine Urgeschichte der Theorie. Frankfurt 1987.
Braun, Lucien: Geschichte der Philosophiegeschichte. Darmstadt 1990.
Buchheim, Thomas: Aristoteles. Wiesbaden 2004.
——: Die Vorsokratiker. Ein philosophisches Porträt. München 1994.
Burkert, Walter: Griechische Religion der archaischen und klassischen Epoche. Stuttgart 1977.
Dalfen, Joachim: „Aller Dinge Maß ist Mensch ..." Was Protagoras gemeint und Platon daraus gemacht hat. In: M. van Ackeren/J. Müller (Hg.), Antike Philosophie verstehen. Darmstadt 2006.
Descartes, René: Meditationen über die Grundlagen der Philosophie. Hamburg 1994.
Disse, Jörg: Kleine Geschichte der abendländischen Metaphysik. Von Platon bis Hegel. Darmstadt 2001.
Figal, Günter: Sokrates. München ^{2}1998 (Beck'sche Reihe 530).
Foucault, Michel: Die Ordnung des Diskurses. München 1974.
Fränkel, Hermann: Dichtung und Philosophie des frühen Griechentums. München ^{4}1993.
Freud, Sigmund: Die endliche und die unendliche Analyse. In ders.: Studien zur Behandlungstechnik. Studienausgabe, Ergänzungsband. Frankfurt/Main ^{3}1975.
Gadamer, Hans-Georg: Der Anfang der Philosophie. Stuttgart 1996.
——: Philosophisches Lesebuch 1. Frankfurt/Main 1965.
——: Einführung zu Aristoteles' Nikomachische Ethik VI. Frankfurt/Main 1998.
Galilei, Galileo: Il saggiatore (dt. Die Goldwaage). Bd. 6, Florenz 1896.
Gehlen, Arnold: Der Mensch. Seine Natur und Stellung in der Welt. Wiesbaden 1978.
Gigon, Olof: Sokrates. Sein Bild in Dichtung und Geschichte. Bern 1979.
Goethe, Johann Wolfgang von: Werke, Kommentare und Register. Hamburger Ausgabe in vierzehn Bänden. München 1982–2008.
Gutschker, Thomas: Aristotelische Diskurse. Studien zur Rezeption und Transformation aristotelischer Denkfiguren in der Philosophie des 20. Jahrhunderts. Diss. Augsburg 2001.
Hadot, Pierre: Wege zur Weisheit. Oder: Was lehrt uns die antike Philosophie? Frankfurt/Main 1999.
Havelock, Eric A.: Als die Muse schreiben lernte. Berlin 2007.
Hegel, Georg Wilhelm Friedrich: Werke in zwanzig Bänden. Theorie-Werkausgabe. Frankfurt/Main ^{1}1986.
Heidegger, Martin: Was ist Metaphysik? Frankfurt/Main ^{14}1992.

—: Holzwege. Frankfurt/Main ⁵1972.

Höffe, Otfried: Warum soll man heute (noch) Aristoteles lesen? In: Zeitschrift für Didaktik der Philosophie und Ethik 25 (2003), Heft 4, S. 310–321.

—: Aristoteles. München ²1999.

Hossenfelder, Malte: Epikur. München 1997 (Beck'sche Reihe 539).

Hume, David: Dialoge über natürliche Religion. Hamburg ⁷1993.

Jaeger, Werner: Paideia. Die Formung des griechischen Menschen. Berlin/New York 1989.

Kant, Immanuel: Werkausgabe in 12 Bänden. Hg. von W. Weischedel. Frankfurt/Main 1977.

—: Logik. Ein Handbuch zu den Vorlesungen. Hg. von G. B. Jäsche, neu hg. von W. Kinkel. Leipzig ³1920.

Kierkegaard, Sören: Gesammelte Werke und Tagebücher. Hg. von E. Hirsch u. H. Gerdes. Abt. 31. Simmerath ²1991.

Lesky, Albin: Geschichte der griechischen Literatur. München ³1993.

Marcuse, Herbert: Zur Kritik des Hedonismus (1938). In: Aufsätze aus der Zeitschrift für Sozialforschung 1934–1941 (Schriften Bd. 3). Frankfurt/Main 1979.

Nestle, Wilhelm: Vom Mythos zum Logos. Die Selbstentfaltung des griechischen Denkens von Homer bis auf die Sophistik und Sokrates. Aalen 1966 (Neudruck der Ausgabe Stuttgart ²1948).

Niehues-Pröbsting, Heinrich: Die antike Philosophie. Schrift, Schule, Lebensform. Frankfurt/Main 2004.

Ottmann, Henning: Geschichte des politischen Denkens. Bd. 1: Die Griechen. Teilband 1: Von Homer bis Sokrates. Teilband 2: Von Platon bis zum Hellenismus. Stuttgart 2001.

Pohlenz, Max: Die Stoa. Geschichte einer geistigen Bewegung. 2 Bde., Göttingen ³1964.

Popper, Karl: Back to the presocratics. In: D. J. Furley/R. E. Allen (Hg.): Studies in Presocratic Philosophy, London 1970.

—: Die Welt des Parmenides, München 2005.

—: Ausgangspunkte. Meine intellektuelle Entwicklung. Hamburg 1979.

—: Die offene Gesellschaft und ihre Feinde. 2 Bde., München ⁶1980.

Rapp, Christof: Vorsokratiker. München 1997 (Beck'sche Reihe 539).

Reale, Giovanni: Zu einer neuen Interpretation Platons. Eine Auslegung der Metaphysik der großen Dialoge im Lichte der „ungeschriebenen Lehren". Paderborn u. a. 1993.

Ricken, Friedo: Philosophie der Antike. Stuttgart ⁴2007.

— (Hg.): Philosophen der Antike I. Stuttgart 1996.

—— : Antike Skeptiker. München 1994 (Beck'sche Reihe 526).

Ries, Wiebrecht: Die Philosophie der Antike. Darmstadt 2005.

Röd, Wolfgang (Hg.): Geschichte der Philosophie, Bd. 1: Die Philosophie der Antike 1. Von Thales bis Demokrit. Von Wolfgang Röd. München 1976.

—— : Geschichte der Philosophie, Bd. 2: Die Philosophie der Antike 2. Sophistik und Sokratik, Plato und Aristoteles. Von Andreas Graeser. München 1983.

—— : Geschichte der Philosophie, Bd. 3: Die Philosophie der Antike 3. Stoa, Epikureismus und Skepsis. Von Malte Hossenfelder. München ^{2}1995.

—— : Kleine Geschichte der antiken Philosophie. München 1998 (Beck'sche Reihe 4018).

Schadewaldt, Wolfgang: Die Anfänge der Philosophie bei den Griechen. Die Vorsokratiker und ihre Voraussetzungen. Tübinger Vorlesungen Bd. 1. Frankfurt/Main 1978.

Schrödinger, Erwin: Die Natur und die Griechen. Wien 1987.

Schupp, Franz: Geschichte der Philosophie im Überblick. Bd. 1: Antike. Hamburg 2003.

Sloterdijk, Peter (Hg.): Philosophie jetzt! Aristoteles. Ausgewählt und vorgestellt von A. Pieper. München 1997.

—— : Du mußt dein Leben ändern. Frankfurt 2009.

Snell, Bruno: Die Entdeckung des Geistes. Studien zur Entstehung des europäischen Denkens bei den Griechen. Göttingen ^{8}2000.

Szlezak, Thomas A.: Das Höhlengleichnis (Buch VII 514a–521b und 539d–541b). In: Platon: Politeia, hg. von O. Höffe. Berlin 1977.

Weizsäcker, Carl Friedrich: Platon. In: Ders.: Große Physiker. Von Aristoteles bis Werner Heisenberg. München 2002.

Whitehead, Alfred N.: Process and reality. New York 1929.

Wieland, Wolfgang: Platon und die Formen des Wissens. Göttingen 1982.

Wolf, Erik: Griechisches Rechtsdenken. Bd. 2: Rechtsphilosophie und Rechtsdichtung im Zeitalter der Sophistik. Frankfurt 1952.

Zehnpfenning, Barbara: Platon zur Einführung. Hamburg ^{2}2001.

Personenregister

Alkidamas 110
Alkmaion 47
Anaxagoras 57, 67f., 76–81, 83ff., 96, 126
Anaximander 31–36, 37, 39, 59, 62
Anaximenes 36–38, 39, 70
Anonymus Iamblichi 108f.
Antiphon 109f.
Antisthenes 139–143, 145
Archytas 47
Arendt, H. 186, 209f.
Aristarch 47, 214
Aristippos 145
Aristoteles 13, 19f., 24, 26–33, 36f., 44, 46f., 49, 51, 53, 55, 57f., 65f., 71f., 74, 77ff., 81, 83, 85, 87ff., 94, 104f., 109, 117, 122, 133, 137, 146, 151, 160, 167, 174, 176, **178–211**, 216, 219, 221, 227, 230, 237
Arkesilaos 149
Averroës 183
Bacon, F. 178f., 186
Chrysippos 217, 222f.
Cicero 19, 52, 85, 97, 113, 118, 149, 185, 192, 217f., 223ff., 227, 236
Demokrit 68, 81–89, 91, 107, 122, 145, 226, 230f.
Descartes, R. 165, 179, 239
Diogenes von Seleukeia 218
Diogenes Laërtios 23, 31, 47, 82f., 86f., 141, 143f., 227, 238
Diogenes von Sinope 142ff.
Empedokles 15, 48, 57, 67–78, 81f., 84f., 94
Epiktet 217, 219f.

Epikur 24, 84, 86ff., 216, **226–237**, 241
Eratosthenes 214
Eukleides 148, 214
Ficino, M. 152, 177
Gadamer, H.-G. 20f., 147, 204f.
Galilei, G. 52, 76, 87f., 176
Gorgias 94, **103–106**, 107, 110, 112, 153
Habermas, J. 186
Hegel, G. W. F. 19, 28, 40, 44f., 60, 89, 93f., 128, 137, 196, 221f., 243
Heidegger, M. 18, 32, 44f., 58, 90, 243
Heraklit 10, **39–45**, 53, 70, 76, 89f., 92, 128, 216, 222
Hesiod 11, 15, 19, 34, 54, 58, 101, 128
Hippias 110, 153
Hobbes, Th. 102, 186, 226
Homer 9, 14f., 19, 27, 34, 48f., 54, 58f., 68, 94, 103, 128, 163
Horkheimer, M. 186
Hume, D. 224, 233, 239
Iamblichos 47, 50f., 108, 184, 244
Isokrates 112f., 180
Kallikles 110
Kant, I. 19, 58, 80, 173, 178, 188
Karneades 149, 218
Kierkegaard, S. 137f.
Kleanthes 217, 226
Kopernikus, N. 47, 52, 88
Kritias 107f., 125, 147, 153, 177
Leibniz, G. W. 34, 51f., 229, 233
Leukippos 81, 84, 87
Lukrez 87f., 226f., 231f.
Lykophron 109

Marc Aurel 220
Marx, K. 89, 226
Montaigne, M. de 239
Nietzsche, F. 29, 32, 40, 44f., 80, 86f., 89f., 111, 138, 178, 226
Panaitios 217f.
Parmenides 35, 53, 56–65, 67–70, 76, 81f., 85, 98, 105f., 118, 128, 153, 163, 167, 191, 242
Philolaos 47
Philon 149
Pico della Mirandola 177
Platon 10, 12, 16, 23f., 30ff., 35, 39f., 44, 46, 51f., 57, 59, 63f., 67, 73–76, 79f., 83, 87f., 90–96, 98–103, 107, 110f., 113, 117–125, 127–130, 132–137, 139f., 143, 145, **146–178**, 179f., 182, 186, 188f., 191f., 197, 200, 205, 208f., 216, 220, 226f., 237, 242ff.
Plotin 59, 73, 242f., **244**
Plutarch 227
Popper, K. 27, 35, 56f., 90, 133, 138ff., 158, 173f., 178
Porphyrios 47, 242, 244

Poseidonios 217f.
Prodikos 107
Proklos 244
Protagoras 91, 95, **96–103**, 107, 114f., 126, 145, 153
Pyrrhon 238
Pythagoras 10, 42, **45–53**, 68, 220
Seneca 27, 160, 181, 192, 218ff., 223, 226, 237
Sextus Empiricus 56, 98, 220f., 227, 238f.
Sokrates 12, 14, 25, 40, 46, 64, 76, 79f., 90, 96, 98, 103, 115, **117–146**, 147ff., 152, 154f., 158–161, 165f., 172, 180f., 190, 219
Speusippos 149
Sternberger, D. 209f.
Thales 19f., **26–31**, 34, 37, 39, 70, 90
Theophrast 23f., 32, 36, 181f.
Thomas von Aquin 229
Thrasymachos 111
Xenophanes 49, 53–57, 97, 106
Zenon von Elea 53, 64f., 67, 105, Zenon von Kition 24, 144, 217, 221, 223

Sachregister

adiáphora 225
aër 38
Agnostizismus 97
aidós 101f.
aísthesis 84, 98f., 187f., 229, 234
Akademie 23, 32, 46, 52, 112, 122, 149f., 152, 177, 180, 217, 226f., 238, 244
alétheia 58, 98, 109, 200
Allegorie 29, 71, 75, 107

anámnesis 134, 164ff.
anánke 62, 80, 82f.
andreía 100, 154, 170, 203
ánthropos 54, 92
apátheia 86, 225
ápeiron 32ff., 36f.
Aphorismus 19, 39, 44, 197, 219
apología 121, 123
Apologie 103, 120f., 126f., 131, 135, 152f., 211

aporía 130
Aporie 66, 90, 131f., 158, 167f., 189
arché 13, 20, 27, 36, 39, 50, 67, 101, 187, 193
areté 54, 95, 107, 132f., 141, 153, 200f.
Asebie 76, 96f., 118, 127
áskesis 141
ataraxía 143, 235
Ataraxie 236f.
Atomisten 57, 67, 81f., 85, 88
átomos 81
autárkeia 141
daímon 60, 63, 74f., 140
daimónion 127, 136
demiourgós 169, 175
Demiurg 176
Dialektik 40, 44, 65, 96, 105f., 115, 137, 151, 155, 157, 162, 172, 177, 221
Dialog 12, 46, 57, 67, 95f., 98, 101, 115, 120, 122f., 127, 130–134, 136, 141, 143f., 151ff., 155, 161f., 165, 167f., 175ff., 182, 184
diánoia 157, 162, 183, 202
Diatribe 144, 219
dikaiosýne 34, 99, 154, 170
díke 32ff., 101f.
dóxa 23, 58, 62f., 98, 106, 113, 157, 188, 227, 229
Doxographie 23f., 82, 89, 141, 188, 227
dýnamis 97, 164, 187, 193, 207
eídolon 84f., 163, 229
eídos 154, 192f., 207
eikasía 157
Eklektizismus 24, 149, 218
ekpýrosis 41, 222
Eleaten 53–67, 68, 81, 105

Elenktik 131ff.
empeiría 113, 187f.
enérgeia 187, 193, 196, 200f., 207
Entelechie 194
Epikureismus 24, 89, 139, 215f., 221, 226ff., 231f., 234ff., 241
epistéme 63, 98, 113, 188, 204
epoché 97, 239
Ethik 6, 86, 96, 110f., 122, 140f., 146, 170, 179, 183ff., 188, 197ff., 201–206, 210, 215ff., 223ff., 227–230, 232, 234, 236f., 241, 243
euboulía 95, 102, 113
eudaimonía 107, 140, 199ff., 204, 215, 223, 234, 237
Euporie 18
euthymía 86
gnóme 19, 31, 228
hedoné 107, 145, 200f., 234
heimarméne 223
Henotheismus 55
Homöomeríen 77
hýle 29, 192f., 222
Hylozoïsmus 29, 39
hypokeímenon 19, 192
hypóthesis 132f.
idéa 154, 156, 192
Ironie 122, 132, 135, 137f., 143
Isosthenie 238
Kanonik 228
kategoría 189, 192
kósmos 33, 50, 82
Kosmos 11, 13, 15, 33f., 37f., 40ff., 45, 50ff., 59, 72, 75, 78, 80, 87, 106, 144, 164, 168, 175ff., 195, 222, 225, 232, 242
Kyniker 139, 141–144, 216f., 234
Kyrenaiker 139, 145f., 235f.
Logik 19, 40, 105, 115, 122, 179, 183f., 190f., 216, 220f.

lógos 14, 42f., 52, 95, 98, 104, 106, 132, 188, 201, 221f.
Logos 14, 16, 18, 42f., 45, 54, 63, 129, 137, 201, 207, 216, 222f., 225f.
Lýkeion 181, 227
Maieutik 133f., 165
Mesótes-Theorie 202, 204
Metaphysik 25, 27f., 46, 53, 58f., 67, 70, 88f., 105ff., 115, 122, 147, 150, 153, 168, 174, 178f., 182–187, 189, 191, 193, 195ff., 205, 208f., 217, 223, 226, 237, 242ff.
Metempsychose 47f.
morphé 54, 192f.
Neuplatonismus 23, 47, 73, 108, 150, 152, 177, 184, **241–244**
Oikeíosis-Lehre 224
Ontologie 53, 57f., 60, 63f., 67, 69, 81, 83, 105f., 155, 159, 178f., 187, 191–194, 210, 242
Peripatetiker 181, 218

Physik 182f., 184, 187, 216, 222, 228, 230f.
Politie 181, 208, 210
Politik 9, 86, 102f., 113, 118, 129, 135f., 140, 147f., 150, 153, 173f., 183f., 186, 198, 200, 206, 208ff., 215, 218, 220, 237
Pythagoreer 42, 45–53, 57, 68ff., 74f., 148f., 161, 163, 170, 175f., 242
Rhetorik 93ff., 103–106, 112f., 115, 121, 125, 172, 180, 184, 218
Skeptiker 56, 97, 215, 220, 229, **238ff.**
Sophisten 14, 25, **91–115**, 117, 120ff., 124ff., 129, 131, 134, 145f., 151, 153, 167, 172, 184, 190, 202, 223, 238
Stoá 24, 45, 88, 139, 144, **215–226**
Theodizee 34, 233
Vorsokratiker 9f., 20f., **23–91**, 93, 115, 128, 146, 193, 230